2025

투자자산운용사
빈출 1000제

김일영 · 이진

2025
투자자산운용사
빈출 1000제

인쇄일 2025년 2월 1일 초판 1쇄 인쇄	**발행처** 시스컴 출판사
발행일 2025년 2월 5일 초판 1쇄 발행	**발행인** 송인식
등 록 제17-269호	**지은이** 김일영, 이진
판 권 시스컴2025	

ISBN 979-11-6941-621-4 13320
정 가 23,000원

주소 서울시 금천구 가산디지털1로 225, 514호(가산포휴) | **홈페이지** www.nadoogong.com
E-mail siscombooks@naver.com | **전화** 02)866-9311 | **Fax** 02)866-9312

최근 한국의 경제상황은 하루가 다르게 급변하고 있고 그 중심에는 증권시장이 자리하고 있습니다. 미국의 다우와 나스닥시장을 중심으로 전 세계의 유동성이 풍부해지고 있는 현시점에서 우리는 다시 한번 우리 경제상황을 돌아보고 앞으로의 변화를 예측해야만 합니다. 근래 들어 한국의 개인금융자산 포트폴리오 비중이 예금이나 펀드 등 다양해지고 있는 것만 보더라도 이제 한국의 재테크 기법도 선진시장과 어깨를 나란히 할 날이 멀지 않았다고 할 수 있습니다. 사이버 트레이딩의 급진전으로 급증했던 개인투자의 비중이 점차 줄어들수록 적립식 펀드와 같은 주식형 펀드 및 뮤추얼펀드, 각종 사모펀드 등 선택의 폭이 넓어져 투자자들뿐만 아니라 금융회사에서도 전문가에 대한 수요가 급증할 수밖에 없습니다.

이에 따라 현재 금융산업에서는 다양한 금융자산에 투자할 수 있는 전문가가 필요해지는 데 이 역할을 담당할 사람이 바로 투자자산운용사입니다. 투자자산운용사는 집합투자재산, 신탁재산 또는 투자일임재산을 금융투자상품에 운용하는 업무를 수행하는 전문인력입니다.

시대에 발맞추어 보다 전문적이고 합리적인 투자자산운용사 인력의 역할이 그 어느 때보다 필요합니다. 이 책에는 각 과목 장별로 해당 부분의 학습에 필요한 출제 가능성이 높은 빈출 문제들을 수록하여 문제풀이와 관련 이론학습으로 정리할 수 있도록 구성하였습니다. 또한 최신 기출유형을 반영한 FINAL 실전모의고사를 전격 수록하였고, 각 과목별 출제범위 변동 등을 고려하여 수험생으로 하여금 시행착오를 겪지 않도록 보다 충실히 내용을 담고자 노력했습니다.

이 책이 투자자산운용사 적격성 인증시험을 준비하는 수험생 여러분의 많은 도움이 되기를 바라며 건투를 빕니다.

시험 정보

① 시험 주관

- 금융투자협회(http://www.kofia.or.kr)

② 응시 접수

- 금융투자협회 자격시험접수센터
  홈페이지 (http://license.kofia.or.kr)에서 작성 및 접수
  ※ 인터넷(온라인) 접수만 가능함
  ※ 접수 후 시험의 연기 및 고사장 변경은 불가능함
  ※ 기타 접수에 관한 공지사항이 있을 시 홈페이지에 공지함

③ 응시서 교부

- 접수 시 응시자가 PC에서 직접 출력함

④ 문제 형식

- 객관식 4지선다형

⑤ 시험시간

- 120분

⑥ 합격 기준

- 응시과목별 정답비율이 40% 이상인 자 중에서 응시 과목의 전체 정답 비율이 70%(70문항)
  이상인 자

⑦ 시험과목 및 문항 수

시험과목		세부과목	문항 수	문항 수	
				총	과락
1과목	금융상품 및 세제	세제 관련 법규 · 세무전략	7	20	8
		금융상품	8		
		부동산 관련 상품	5		
2과목	투자운용 및 전략Ⅱ	대안투자운용 · 투자전략	5	30	12
		해외증권투자운용 · 투자전략	5		
	투자분석	투자분석기법	12		
		리스크 관리	8		
3과목	직무윤리 및 법규	직무윤리	5	50	20
		자본시장과 금융투자업에 관한 법률	7		
		금융위원회규정	4		
		한국금융투자협회규정	3		
	투자운용 및 전략Ⅰ	주식투자운용 · 투자전략	6		
		채권투자운용 · 투자전략	6		
		파생상품투자운용 · 투자전략	6		
		투자운용 결과분석	4		
	거시경제 및 분산투자	거시경제	4		
		분산투자기법	5		

⑧ 합격자 발표

- 금융투자협회 자격시험접수센터(http://license.kofia.or.kr)에 로그인 후 「합격확인」에서 합격자 확인

⑨ 응시 제한 대상(응시 부적격자)

- 동일시험 기합격자
- 『금융투자전문인력과 자격시험에 관한 규정』 제3-13조 및 제3-15조의 자격제재에 따라 응시가 제한된 자
- 『금융투자전문인력과 자격시험에 관한 규정』 제4-21조 제3항 및 제4항에 따라 부정행위 등으로 시험응시가 제한된 자

※ 상기 응시 부적격자는 응시할 수 없으며, 합격하더라도 추후 응시 부적격자로 판명되는 경우 합격 무효 처리함. 또한 3년의 범위 내에서 본회 주관 시험응시를 제한함

※ 상기 시험은 시험 접수 시 해당 시험 관련 투자자 보호 교육 이수 여부를 확인하며, 이에 부적합할 시 시험접수가 제한됨

⑩ 유의사항

- 답안 마킹용 펜이 지급되지 않으므로 검정색 필기구(연필제외)를 꼭 지참해야 함
- 시험당일에 응시표, 신분증(규정신분증 참고) 및 계산기를 반드시 지참해야 함[단, 전자수첩 및 휴대전화(PDA 포함)는 사용 불가하며, 재무용·공학용 계산기는 감독관의 초기화 후 사용가능]

※ 규정신분증

구분	규정신분증	대체 가능 신분증
일반인 또는 대학생	주민등록증, 운전면허증, 여권	주민등록증 발급신청 확인서
주민등록증 미발급자 (초 · 중 · 고등학생)		신분확인증명서, 재학증명서, 학생증, 청소년증
공무원		공무원증
군인		장교/부사관 신분증, 군복무확인서, 신분확인증명서
외국인	외국인등록증 또는 여권	재외국민국내거소신고증

※ 모든 신분증, 증명서에는 사진이 부착되어 있으며, 발급기관장의 직인이 찍혀있어야 신분증으로 인정 가능

• 시험시작 20분 전까지 입실 완료하여야 하며 시험 종료 40분 전까지 퇴실 금지
  – 시험시작 이후 고사장 입실 및 응시 불가
• 대리응시, 메모(답안 등) 작성 및 전달, 메모(답안 등) 수령 및 기재, 문제지와 답안지 유출행위 등 시험부정행위, 감독관의 정당한 지시에 불응하는 행위, 시험 진행 방해 등으로 인해 시험응시 무효 또는 0점 처리될 수 있음
• 자격시험 신청서의 허위기재 및 기타 부정한 방법으로 시험에 합격한 경우 합격을 취소하며, 응시무효 및 합격취소자의 경우 상기 사유가 발생한 날로부터 3년 이내의 범위에서 금융투자협회 주관 시험 응시가 제한됨
• 본인의 응시번호를 답안지에 정확히 마킹하지 않은 경우 0점 처리됨

과목별 빈출 문제

각 과목별로 빈출 문제의 유형을 분석하여 가장 대표적인 유형의 문제를 엄선하였습니다.

투자자산운용사 빈출 1000제

1장 세제관련 법규·세무전략

001

세제에 관한 설명으로 적절하지 않은 것은?

① 미등기 무허가 건물도 양도세를 과세한다.
② 금융소득에는 이자, 배당, 연금소득이 포함된다.
③ 금융소득의 종합과세 대상의 기준은 2천만 원이다.
④ 조세불복에 대한 심사청구는 국세청장에게 청구한다.

원이고 사업소득은 5,000만 원이다. 금융소
~에서 지급받을 때 이자소득의 14%인 560만
이 부담하게 되는 소득세액은 얼마인가? (단,

② 1,018만 원
④ 698만 원

과세표준	세율
00만 원 이하	6%
원 ~ 5,000만 원	15%
원 ~ 8,800만 원	24%
~ 1억5,000만 원	35%
~ 3억 원	38%

 문제 해설

종합과세 대상소득은 금융소득 4,000만 원 중 2,000만 원 초과분인 2,000만 원과 사업소득 5,000만 원의 합인 7,000만 원이다.
- 종합과세 대상소득 7,000만 원의 세액 : (1,400만 원 × 6%)
  + (5,000만 원 × 15%)
  + (600만 원 × 24%)
  = 978만 원
- 기준금액 세액 : 2,000만 원 × 14% = 280만 원
- 총 부담세액 : 978만 원 + 280만 원 = 1,258만 원
- 원천징수세액 : 560만 원
- 납부세액 : 1,438만 원 − 560만 원 = 698만 원

문제 해설

유사문제에서 오답을 확실히 피할 수 있도록 문제의 요지에 초점을 맞추어, 해당 선택지가 문제의 정답이 되는 이유를 논리적이고 명확하게 설명하였습니다.

더 알아보기

문제와 관련된 내용을 정리하고 심화 학습을 할 수 있도록 보충설명이나 알아두면 좋은 참고사항을 수록하였습니다.

종합과세로 계산하시오.)

① 1,290만 원   ② 1,018만 원
③ 945만 원   ④ 698만 원

더 알아보기 종합소득세율표

과세표준	세율
1,400만 원 이하	6%
1,400만 원 ~ 5,000만 원	15%
5,000만 원 ~ 8,800만 원	24%
8,800만 원 ~ 1억5,000만 원	35%
1억5천만 원 ~ 3억 원	38%
3억 원 ~ 5억 원	40%
5억 원 ~ 10억 원	42%
10억 원 초과	45%

실전모의고사

001 다음 중 국세가 <u>아닌</u> 것은?

① 종합부동산세 ② 부가가치세
③ 관세 ④ 재산세

실제 시험과 같은 문항수와 동형의 형태로 모의고사 1회분을 수록하여 최신 출제 경향을 파악하고 실전에 대비할 수 있도록 하였습니다.

빠른 정답 찾기

빠른 정답 찾기로 문제를 빠르게 채점할 수 있도록 한 눈에 정리하였습니다.

01	④	02	①	03	③	04	③	05	④
06	②	07	①	08	②	09	②	10	⑤
11	④	12	③	13	③	14	②	15	②
16	③	17	②	18	②	19	②	20	①
21	①	22	③	23	②	24	①	25	④
26	③	27	④	28	②	29	①	30	②
31	③	32	⑤	33	④	34	②	35	②
36	⑤	37	③	38	③	39	③	40	②
41	②	42	④	43	④	44	②	45	②
46	④	47	③	48	①	49	②	50	②
51	②	52	④	53	②	54	③	55	②
56	④	57	②	58	①	59	②	60	②
61	①	62	②	63	②	64	④	65	②
66	③	67	④	68	③	69	③	70	②

004

국세징수권의 소멸

005

배우자가 피상속인과가 있다.

006

자녀가 어릴 때 분하다.

정답 및 해설

실전모의고사에 대한 각 문제의 해설을 상세하게 풀어내어 문제와 관련된 개념을 이해하기 쉽도록 하였습니다.

009 정답 ③

ETF는 원금보장이 되지 않고, 시장수익률을 추적하는 펀드이다.

📄 **상장지수펀드(ETF)**
- 인덱스 펀드이면서 주식처럼 거래된다.
- ETF 시장은 주식처럼 거래되는 유통시장과 설정 · 해지되는 발행시장으로 구분된다.
- 발행시장에서는 지정판매사(AP) 통해서 설정 · 환매가 이루어진다.

010 정답 ③

이자는 발생된 이자(금융기관과 약정한 이자가 아닌 예금보험공사가 정하는 소정의 이자이다.

016

부동산 경기는 일 높다.

017

순소득 승수는 '총이율과 역수이다.

018

개발분양방식, 주사업수탁방식, 차

목 차

**3과목
금융상품 및
직무윤리**

**FINAL
실전모의고사**

Study Plan

	과목	학습예상일	학습일	학습시간
1과목 **금융상품 및 세제**	세제관련 법규세무전략			
	금융상품			
	부동산관련 상품			
2과목 **투자운용 및 투자분석**	대안투자운용 · 투자전략			
	해외증권투자운용 · 투자전략			
	투자분석기법			
	리스크 관리			
3과목 **금융상품 및 직무윤리**	직무윤리			
	자본시장과 금융투자업에 관한 법률			
	금융위원회규정			
	한국금융투자협회규정			
	주식투자운용 · 투자전략			
	채권투자운용 · 투자전략			
	파생상품투자운용 · 투자전략			
	투자운용 결과분석			
	거시경제			
	분산투자기법			
FINAL **실전모의고사**	3과목[100문항]			

투자자산운용사 대표유형+실전문제
 동영상 강의 커리큘럼

1과목 금융상품 및 세제	1강	오리엔테이션
	2강	세제관련 법규 · 세무전략 (1)
	3강	세제관련 법규 · 세무전략 (2)
	4강	금융상품 (1)
	5강	금융상품 (2)
	6강	금융상품 (3)
	7강	부동산관련 상품

2과목 투자운용 및 투자분석	8강	대안투자운용 / 해외증권투자운용
	9강	투자분석기법 (1)
	10강	투자분석기법 (2)
	11강	투자분석기법 (3)
	12강	투자분석기법 (4)
	13강	리스크관리

▒ 투자자산운용사 빈출 1000제는 문제풀이집으로, 별도의 강의가 준비되어 있지 않습니다.

광고

1과목

금융상품 및 세제

1장 세제관련 법규·세무전략

001

세제에 관한 설명으로 적절하지 <u>않은</u> 것은?

① 미등기 무허가 건물도 양도세를 과세한다.
② 금융소득에는 이자, 배당, 연금소득이 포함된다.
③ 금융소득의 종합과세 대상의 기준은 2천만 원이다.
④ 조세불복에 대한 심사청구는 국세청장에게 청구한다.

문제해설

이자소득과 배당소득은 금융소득에 해당되나 연금소득은 해당되지 않는다.

002

세제에 대한 다음 설명 중 틀린 것은?

① 조세는 세율구조에 의거 비례세와 누진세로 구분한다.
② 원천징수로서 납세의무가 종결되는 것을 분리과세라고 한다.
③ 미등기 자산의 경우 양도소득세 세율은 70%이다.
④ 세법상 펀드의 이익은 이자소득이다.

문제해설

세법상 펀드의 이익은 배당소득에 해당한다.

003

다음 중 이자소득에 해당하지 <u>않는</u> 것은?

① 채권의 이자
② 비영업대금의 이익
③ 저축성 보험의 보험차익
④ ELS(주가연계증권)의 수익분배금

문제해설

ELS(주가연계증권)의 수익분배금은 배당소득에 해당한다.

004

소득세에 관한 다음 설명 중 적절하지 <u>않은</u> 것은?

① 소득세는 소득원천설을 근거로 포괄주의를 채택하고 있다.

② 소득세의 제2차 납세의무자는 사업의 양수인이다.

③ 세법상 변액보험의 차익은 배당소득으로 보지 않는다.

④ 장기채권은 분리과세를 신청한 경우에만 적용한다.

문제해설

현행 소득세법은 소득원천설을 근거로 열거주의를 채택하고 있다.

005

금융소득 종합과세에 관한 다음 설명 중 적절하지 <u>않은</u> 것은?

① 비과세 · 분리과세 대상 금융소득금액을 제외한 소득 즉, 금융소득이 2,000만 원을 초과하는 경우 종합과세한다.

② 금융소득이 2,000만 원을 초과하는 경우 그 초과분에 대해 누진과세한다.

③ 재형저축은 비과세 혜택이 없다.

④ 장기저축성보험 및 10년 이상 금융채는 분리과세를 선택할 수 있다.

문제해설

재형저축은 7년 이상 적립식 저축 시 일정한 기준하에 비과세된다.

006

소득세법에 대한 다음 설명 중 적절하지 <u>않은</u> 것은?

① 퇴직소득, 양도소득, 사업소득은 분류하여 과세한다.

② 거주자와 비거주자의 구분은 국적에 따라 분류한 개념이 아니다.

③ 개인단위 위주로 과세하나 예외적으로 공동사업합산 과세가 있다.

④ 소득세의 확정 신고기간은 다음 연도 5월 1일에서 5월 31일까지이다.

문제해설

사업소득은 종합소득세 신고 대상으로, 분류과세되지 않는다.

007

다음 중 배당소득이 <u>아닌</u> 것은?

① 의제 배당
② 인정 배당
③ 민법상 건설이자의 배당
④ 집합투자기구의 이익

문제해설

건설이자는 회사가 철도 · 운하 · 전력 등 건설에 오랜 기간을 요하는 사업을 목적으로 하는 주식회사에 있어서 일정 요건 아래 이익 유무와 상관없이 주주에게 배당되는 이자로, 「상법」상 건설이자의 배당을 배당소득으로 본다.

008

다음 설명 중 적절하지 <u>않은</u> 것은?

① 서류의 공시송달의 경우 서류의 요지를 공고한 날로부터 14일이 경과하면 효력이 발생한다.
② 양도담보는 양도로 보지 않는다.
③ 주식 및 채권의 매매차익은 비과세이다.
④ 비거주자의 원천징수 세율은 15%이다.

문제해설

비거주자의 원천징수 세율은 20%이다.

009

다음 중 세제에 대한 설명으로 <u>틀린</u> 것은?

① 형식이나 절차상 본래 의미의 배당은 아니나 법인의 잉여금이 배당 이외의 형태로 출자자에게 이전되는 경우 「소득세법」상 이를 배당으로 의제한다.
② 법인이 법인세를 불성실하게 신고하여 정부가 법인세 과세표준과 세액을 결정하는 경우, 익금산입 또는 손금 불산입된 금액 중 출자자에게 귀속되었다고 인정한 것을 인정배당이라고 한다.
③ 해산시의 의제배당의 범위는 분배받은 재산가액－주식 등의 취득가액이다.
④ 간주배당(Gross Up) ＝ 배당소득 × 10%이다.

문제해설

간주배당(Gross Up) ＝ 배당소득 ＋ 배당소득 × 11%이다.

010

다음 설명 중 틀린 것은?

① 상속 또는 증여되는 주권은 증권거래세의 과세대상이 아니다.
② 증권거래세의 기본세율은 0.15%이다.
③ 소득세법상의 원천징수제도와 유사한 증권거래법상의 제도는 거래징수제도이다.
④ 증권거래소에서 양도한 상장주식에 대한 증권거래세의 납세의무자는 증권회사이다.

문제해설

증권회사가 아니라 증권예탁원 또는 대체결제회사이다.

011

다음 중 세무전략으로 채택하기 어려운 것은?

① 상속시 주택은 주택이 없는 사람이 상속을 받는다.
② 증여시 3개월 이내 반환은 증여로 보지 않는다.
③ 부동산보다 금융자산 형태로 상속한다.
④ 피상속인의 사망 전후 6개월 이내에는 재산처분을 하지 않는다.

문제해설

금융자산으로 상속하는 것이 언제나 유리한 것은 아니다.

012

다음 중 소득세법상 양도로 볼 수 <u>없는</u> 것은?

① 배우자 간의 부담부증여
② 매도, 교환
③ 현물출자
④ 대물변제, 공용수용

문제해설

배우자 또는 직계존비속 간의 부담부증여는 유상이전으로 보지 않으므로 양도로 인정되지 않는다. 일반적으로 부담부증여에서 수증자가 증여자의 채무를 인수하는 부분은 유상이전에 해당하므로 양도로 본다.

013

다음 중 장기보유특별공제가 적용되는 것은?

① 미등기자산
② 비사업용 토지
③ 상장주식 또는 비상장주식
④ 3년 이상 보유한 토지 및 건물

문제해설

미등기자산과 비사업용토지는 토지 및 건물의 예외에 해당되며, 주식은 토지 및 건물이 아니므로 장기보유특별공제가 적용되지 않는다.

014

다음 중 증권거래세에 대한 설명으로 <u>틀린</u> 것은?

① 주권을 목적물로 하는 소비대차의 경우 증권거래세가 부과되지 않는다.
② 비거주자인 외국인투자자가 국내 증권시장에서 상장된 주권을 양도할 경우 증권거래세가 부과되지 않는다.
③ 뉴욕증권거래소나 런던증권거래소에 상장된 주권을 양도할 경우 증권거래세가 부과되지 않는다.
④ 비거주자인 외국인투자자가 국내 증권시장에서 상장된 채권을 양도할 경우 증권거래세가 부과되지 않는다.

문제해설

국내 증권시장에서 상장주권을 양도하는 경우 국내투자자는 물론 외국인투자자도 증권거래세가 부과된다.

015

다음 ㉠, ㉡에 들어갈 내용으로 옳은 것은?

> 증권거래세의 납세의무자가 예탁결제원이나 금융투자업자일 경우 매월분의 세액을 익월 (㉠)까지 납부하여야 하며, 그 외의 납세의무자일 경우 반기분의 세액을 양도일이 속하는 반기말로부터 (㉡) 이내까지 납부하여야 한다.

	㉠	㉡
①	10일	1개월
②	10일	2개월
③	20일	3개월
④	20일	6개월

문제해설

증권거래세의 납세의무자가 예탁결제원이나 금융투자업자일 경우 매월분의 세액을 익월 10일까지 납부하여야 하며, 그 외의 납세의무자일 경우 반기분의 세액을 양도일이 속하는 반기말로부터 2개월 이내까지 납부하여야 한다.

016

다음 중 증여세 절세전략으로 옳지 <u>않은</u> 것은?

① 자녀가 어릴 때 분할하여 증여하는 것이 유리하다.
② 증여재산공제 범위라서 증여세를 내지 않는다면 신고하지 않는 것이 유리하다.
③ 가능한 저평가재산을 증여하는 것이 유리하다.
④ 같은 금액이라도 증여자를 여럿으로 하여 증여하는 것이 유리하다.

문제해설

증여재산공제 범위라서 증여세를 내지 않더라도 신고하는 것이 바람직하다. 자녀명의의 예금을 장래에 부모의 차명예금으로 볼 수 있기 때문이다. 따라서 증여재산공제 범위 내라도 증여세 신고를 하는 것이 미래의 정당한 자금원 확보 측면에서 유리하다.

017

다음 중 종합소득세 신고 의무가 <u>없는</u> 사람은?

① 사업소득의 결손으로 인하여 종합소득이 없는 자
② 금융소득 종합과세대상이 되는 금융소득이 5,000만 원인 자
③ 근로소득이 1억 원이고 금융소득 종합과세대상이 되는 이자소득이 2,000만 원인 자
④ 부동산 임대소득이 1,000만 원이고 금융소득 종합과세대상이 되는 이자소득이 1,000만 원인 자

문제해설

근로소득만 있는 경우 금융소득 종합과세대상이 되는 이자소득이 2,000만 원을 초과하지 않을 경우에는 근로소득에 대해서는 연말정산하고, 금융소득에 대한 신고의무는 없다.

018

자녀에게 1억 원을 증여하고자 한다. 20세에 일괄 증여하는 경우보다 자녀의 나이가 1세, 11세, 21세일 때 세 번으로 나누어 증여하는 것이 절세에는 유리하다. 1세에 2,000만 원, 11세에 2,000만 원, 21세에 6,000만 원으로 분할 증여하였다면 절감할 수 있는 증여세는 얼마인가?

① 150만 원
② 245만 원
③ 270만 원
④ 360만 원

문제해설

자진신고납부를 가정하면 아래의 표와 같다.

 더 알아보기

	자녀나이	증여액	증여재산공제	과세표준	증여세액
분할증여	1세	2,000만 원	2,000만 원	0	0
	11세	2,000만 원	2,000만 원	0	0
	21세	6,000만 원	5,000만 원	1,000만 원	900,000
	계	1억 원	9,000만 원	1,000만 원	900,000
일괄증여	20세	1억 원	5,000만 원	5,000만 원	4,500,000

019

甲의 금융소득이 4,000만 원이고 사업소득은 5,000만 원이다. 금융소득 4,000만 원을 금융기관에서 지급받을 때 이자소득의 14%인 560만 원을 공제하고 받았다면 甲이 부담하게 되는 소득세액은 얼마인가? (단, 종합과세로 계산하시오.)

① 1,290만 원
② 1,018만 원
③ 945만 원
④ 698만 원

문제해설

종합과세 대상소득은 금융소득 4,000만 원 중 2,000만 원 초과분인 2,000만 원과 사업소득 5,000만 원의 합인 7,000만 원이다.
- 종합과세 대상소득 7,000만 원의 세액 : (1,400만 원 × 6%) + (5,000만 원 × 15%) + (600만 원 × 24%) = 978만 원
- 기준금액 세액 : 2,000만 원 × 14% = 280만 원
- 총 부담세액 : 978만 원 + 280만 원 = 1,258만 원
- 원천징수세액 : 560만 원
- 납부세액 : 1,438만 원 − 560만 원 = 698만 원

 더 알아보기 종합소득세율표

과세표준	세율
1,400만 원 이하	6%
1,400만 원 ~ 5,000만 원	15%
5,000만 원 ~ 8,800만 원	24%
8,800만 원 ~ 1억5,000만 원	35%
1억5천만 원 ~ 3억 원	38%
3억 원 ~ 5억 원	40%
5억 원 ~ 10억 원	42%
10억 원 초과	45%

020

다음 중 소득세법상 종합소득에 포함되지 <u>않는</u> 것은?

① 부동산임대소득 ② 배당소득

③ 양도소득 ④ 기타소득

- **종합소득** : 이자소득, 배당소득, 부동산임대소득, 사업소득, 근로소득, 연금소득, 기타 소득
- **분류과세** : 양도소득, 퇴직소득

021

다음 중 주식양도소득세에 대한 설명으로 틀린 것은?

① 대주주에 대한 양도소득세율은 금융소득의 원천징수세율 15.4%를 적용한다.

② 과세대상인 대주주로 분류되면 1주를 매도하더라도 양도차익에 대해 과세한다.

③ 소액주주가 상장주식을 장내에서 매매할 경우 양도소득은 비열거소득으로 비과세된다.

④ 소액주주가 K-OTC시장의 벤처기업을 매매할 경우 양도소득은 비열거소득으로 비과세된다.

대주주에 대한 양도소득세과세율은 중소기업 여부와 보유기간에 따라 10~30%의 세율이 적용된다.

022

다음 ㉠, ㉡에 들어갈 적절한 수치가 바르게 배열된 것은?

> 만기 (㉠) 이상인 채권은 이자소득의 (㉡)만 세금으로 부담하고 종합과세 대상에서 제외된다.

만기 10년 이상인 채권은 이자소득의 30%(주민세 포함시 33%)만 세금으로 부담하고 종합과세 대상에서 제외된다.

	㉠	㉡
①	10년	30%
②	10년	20%
③	5년	10%
④	5년	14%

더 알아보기 비과세되는 이자소득과 배당소득

공익신탁의 이익, 장기주택마련저축 이자와 배당, 근로자우대저축의 이자와 배당, 노인 · 장애인 등의 생계저축 이자와 배당, 조합출자금의 배당, 근로자주식저축 이자와 배당

023

다음 중 절세할 수 있는 올바른 투자방법으로 볼 수 <u>없는</u> 경우는?

① 여러 군데의 금융기관을 이용하고 있는 경우에는 고객의 재산에 대하여 전반적인 관리를 해줄 수 있는 금융기관으로 거래하는 금융기관을 줄여야 한다.

② 투자하고자 하는 금액의 일부를 먼저 비과세 금융상품에 가입한도까지 투자하는 것이 바람직하다.

③ 투자규모를 고려하여 금융소득이 기준금액 2,000만 원을 초과하지 않도록 금융상품을 구성한다.

④ 투자금액이 커서 금융소득이 기준금액 2,000만 원을 초과하고 사업소득이나 근로소득 등 주 소득이 많아 주 소득도 8,800만 원 이상인 경우에는 장기채권 구입이 더 불리하다.

문제해설

10년 만기 채권을 구입하여 분리과세를 신청하면 금융소득과 주 소득의 과다에 관계없이 30%로 분리과세되어 절세할 수 있다.

024

지급조서 제출이 면제되는 소득으로 옳지 <u>않은</u> 것은?

① 소득세가 비과세되는 소득

② 예금 등의 잔액이 50만 원 미만으로 1년간 거래가 없는 계좌에서 발생하는 이자 및 배당소득

③ 계좌별로 1년 간 발생한 이자소득 또는 배당소득이 3만 원 미만인 경우

④ 국내사업장이 없는 비거주자의 국내원천 이자 · 배당소득

문제해설

예금 등의 잔액이 30만 원 미만으로 1년 간 거래가 없는 계좌에서 발생하는 이자 및 배당소득이 지급조서 제출 면제대상이다.

025

갑의 사업소득이 6,000만 원이고 금융소득이 5,000만 원이라면 종합과세 대상소득은 얼마인가?

① 1억 3천만 원　　　　　　② 9,000만 원

③ 7,000만 원　　　　　　　④ 6,000만 원

문제해설

사업소득 6,000만 원 + 기준금액 초과 금융소득(5,000만 원 − 기준금액 2,000만 원) = 9,000만 원

026

25번 문제에서 종합소득신고 시 납부세액은 얼마인가? (단, 원천징수 금액은 없다.)

① 1,738만 원　　　　　　　② 1,932만 원

③ 2,396만 원　　　　　　　④ 1,660만 원

문제해설

- 종합과세 대상소득 9,000만 원의 세액 : (1,400만 원 × 6%) + (5,000만 원 × 15%) + (2,600만 원 × 24%) = 1,458만 원
- 기준금액 세액 : 280만 원(2,000만 원 × 14%)
- 총 부담세액 : 1,458만 원 + 280만 원 = 1,738만 원

027

다음 중 종합과세 절세전략으로 적절하지 <u>못한</u> 것은?

① 분리과세되는 10년 만기 채권은 10년을 보유하지 않아도 분리과세가 가능하다.
② 비과세되는 장기보험의 경우 비과세 요건이 10년에서 7년으로 단축되었다.
③ 연간 금융소득을 줄이기 위해 자녀명의로 분산투자하는 경우 증여세를 고려해야 한다.
④ 연간 금융소득이 2,000만 원을 초과한다고 해서 무조건 30%로 분리과세되는 상품에 투자해서는 안 된다.

문제해설

비과세되는 장기보험의 경우 비과세 요건이 7년에서 10년으로 연장되었다.

028

금융소득에 대한 설명으로 옳지 <u>못한</u> 것은?

① 금융소득은 금융자산을 통해 발생하는 모든 소득을 말한다.
② 이자, 배당, 연금소득에 대해서는 세법에서 열거되지 않는 소득이더라도 유사한 소득에 대해서는 과세할 수 있다.
③ 금융소득은 필요경비가 인정되지 않고 수입금액이 바로 소득이 된다.
④ 주식투자의 양도차익은 금융소득에 포함되지 않는다.

주식투자의 양도차익이나 배당도 금융소득에 해당한다.

029

다음 중 종합소득에 속하지 <u>않는</u> 소득은?

① 예금이자
② 급여
③ 단체퇴직보험금
④ 상금

③ 단체퇴직보험금은 퇴직소득으로 분류과세 대상소득이다.
④ 상금은 기타 소득이므로 종합소득에 포함된다.

030

증여에 대한 세무전략으로 옳지 <u>않은</u> 것은?

① 10년 단위 증여재산 공제가 적용되므로 이를 활용하여 기간을 분산해서 증여하는 것이 유리하다.
② 수증자별, 증여자별 과세를 활용하는 것이 유리하다.
③ 향후 자금출처 조사를 고려하여 어린 자녀에 대한 증여는 증여세 신고를 하는 것이 바람직하다.
④ 어린 자녀에 대한 증여는 장기적인 계획하에 이루어지는 만큼 시간가치를 고려하는 것보다는 확정금리상품에 투자하는 것이 유리하다.

어린 자녀에 대한 증여는 시간가치를 고려하여야 한다.

031

다음 중 바르게 설명된 것을 모두 고르면?

> ㉠ 세금우대저축의 이자는 종합과세 금융소득에서 제외된다.
> ㉡ 종합소득세 신고와납부는 5월 1 일부터 5월 31 일까지이다.
> ㉢ 장기적인 상속계획은 10년 이상의 계획 아래 미리 상속인에게 증여함으로써 상속시점의 재산수준을 낮추고 상대적으로 낮은 누진세율을 적용하는 것이다.
> ㉣ 금융소득 기준금액 2,000만 원을 초과하는 경우 기준금액 초과금액에 대한 세액은 일반원천징수세액과 종합소득세액 중 작은 금액으로 한다.

① ㉠, ㉡

② ㉢, ㉣

③ ㉠, ㉡, ㉢

④ ㉡, ㉢, ㉣

문제해설

금융소득 기준금액 2,000만 원을 초과하는 경우 기준금액 초과금액에 대한 세액은 일반 원천징수세액과 종합소득세액 중 큰 금액으로 한다.

032

조세의 분류에서 세수의 용도가 특정된 조세를 무엇이라 하는가?

① 지방세

② 목적세

④ 직접세

③ 종가세

문제해설

지출의 목적성에 따라 보통세와 목적세로 분류된다. 목적세에는 교육세, 농어촌특별세 등이 있다.

더 알아보기 조세의 분류

분류방법	이름	개념
과세주체	국세	과세권자가 국가인 조세
	지방세	과세권자가 지방자치단체인 조세
전가성	직접세	조세부담의 전가가 예상되지 않는 조세
	간접세	조세부담의 전가가 예상되는 조세
지출의 목적성	보통세	세수의 용도가 불특정한 조세
	목적세	세수의 용도가 특정된 조세
과세표준 단위	종가세	가격을 과세표준으로 하는 조세
	종량세	양을 과세표준으로 하는 조세 예 인지세, 지역자원시설세, 개별소비세
세율의 구조	비례세	과세표준에 관계없이 일정률의 세율이 적용되는 조세 예 부가가치세, 취득세, 등록면허세
	누진세	과세표준의 크기에 따라 세율의 차이가 있는 조세 예 소득세, 법인세, 상속세, 증여세

033
조세에 대한 설명으로 가장 적절하지 <u>못한</u> 것은?

① 직접세는 조세부담의 전가가 예상되지 않는 조세를 말한다.
② 기한은 어느 시점에서 어느 시점까지 계속된 시간을 의미한다.
③ 조세 서류의 송달 장소가 분명하지 않을 때는 서류의 요지를 14일 전에 공고함으로서 송달에 갈음한다.
④ 과세표준과 관계없이 일정률의 세율이 동일하게 적용되는 조세는 비례세이다.

- **기간** : 어느 시점에서 어느 시점까지의 계속된 시간
- **기한** : 법률행위의 효력발생이나 소멸 등을 위하여 미리 정한 일정 시점

034
국세부과의 제척기간이 바르게 연결된 것은?

① 일반적 조건의 상속세 – 10년
② 허위 누락신고한 증여세 – 7년
③ 상속신고 누락가액이 50억 원 초과 – 확인일로부터 3년
④ 일반세목 – 7년

일반세목의 경우 제척기간은 기본적으로 5년이며, 무신고의 경우 7년, 사기로 조세를 포탈한 경우는 10년이다. 상속세와 증여세의 경우 기본적으로 10년, 사기로 인한 조세포탈·환급, 무신고·허위신고·누락신고는 15년, 상속·증여신고 누락가액이 50억 원 초과인 경우 확인일로부터 1년간이 제척기간이 된다.

035
국세징수권은 권리를 행사할 수 있는 때로부터 일정기간 행사하지 않으면 소멸된다. 5억 원 미만인 국세채권의 국세징수권의 소멸시효는 얼마인가?

① 1년
② 3년
③ 5년
④ 7년

5억 원 미만인 국세채권의 국세징수권의 소멸시효는 5년이며, 5억 원 이상인 경우에는 10년이다. 납세고지·독촉·압류의 경우에는 그 시효가 중단되므로 주의해야 한다.

036
최초에 신고한 국세의 과세표준 및 세액이 과다하게 신고된 때에는 수정신고가 아니라 경정청구를 해야 한다. 경정청구의 기한은 얼마인가?

① 법정신고기한 경과 후 1년
② 법정신고기한 경과후 3년
③ 법정신고기한 경과 후 5년
④ 법정신고기한 경과 후 10년

경정청구는 법정신고기한 경과 후 3년 이내에 관할 세무서장에게 청구한다.

037

국세에 대한 심사와 심판에 대한 설명으로 틀린 것은?

① 국세에 대한 다툼은 행정심판전치주의가 적용된다.
② 이의신청은 청구기간이 90일 이내이다.
③ 심사청구에 불복시 심판청구를 할 수 있다.
④ 심판청구는 조세심판원장이 결정기관이 된다.

심사청구와 심판청구 중 하나만 청구할 수 있다. 심사청구의 결정기관은 국세청장이며, 심판청구의 결정기관은 조세심판원장이다. '동일한 처분에 대해서는 심사청구와 심판청구를 중복하여 제기할 수 없다.' (「국세기본법」 제55조)

038

다음 중 직접세에 포함되지 않는 것은?

① 소득세　　　　　　② 법인세
③ 종합부동산세　　　④ 증권거래세

증권거래세, 부가가치세, 개별소비세, 인지세는 간접세이다.

039

잘못된 조세에 대한 권리구제제도로 가장 잘못된 설명은?

① 세금이 고지되기 전에는 과세예고통지서를 받은 날로부터 30일 이내에 '과세전적부심사제도'를 이용할 수 있다.
② 세금이 고지된 후에는 국세청에 '심사청구'를 제기할 수 있다.
③ 행정소송을 제기할 경우에는 심사청구나 심판청구를 거칠 필요가 없다.
④ 심사청구와 심판청구는 세금부과사실을 안 날로부터 90일 이내에 서류를 제출해야 한다.

국세에 대한 행정소송은 행정심판전치주의에 따라 반드시 심사 또는 심판청구를 거쳐야 한다. '과세전적부심사제도'는 세무조사 후 과세할 내용을 미리 납세자에게 알려 준 다음 납세자가 그 내용에 대하여 이의가 있을 때 과세의 옳고 그름에 대한 심사를 청구하게 하고, 심사 결과 납세자의 주장이 타당하면 세금을 고지하기 전에 자체적으로 시정하여 주는 제도이다.

040

갑은 최근에 세무서로부터 양도소득세 5,000만 원을 납부하라는 고지서를 받았는데, 내용을 확인해 보니 6년 전에 등기를 하지 않고 토지를 양도한 것이 문제가 되었다. 이 경우 갑은 세금을 내야 하는가?

① 국세제척기간 5년이 경과하였으므로 납부하지 않아도 된다.
② 미등기일지라도 5년이 경과하였으므로 납부의무는 없다.
③ 미등기로 양도하여 양도소득세를 포탈하였으므로 세금을 내야 한다.
④ 제척기간은 경과하였지만 소멸시효가 완성되지 않았으므로 납부하여야 한다.

문제해설

상속세 및 증여세 이외의 세금에서 사기 기타 부정한 행위로 국세를 포탈한 경우 신고기한의 다음 날부터 10년간이 제척기간이 된다.

041

다음 중 양도소득세의 과세대상이 <u>아닌</u> 경우는 무엇인가?

① 골프회원권
② 부동산 가액이 총자산가액의 80% 이상인 스키장을 영위하는 법인의 주식
③ 과점주주의 주식
④ 주주 1인과 특수관계자의 주식 합계액이 총발행주식의 3%인 코스닥 주식

문제해설

양도세가 부과되는 대주주는 유가증권시장은 3%, 코스닥시장은 5%가 기준이 된다.

042

다음 중 절세전략으로 가장 적절하지 <u>못한</u> 설명은?

① 상속재산을 공익법인에 출연하는 경우 신고기한과 무관하게 비과세 받을 수 있다.

② 피상속인의 금융재산을 알 수 없을 경우 금융감독원의 서비스를 이용할 수 있다.

③ 한정승인을 하고자 하는 경우 상속개시가 있음을 안 날로부터 3개월 이내에 신고해야한다.

④ 건물을 상속할 때에는 월세보다 전세가 많은 것이 유리하다.

 임대 중에 있는 부동산을 상속받는 경우 상속인은 임대계약이 만료되면 보증금을 반환해야 할 의무가 있으므로 상속세법에서는 이를 피상속인의 부채로 보아 공제를 해준다. 따라서 임대차계약을 체결할 때 월세 비중을 줄이고 보증금을 많이 받는 전세로 전환하면 공제받을 수 있는 채무액이 많아지므로 상속세 부담을 줄일 수 있다.

문제해설

공익법인 등에 피상속인의 재산을 출연하고자 한다면 상속세 신고기한 내에 출연하여야 한다. 상속개시일로부터 6월이 지나면 출연하더라도 세금이 부과된다.

043

다음의 절세전략으로 적절하지 <u>못한</u> 것을 고르시오.

① 사망일에 임박해서는 가급적 재산을 처분하지 않는 것이 좋다.

② 병원비는 사망 전에 상속인의 재산으로 납부하는 것이 좋다.

③ 증여재산공제 한도 내에서 배우자나 자녀에게 미리 증여를 해두는 것이 좋다.

④ 생명보험에 가입하여 상속세 납부재원을 마련해두는 것이 좋다.

문제해설

피상속인의 재산으로 사망 후에 납부하는 것이 좋다. 피상속인의 재산으로 병원비를 납부하면 그만큼 상속재산이 감소하므로 감소한 분에 대한 세금만큼 적게 낼 수 있지만, 자녀들의 재산으로 병원비를 납부하면 상속재산은 변동이 없기 때문에 그만큼 세금을 더 내는 결과가 된다.

2장 금융상품

001

우리나라의 금융기관에 대한 설명으로 옳지 않은 것은?

① 은행에는 은행법에 의해 설립한 일반은행과 각각의 특수은행법에 의해 설립된 특수은행이 있다.

② 일반은행은 시중은행, 지방은행, 외국은행 국내지점으로 구성되어 있다.

③ 일반은행은 요구불예금으로 조달한 자금을 단기대출로 운용하는 상업금융업무와 장기금융업무를 취급한다.

④ 특수은행에는 한국산업은행, 한국수출입은행, 중소기업은행, 한국외환은행이 있다.

문제해설

한국외환은행은 일반은행이다.

002

다음 중 신용협동기구에 대한 설명으로 옳지 않은 것은?

① 일정한 행정구역 안에 소재하는 서민과 소규모 기업에 금융상의 편의를 제공하도록 설립된 대표적인 지역밀착형 서민금융기관이다.

② 농·수산업협동조합, 신용협동조합, 새마을금고가 있다.

③ 대외신인도 면에서 열위에 있으나 조합원에 대해서는 금리와 세제상의 우대혜택을 준다.

④ 조합원에 대한 저축편의의 제공과 대출을 통한 서로 간의 공동이익을 추구하기 위한 금융기관이다.

문제해설

①은 상호저축은행에 관한 설명이다.

003

다음 중 은행에서 취급하는 예금상품이 <u>아닌</u> 것은?

① CD
② 표지어음
③ CMA
④ MMDA

CMA는 종합금융회사에서 취급한다.

004

후순위채에 대한 설명으로 옳지 <u>않은</u> 것은?

① 후순위채는 채권의 발행자가 파산하는 경우 주주보다 상환순위가 뒤지는 채권이다.
② 가입대상에는 제한이 없다.
③ 투자기관은 5년 이상으로 채권의 발행기관 또는 발행시마다 상이하다.
④ 이자계산방식에는 할인채, 복리채, 이표채가 있다.

후순위채는 채권의 발행자가 파산하는 경우 주주보다는 우선하여 상환받을 수 있으나 다른 채권자보다는 상환순위가 뒤지는 채권이다. 후순위채권의 발행자가 파산하는 경우 다른 채권자보다 상환순위가 늦어 원금손실을 볼 수도 있으나 상대적으로 금리가 높다는 것이 장점이다.

005

사모집합투자기구에 대한 특례에 해당하지 <u>않는</u> 것은?

① 투자설명서 제공의무 면제
② 수익자총회 개최 허용
③ 판매보수 및 수수료 한도적용 없음
④ 회계감사의무 면제

수익자총회 개최의무를 면제해주고 있다.

더알아보기 사모집합투자기구 규제완화 내용
- 투자설명서 제공의무 면제
- 판매보수 및 수수료 한도적용 없음
- 자산운용상 동일종목 투자한도 없음
- 회계감사의무 면제
- 약관 및 정관 공시의무 면제
- 자산운용서 작성 및 제공의무 면제
- 수익자총회 개최의무 면제

006

다음 중 금융채에 대한 설명으로 틀린 것을 고르시오.

① 한국산업은행, 중소기업은행 등의 은행들이 장기자금을 조달하기 위해 발행하는 장기채권이다.
② 금융채의 발행금리는 시중금리와 연동되어 있다.
③ 원리금의 지급을 발행은행이 보증한다.
④ 세금우대 종합저축 한도 내에서 3년 이상 가입시에만 세금우대혜택을 받을 수 있다.

문제해설

세금우대종합저축 한도 내에서 1년
: 이상 가입시 세금우대혜택을 받을
수 있다. 금융채를 통장식이 아니라
실물로 직접 매입하면 세금우대혜
택이 없다.

007

다음 중 신용협동기구에 속하지 않는 기관은?

① 신용협동조합
② 상호저축은행
③ 새마을금고
④ 농수산업협동조합

문제해설

신용협동기구에는 신용협동조합,
농·수산업협동조합, 새마을금고가
있다.

008

다음 중 은행의 요구불 예금이 아닌 것은?

① 보통예금
② 당좌예금
③ 가계당좌예금
④ 정기적금

문제해설

정기적금은 은행의 적립식 예금상
품이다.

009

MMDA에 대한 설명으로 옳지 <u>않은</u> 것은?

① 가입대상은 개인, 법인, 개인기업이다.
② 예치기간은 1년 이상이다.
③ 금리는 예치금액에 따라 차등 적용한다.
④ 가입한도는 제한 없다.

MMDA는 예치기간 및 가입한도의 제한이 없다.

010

다음 중 장기주택마련저축에 대한 설명으로 옳지 <u>않은</u> 것은?

① 무주택자의 주택마련을 돕기 위한 장기 적립식 저축이다.
② 비과세 혜택, 소득공제 혜택이 있다.
③ 가입대상은 만 18세 이상의 세대주로서 무주택자이어야 한다.
④ 전 금융기관을 통하여 중복가입이 불가능하다.

장가주택마련저축은 전 금융기관을 통하여 중복가입이 가능하며, 매 분기별 만 원 이상 300만 원 이내의 금액을 자유적립식으로 예치할 수 있으며, 저축기간은 7년 이상이다.

011

다음 중 주택청약부금에 대한 설명으로 옳지 <u>않은</u> 것은?

① 가입대상은 18세 이상의 국민 또는 세대주이어야 한다.
② 청약자격 부여와 세금우대 혜택의 특징을 가지고 있다.
③ 청약 1순위는 납입인정금액이 청약가능 불입금액 이상이고 2년이 경과된 자이다.
④ 청약 2순위는 납입인정금액이 청약가능 불입금액 이상이고 6개월이 경과된 자이다.

주택청약부금의 가입대상은 20세 이상의 국민 또는 세대주(20세 미만 단독세대주 제외)이다.

> **더 알아보기** 주택청약부금의 의의
> 가입자가 일정기간을 정하여 부금을 납입하면 가입기간과 저축금액에 따라 만기 또는 중도에 일정한 금액을 대출해 주고, 전용면적 85㎡ 이하의 민영주택 또는 민간건설 중형국민주택 분양시에 청약권이 주어지는 적립식 상품이다.

012

다음 중 청약저축에 대한 설명으로 옳은 것은?

① 청약권 부여 기회만 가지고 있는 상품이다.
② 가입대상은 무주택 세대주로 1세대 1통장이다.
③ 계약기간은 처음 설정한 기간까지 한다.
④ 1순위는 가입 후 1년 이상 경과된 자이다.

- **상품의 특징** : 청약권 부여, 소득 공제 혜택, 세금우대 혜택
- **가입대상** : 무주택 세대주(1세대 1 통장)
- **계약기간** : 국민주택 입주자로 선 정되는 날까지
- **청약순위**
  - **1순위** : 가입 후 2년 이상 경과 하고 매월 저축금을 연체 없이 24회 이상 납입한 자
  - **2순위** : 가입 후 6개월 이상 경 과하고 매월 저축금을 연체 없 이 6회 이상 납입한 자

013

다음 중 주택청약자격이 주어지지 <u>않는</u> 상품은?

① 주택청약부금   ② 주택청약예금
③ 장기주택마련저축   ④ 주택청약저축

장기주택마련저축은 무주택자의 주 택마련을 돕기 위한 장기 적립식 저 축으로, 청약자격은 주어지지 않는 상품이다.

014

다음에서 설명하는 상품은?

> 주가지수 상승률에 연동하여 사전에 약정한 금리를 지급하는 정기예 금의 일종으로 주가지수 하락 시에도 원금지급이 보장되는 은행에서 판매되는 상품이다.

① ELS   ② ELF
③ ELD   ④ CMA

- **ELS** : 증권사의 주가지수연동증권
- **ELF** : 자산운용사의 주가지수연동 펀드
- **CMA** : 종합금융사에서 취급하는 어음관리구좌

015

다음 중 양도성 예금증서의 특징으로 옳은 것은?

① 증서 만기 전에 중도해지가 불가능하다.
② 은행을 통해서 매각할 수 있다.
③ 이자는 만기에 지급된다.
④ 만기 후에도 약정한 별도의 이자가 지급된다.

양도성 예금증서(CD)의 특징
• 발행기관은 은행이다.
• 유통시상, 즉 증권회사, 종금사를 통해서 매각할 수 있다.
• 할인식 상품이기 때문에 이자는 발행시 선지급된다.
• 만기 후에는 별도의 이자 없이 액면금액만 지급받게 된다.

016

다음 중 환매조건부채권(RP)을 취급하는 기관이 <u>아닌</u> 것은?

① 은행   ② 증권회사
③ 우체국   ④ 보험회사

보험회사는 RP 취급기관이 아니다.

017

환매조건부채권에 대한 설명으로 옳지 <u>않은</u> 것은?

① 일정기간 경과 후에 사전에 정해진 매매가격으로 채권을 다시 매수하거나 매도할 것을 조건으로 한 채권 매매방식이다.
② 국공채를 대상으로 투자되므로 안정성이 높은 편이다.
③ 가입대상, 약정기간의 제한이 없다.
④ 30일 이내 중도환매 시에는 약정금리를 적용받는다.

주로 통장거래로 이루어지며 30일 이내 중도환매시에는 약정금리보다 훨씬 낮은 금리를 적용받게 된다.

018

다음에서 설명하는 상품은?

> 은행이 할인하여 보유하고 있는 어음을 분할하거나 통합하여 은행을 지급인으로 하는 새로운 어음을 발행하여 고객에게 판매하는 상품이다.

① 표지어음   ② 발행어음

③ CD   ④ MMDA

 MMDA(Money Market Deposit Account)
예치금액에 따라 금리를 차등 적용하며, 통상 500만 원 이상의 목돈을 1개월 이내의 초단기로 운용할 때 유리하나 다른 단기 시장성 상품에 비해서는 수익률이 낮은 수준이며, 일정금액 미만 소액예금의 경우에는 다른 저축상품보다 금리가 낮다.

문제해설

표지어음은 은행 명의로 발행하는 어음으로 안전하며, 배서에 의해 타인에게 양도가 가능하다.

019

다음 중 특정금전신탁에 대한 설명으로 옳지 <u>않은</u> 것은?

① 투자자는 자신이 맡긴 돈의 운용대상, 운용방법 및 운용조건 등을 은행에 지시할 수 있다.

② 10년 이상 장기채권에 투자하는 경우 이자소득에 대하여 분리과세를 신청할 수 있다.

③ 분리과세 특정금전신탁에 가입하면 일반 과세에 해당사항이 없다.

④ 불특정 금전신탁에는 가계금전신탁, 적립식 목적신탁, 부동산 투자신탁 등이 있으며 2004년 7월부터 취급이 중지되었다.

문제해설

분리과세 특정금전신탁에 가입하였더라도 투자자는 분리과세 또는 일반과세 중 선택이 가능하다.

020

다음에서 설명하고 있는 금융상품은 무엇인가?

> 만 60세 이상의 고령자가 소유하고 있는 주택을 담보로 매달 평생 동안 연금방식으로 노후 생활자금을 지급받는 것이다. 추후에 부부가 모두 사망하면 주택을 처분하여 정산하는데, 연금수령액이 집값을 초과할 경유에도 상속인에게 청구하지 않는다. 그러나 집값이 남을 경우에는 상속인에게 돌아간다.

① 모기지론
② 보금자리론
③ 주택연금
④ 장기주택마련저축

문제 해설

주택연금에 대한 설명이다. 주택연금은 역모기지론이라고도 하는데, 한국주택금융공사에서 2007년 7월부터 판매하고 있다.

021

세금우대 종합저축제도에 대한 설명으로 옳은 것은?

① 저축대상 중 비과세 저축상품, 신용협동기구 출자금, 신용협동기구 예탁금은 대상에서 제외된다.
② 가입한도는 일반은 6,000만 원, 노인과 장애인은 2,000만 원이다.
③ 이전에 이미 가입한 세금우대상품이 가입한도를 초과하면 만기일까지 세금우대 혜택을 받기 어렵다.
④ 우대세율 10.5%를 적용받는다.

문제 해설

- **가입한도** : 일반 1,000만 원, 장애인 3,000만 원이다.
- **세금혜택** : 우대세율 9.5%(소득세 9%, 농특세 0.5%)
- 이전에 이미 가입한 세금우대상품이 가입한도를 초과하면 만기일까지 세금우대 혜택을 계속 받을 수 있다.

022

다음 중 예금보호 가입금융기관이 <u>아닌</u> 기관은?

① 증권회사   ② 신용협동조합

③ 보험사   ④ 은행

문제해설

예금보험 가입금융기관은 은행, 증권회사, 보험사, 종합금융회사, 상호저축은행 등 5개 금융권이 해당된다.

더 알아보기 신용협동조합은 2003년까지 예금보험 가입금융기관이었으나 2004년부터 제외되어 중앙회에서 자체적으로 적립한 기금으로 예금자를 보호하고 있다.

023

다음 중 예금자보호 상품이 <u>아닌</u> 것끼리 묶여진 것은?

① 표지어음, 발행어음

② 별단예금, 당좌예금

③ 종금사 CMA, 신용거래계좌 설정보증금

④ 청약자 예수금, 외화예금

문제해설

청약자 예수금, 외화예금은 예금자보호 상품이 아니다.

더 알아보기

구분	보호 금융상품	비보호 금융상품
은행	요구불예금(별단예금, 당좌예금), 저축성 예금, 적립식 예금, 연금신탁, 퇴직신탁 등 원금 보전형 신탁 및 표지어음	• 외화예금, CD, RP, 은행발행채권 • 특정금전신탁 등 실적배당형 신탁 및 개발신탁 • 수익증권, 뮤추얼펀드 • 농·수협 중앙회 공제상품
증권회사	• 증권저축, 위탁자예수금, 저축자예수금, 수익자예수금 등의 현금 잔액 • 자기신용대주담보금, 신용거래계좌 설정보증금, 신용공여담보금 등의 현금 잔액	• 유가증권, 청약자 예수금, 제세금예수금, 유통금융대주담보금, RP 은행발행채권 • 간접투자자산운용법에 의한 간접투자상품(수익증권, 뮤추얼펀드)
보험회사	개인이 가입한 보험계약, 퇴직보험계약	법인보험계약, 보증보험 계약, 재보험계약, 변액보험계약
종합금융회사	발행어음, 표지어음, 어음관리계좌(CMA)	수익증권, RP, 종금사 발행채권, 매출어음

024

보험의 종류 중 나머지와 <u>다른</u> 하나는?

① 책임보험
② 사망보험
③ 생존보험
④ 생사혼합보험

더알아보기 보험의종류
- **생명보험** : 사망보험, 생존보험, 생사혼합보험
- **손해보험** : 화재보험, 운송보험, 해상보험, 책임보험, 자동차 보험
- **사회보험** : 산업재해보상보험, 국민건강보험, 국민연금, 고용보험

 문제해설

책임보험은 손해보험에 속한다.

025

생명보험의 분류방법 중 피보험자의 수에 따른 분류로 맞는 것은?

① 사망보험, 생존보험, 양로보험
② 단생보험, 연생보험, 단체취급보험, 단체보험
③ 개인보험, 단체보험
④ 정액보험, 부정액보험

더알아보기 생명보험의 분류
- **보험사고에 따른 분류** : 사망보험, 생존보험, 양로보험(생사혼합보험)
- **보험금의 정액유무에 따른 분류** : 정액보험, 부정액보험
- **피보험자의 수에 의한 분류** : 단생보험, 연생보험, 단체취급보험, 단체보험
- **배당유무에 따른 분류** : 유배당보험, 무배당보험
- **보험기간에 따른 분류** : 기간만기보험, 세만기보험
- **보험료 납입기간에 따른 분류** : 일시납, 단기납, 전기납, 전기납 중 종신납, 연납, 6개월납, 3개월납, 2개월납, 월납
- **보험료 납입방법에 따른 분류** : 일부일시납, 보너스 병용납, 방문수금, 지로이용방법, 자동이체, 회사직납 등
- **위험의 선택방법에 의한 분류** : 유진단보험, 무진단보험
- **피보험자의 상태에 의한 분류** : 표준체보험, 표준미달체보험, 우량체보험

  문제해설

특정한 1인을 대상으로 하는 것은 단생보험, 2인 이상인 경우 연생보험이라 한다. 그리고 단체취급보험은 개인보험과 단체보험의 중간 수준의 보험을 말하며, 단체보험은 수십 명 이상의 사람을 하나의 보험증권으로 하는 보험을 말한다.

026

생명보험상품의 특징으로 옳지 <u>않은</u> 것은?

① 미래지향적이다.
② 효용의 인식시점이 장래이다.
③ 효용의 수혜대상은 본인이다.
④ 효용이 화폐가치로 평가된다.

문제해설

생명보험상품의 효용의 수혜대상은 타인이다.

더알아보기 생명보험상품의 특징

기능 및 효용	• 미래지향적이다. • 효용의 인식시점이 장래이다. • 효용의 수혜대상이 타인이다. • 효용이 화폐가치로 평가된다.
가격체계	• 예정기초율에 의해 가격이 결정된다. • 가격의 구성비 중 재료비의 점유율이 높다. • 이윤은 사후적으로 발생한다. • 이윤은 보험계약자에게 귀속한다.
기타 특징	• 장기계약이다. • 개발공정비가 소액이다.

027

보험료 계산의 3요소에 해당되지 <u>않는</u> 것은?

① 예정사망률
② 예정이율
③ 예정사업비율
④ 예정생존율

문제해설

보험료 계산의 3요소 : 예정사망률, 예정이율, 예정사업비율

028

다음에서 설명하는 것은?

보험회사는 납입된 보험료를 장래에 보험금 지급을 위해 적립해 나가
는데, 보험료 수입과 보험금 지급 사이의 시간적 차이를 이용해서 적
립금이 일정한 이율로써 운용될 것을 전제로 한다.

① 예정사망률
② 예정이율
③ 예정사업비율
④ 예정생존율

문제해설

예정이율은 보험료 계산에 많이 쓴
다.

029

다음 중 이익금 발생의 3원천이 바르게 연결되지 <u>않은</u> 것은?

① 예정사망률 > 실제사망률 : 위험률 차익
② 예정이율 < 실제이율 : 이자율 차익
③ 예정사업비 > 실제사업비 : 사업비 차익
④ 예정이율 > 실제이율 : 이자율 차익

문제해설

예정이율 > 실제이율 : 이자율 차손

030

사망보험의 보험료 계산에 대한 설명으로 옳지 <u>않은</u> 것은?

① 예정이율이 높아지면 보험료는 올라간다.
② 예정이율이 높아지면 보험료는 내려간다.
③ 예정사업비율이 높아지면 보험료는 올라간다.
④ 예정사망률이 높아지면 보험료는 올라간다.

문제해설

예정이율이 높아지면 보험료는 내려간다.

031

다음 중 변액보험상품에 대한 설명으로 옳은 것은?

① 계약자는 자금운용에 대한 지시권을 행사할 수 있다.
② 투자실적배당형 보험상품이다.
③ 위험부담은 보험회사가 진다.
④ 장기간에 걸친 계약으로 화폐가치 상승에 대처하기 위해 개발된 상품이다.

문제해설

• 계약자는 자금운용에 대한 지시권이 없다
• 주식, 채권 등에 투자하여 발생한 이익을 사후적으로 배분하여 주는 투자실적배당형 보험상품이다.
• 화폐가치 하락에 대처하기 위해 개발된 상품이다.
• 위험부담은 고객이 진다.

032

생명보험 세제에 대한 설명으로 옳지 <u>않은</u> 것은?

① 기간이 10년 이상인 경우 발생한 보험차익에 대해 이자소득세가 면제 된다.
② 보장성 보험 가입자는 연 100만 원 한도 내에서 연간 납입보험료 전 액을 소득공제해 준다.
③ 예금자보호금액은 해약환급금 최고 3천만 원까지이다.
④ 법인의 보험계약 중 퇴직보험계약은 예금자가 보호되는 계약에 포함 된다.

문제해설
예금자보호금액은 해약환급금에 기타 지급금을 합한 금액이 최고 5천만 원까지이다.

033

다음 중 실적배당 보험에 속하지 <u>않는</u> 것은?

① 자동차보험
② 변액보험
③ 변액유니버설보험
④ 변액연금

문제해설
실적배당 보험에는 변액보험, 변액유니버설보험, 변액연금 등이 있다.

034

다음 중 보험계약의 구조에 대한 설명이 바르게 연결되지 <u>못한</u> 것은?

① 보험자 : 보험회사를 말하며, 보험금을 지급할 책임을 진다.
② 보험계약자 : 보험금을 지급할 책임을 가진 자를 말한다.
③ 피보험자 : 생명보험의 대상자로서 그 사람의 생사에 보험이 부보된다.
④ 보험수익자 : 보험계약자로부터 보험금 청구권을 지정받은 자를 말한다.

문제해설
보험계약자는 보험계약을 체결하고 계약상 일체의 권리와 의무를 지는 자를 말한다.

035

다음 중 보험계약의 무효에 해당되는 경우가 <u>아닌</u> 것은?

① 타인의 사망을 보험금 지급사유로 하는 계약에서 계약체결시까지 피보험자의 서면동의를 얻지 아니한 경우
② 사망을 보험금 지급사유로 하는 계약에서 만 15세 미만자를 피보험자로 한 경우
③ 보험금 1회만을 납입한 후 보험금 지급에 해당하는 사고를 당했을 경우
④ 심신상실자 또는 심신박약자를 피보험자로 한 경우

보험계약 성립은 1회 납입부터라고 본다.

036

다음 중 손해보험에 해당하지 <u>않는</u> 것은?

① 화재보험
② 양로보험
③ 특종보험
④ 자동차보험

손해보험에는 화재보험, 해상보험, 특종보험, 자동차 보험, 장기손해보험 등이 있다.

037

연금상품에 대한 다음 설명 중 틀린 것은?
① 연금신탁의 경우 연금 수령 시에 비과세한다.
② 저축자는 저축기간 중에 다른 금융기관으로 이전 청구가 가능하다.
③ 퇴직연금의 확정기여형은 근로자가 개별적으로 운용하며 추가부담금 납부가 가능하다.
④ 연금신탁의 연령 가입요건은 만 18세 이상이다.

연금신탁은 2001년 이전 가입분의 경우 10년 이상 가입 시 비과세되나 2001년 2월 이후 가입분은 연금 수령 시 정상 과세된다.

038

외국집합투자증권에 대한 설명으로 적절하지 못한 것은?

① 외국집합투자증권을 판매하려면 외국집합투자기구를 금융위원회에 등록하여야 한다.

② 외국집합투자업자는 운용자산규모가 최근 사업연도 말 현재 5,000억 원 이상이어야 한다.

③ 외국집합투자업자는 최근 3년간 금융업영위와 관련하여 본국 또는 국내 감독기관으로부터 업무정지 이상에 해당하는 행정처분을 받거나 벌금형 이상에 상당하는 형사처벌을 받은 사실이 없어야 한다.

④ 외국집합투자업자는 투자자보호를 위하여 금융위원회가 정하는 요건에 해당하는 연락책임자를 국내에 두어야 한다.

문제해설

외국집합투자업자는 운용자산규모가 최근 사업연도 말 현재 1조 원 이상이어야 한다. 외국집합투자업자가 그 운용자산의 운용업무 전부를 다른 외국집합투자업자에게 위탁한 경우에는 그 위탁받은 자의 운용자산규모가 1조 원 이상이어야 한다.

039

영업보험료의 관련 식으로 맞는 것을 모두 고르면?

> ㉠ 순보험료 = 위험보험료 + 저축보험료
> ㉡ 부가보험료 = 유지비 + 수금비 + 신계약비
> ㉢ 영업보험료 = 순보험료 + 부가보험료

① ㉢

② ㉠, ㉡

③ ㉠, ㉡, ㉢

④ ㉡, ㉢

문제해설

㉠, ㉡, ㉢ 모두 맞는 식이다.

 더알아보기 영업보험료의 구성

- **순보험료** : 장래 보험금 지급을 위하여 계산된 보험료
  - **위험보험료** : 사망보험금 등의 지급재원이 되는 보험료
  - **저축보험료** : 만기보험금 등의 지급재원이 되는 보험료
- **부가보험료(예정사업비)** : 보험회사를 운영하기 위해서 필요한 경비
  - **신계약비** : 설계사 계약모집수당, 건강진단, 증권발행 등 보험가입과 관련해서 필요한 제 경비
  - **유지비** : 계약유지 및 자산운용 등에 필요한 제 경비
  - **수금비** : 보험료 수금에 필요한 제 경비

040

다음 중 간접투자기구의 형태에 따른 분류가 바르게 연결되지 <u>않은</u> 것은?

① 계약형 : 위탁자, 수탁자 및 수익자 3자 간의 신탁계약 형태
② 폐쇄형 : 환매청구가 불가능하며 시장매매를 통하여 현금화
③ 단위형 : 신탁계약기간이 한정되어 있고 추가설정이 자유롭지 못한 형태
④ 사모형 : 일반 불특정 다수로부터 자금을 모집하는 형태

문제해설

사모형은 특정인(총수익자 30인 이하)에게만 매입청약을 권유한다.

더 알아보기 간접투자기구의 형태 분류

조직형태	• 계약형 : 위탁자, 수탁자 및 수익자 3자 간의 신탁계약 형태 • 회사형 : 주식회사로 설립되어 투자자가 주주가 되는 형태
환매 여부	• 개방형 : 신탁계약기간 중 중도환매청구 가능 • 폐쇄형 : 환매청구가 불가능하며 시장매매를 통하여 현금화
추가설정	• 추가형 : 추가설정이 자유로운 형태 • 단위형 : 신탁계약기간이 한정되어 있고 추가설정이 자유롭지 못한 형태
모집방식	• 공모형 : 일반 불특정 다수로부터 자금을 모집 • 사모형 : 특정인(총수익자 30인 이하)에게만 매입청약 권유
투자대상	• 주식형 : 주식을 주요 투자대상으로 하는 형태 • 혼합형 : 주식과 채권 간 자산배분형 • 채권형 : 국공채 및 회사채 등 채권 위주로 투자하는 형태

041

다음에서 설명하는 관계회사는?

문제해설

판매회사에 대한 설명이다.

> 간접투자증권의 모집 및 매출, 매각 및 환매 등을 수행한다.

① 자산운용사
② 일반사무관리회사
③ 판매회사
④ 자산보관회사

042

다음 중 펀드 운용대상 자산으로 볼 수 없는 것은?

① 투자증권
② 장내, 장외파생상품
③ 제3자에게 양도할 수 없는 보험금 지급 청구권
④ 특정 사업으로부터 발생하는 수익을 분배받을 수 있는 권리

더 알아보기 펀드 운용대상 자산
 • 투자증권
 • 장내, 장외파생상품
 • 부동산
 • 실물자산(농산물, 축산물, 수산물, 임산물, 광산물, 에너지 등)
 • 특정 사업으로부터 발생하는 수익을 분배받을 수 있는 권리 등의 특별자산

문제해설

제3자에게 양도할 수 있는 보험금 지급 청구권은 펀드 운용대상 자산에 해당하지 않는다.

043

다음 설명 중 옳지 않은 것은?

① 신탁보수의 인출시기는 보수계산기간의 종료, 투자신탁의 일부 또는 전부 해지시 인출된다.
② 간접투자재산 투자증권 매매수수료, 차입금의 이자, 간접투자재산에 관한 소송비용, 외부회계감사비용 등의 기타 비용은 간접투자재산에서 지급하지 않는다.
③ 간접투자재산의 내용에 따라 과세대상 소득은 이자소득과 배당소득으로 구분된다.
④ 결산일 또는 환매일 기준으로 간접투자재산의 50/100 이상을 공사채에 운용하는 것은 이자소득으로, 그렇지 않은 것은 배당소득으로 구분된다.

문제해설

간접투자재산 투자증권 매매수수료, 차입금의 이자, 간접투자재산에 관한 소송비용, 외부회계감사비용 등의 기타 비용은 간접투자재산에서 인출하여 지급한다.

044

엄브렐러형 펀드에 대한 설명으로 옳은 것은?

① 2개의 펀드 간에 전환이 가능한 구조의 상품이다.

② 3개 이상 다수 펀드 간에 전환이 가능한 구조의 상품으로 최초 가입시 판매수수료를 선취하여 판매회사가 취득한다.

③ 주가지수 등 지수와 연계된 운용전략을 구사하는 상품이다.

④ 유가증권에 관하여 그 종류에 따라 다수 종목의 가격수준을 종합적으로 표시하는 지수의 변화에 연동하여 운용하는 것을 목표로 하는 상품이다.

 상품특성에 의한 분류

- **전환형(카멜레온형)** : 2개의 펀드 간에 전환이 가능한 구조의 상품
- **인덱스형** : 주가지수 등 지수와 연계된 운용전략을 구사하는 상품
- **ETF** : 유가증권에 관하여 그 종류에 따라 다수 종목의 가격수준을 종합적으로 표시하는 지수의 변화에 연동하여 운용하는 것을 목표로 하는 상품
- **목표달성형** : 일정 수익을 달성한 후 펀드가 해지되거나 투자유가증권을 달리하여 운용하는 상품
- **원금보존형** : 신탁재산의 대부분을 채권 및 유동성 자산에 투자하고 이자수익 부분을 주식 및 파생상품 등에 투자하여 투자원금 손실을 최소화하는 상품
- **원금보장형** : 위탁회사가 원금의 감소분 또는 미리 정한 최소액의 이익을 보전하여 주는 상품
- **특정테마형** : 특정유가증권에 투자를 한정 또는 집중하는 형태의 상품

문제해설

엄브렐러형 펀드는 3개 이상 다수의 펀드 간에 전환이 가능한 구조의 상품을 말한다.

045

다음 중 국민연금의 종류에 속하지 않는 것은?

① 노령연금   ② 장애연금

③ 유족연금   ④ 퇴직연금

문제해설

국민연금은 나이가 들거나 장애 또는 사망으로 인해 소득이 감소할 경우 일정한 급여를 지급하여 소득을 보장하는 사회보험으로, 지급받게 되는 급여의 종류는 노령연금, 장애연금, 유족연금, 반환일시금 등이 있다.

046

MMF에 대한 설명으로 옳은 것은?

① 가입자격은 개인으로 제한적이다.
② 투자기간은 3개월 이상이다.
③ 국채, 통안채 신용등급 AAA, AA 이상 회사채나 A1, A2 이상 CP
   중 잔존만기가 짧은 것에 투자한다.
④ 주식, 파생상품에도 투자할 수 있다.

문제해설

- **가입자격** : 개인은 개인용 펀드,
  법인은 법인용 펀드로 구분
- **투자기간** : 1일 이상(수시입출금)
- 국채, 통안채 산용등급 AAA, AA
  이상 회사채나 A1, A2 이상 CP 중
  잔존만기가 짧은 것에 투자
- 주식, 파생상품, 사모사채, 외화증
  권에는 투자하지 못함

047

다음 중 신유형 펀드 개념으로 옳지 <u>못한</u> 것은?

① ELS : 미리 정한 수익을 추구하는 펀드로 원금의 대부분을 채권 등
   안전자산에 투자하고 발생한 이자로 ELS에 투자해 추가수익을 추구
   하는 펀드
② Bull spread형 : 만기까지 주가지수 상승률이 단 한 번이라도 미리
   정해 놓은 수준에 도달 시 만기수익률 결정
③ 엄브렐러 펀드 : 성격이 다른 하위펀드를 3개로 단순화하여 투자자의
   시황판단에 따라 자유롭게 전환할 수 있는 펀드
④ 펀드 오브 펀즈 : 성격이 다른 여러 펀드에 분산투자하는 펀드로 신탁
   재산의 50% 이상을 다른 펀드에 투자해야 하나 동일운용사 펀드로
   50%를 초과하지 못하며 동일 펀드로 20%를 초과하지 못한다.

문제해설

② Knock out형에 관한 설명이다.

알아보기
- **Knock out형** : 만기까지 주가지수 상승률이 단 한 번이라도 미리 정해
  놓은 수준에 도달 시 만기수익률 결정
- **Bull spread형** : 만기시점 주가지수 상승률에 비례하여 수익률 결정
- **Reverse convertible형** : 미리 정해 놓은 하락폭 밑으로만 빠지지 않는
  다면 약속한 수익률 지급

048

Fund of funds의 특징으로 옳지 <u>않은</u> 것은?

① 전문가를 통해 국내외 다양한 상품 중 검증된 펀드에 투자한다.
② 고액으로 분산투자 효과를 극대화할 수 있다.
③ 운용성과가 좋은 펀드는 계속 유지하고 안 좋은 것은 교체투자할 수 있다.
④ 최근에는 해외펀드, 그중 BRICs 국가에 투자하는 펀드가 증가하고 있다.

문제해설

소액으로 분산투자 효과를 극대화 할 수 있다.

049

주식워런트 증권에 대한 설명으로 옳지 <u>않은</u> 것은?

① 특정대상물을 사전에 정한 미래의 시기에 미리 정한 가격으로 살수 있거나 팔 수 있는 권리를 갖는 증권을 의미한다.
② 콜 워런트는 기초자산을 권리행사가격으로 발행자에게 인도하거나 그 차액을 수령할 수 있는 권리가 부여된 워런트이다.
③ 결제방식은 현금결제 및 만기 시 행사가치가 있는 경우 자동권리행사가 된다.
④ 권리행사방식은 유럽형이다.

문제해설

② 풋 워런트에 대한 설명이다.

더알아보기
- **콜 워런트** : 기초자산을 권리행사가격으로 발행자로부터 인수하거나 그 차액을 수령할 수 있는 권리가 부여된 워런트
- **풋 워런트** : 기초자산을 권리행사가격으로 발행자에게 인도하거나 그 차액을 수령할 수 있는 권리가 부여된 워런트

050

장기주택마련 펀드의 세제상 혜택으로 바르지 못한 것은?

① 5년 이상 저축시 이자 및 배당소득 비과세
② 당해연도 납입액의 40% 범위 소득공제
③ 5년 이내 중도해지의 경우 세액추징
④ 저축주의 사망, 해외이주, 퇴직, 사업장의 폐업 등의 사유는 비과세 가능

문 제 해 설

7년 이상 저축시 이자 및 배당소득은 비과세이다.

051

다음 중 주식워런트증권의 위험에 해당하지 않는 것은?

① 상품의 복잡성
② 낮은 유동성
③ 높은 투자위험
④ 자본이득 외에 소득이 없음

문 제 해 설

주식워런트증권의 위험
• 상품의 복잡성
• 높은 투자위험
• 자본이득 외에 소득이 없음
• 주주가 아니며 회사와 직접 관련이 없음

> **더 알아보기** 주식워런트증권의 특징
> • 레버리지 효과
> • 한정된 투자위험
> • 위험헤지 기능
> • 시장상황과 무관한 새로운 투자수단
> • 높은 유동성

052

환매조건부채권(RP)에 대한 설명으로 옳지 않은 것은?

① 투자기간은 취급기관에 따라 증권회사는 1일 이상, 은행은 15일 이상 이다.

② 금액, 투자기간, 이율 등의 거래조건을 건별로 정하는 방식을 약정형 이라 한다.

③ 매매단위는 1만 원 이상 제한이 없다.

④ 증권회사 측면에서 투자자들에게 우량한 단기자금 운용수단을 제공한 다는 효과를 갖는다.

더 알아보기 가입 당시 정하는 5가지 조건
투자원금, 약정기간, 이자율, 약정 전 이율, 약정 후 이율

④는 투자자 측면에 대한 설명이다.

053

다음에서 설명하는 것은?

주택저당대출의 현금흐름을 여러 종류의 유동화증권에 재분배함으로 써 동일한 만기를 가지는 데서 발생하는 조기상환위험 부담을 해결해 나가고자 하는 증권이다.

① CDO ② MBS
③ CMO ④ CBO

CMO에 대한 설명이다.

054

MBS 신용보강방법 중 외부 신용보강방법에 해당되지 않는 것은?

① 법인보증 ② 신용장
③ 채권보험 ④ 준비금

준비금은 내부 신용보강방법이다.

055

주택저당채권(MBS)의 특성에 대한 설명으로 옳지 않은 것은?

① 주택저당대출 만기와 대응하므로 통상 단기로 발행된다.
② 조기상환에 의해 수익이 변동된다.
③ 자산이 담보되어 있고 별도의 신용보완이 이루어지므로 회사채보다 높은 신용등급의 채권을 발행한다.
④ 채권상환과정에서 자산관리수수료 등 각종 수수료가 발생한다.

문제해설

주택저당채권은 주택저당대출 만기와 대응하므로 통상 장기로 발행된다.

056

보험상품에 대한 설명으로 옳지 않은 것은?

① 자기의 이름으로 보험회사와 계약을 체결한 자를 보험자라 한다.
② 피보험자가 2인 이상인 경우 연생보험이라 한다.
③ 단체보험은 일정한 조건을 구비한 피보험자 집단을 하나의 보험계약으로 가입하는 것이다.
④ 사망보험보다는 생존보험이 저축성이 강하다.

문제해설

자기의 이름으로 보험회사와 계약을 체결하고 보험료 납입의무를 지는 자를 보험계약자라고 한다. 보험자는 보험금 지급의무가 있는 보험회사를 말한다.

057

다음의 보험상품 중 보장성보험에 속하지 않는 것은?

① 연금보험
② 상해보험
③ 종신보험
④ 질병보험

문제해설

연금보험과 교육보험은 저축성보험에 속한다.

058

예정률에 대한 다음 설명 중 가장 적절하지 <u>않은</u> 것은?

① 예정이율이 낮아지면 보험료는 비싸진다.
② 예정사망율이 낮아지면 생존보험의 보험료도 낮아지게 된다.
③ 예정사업비율이 낮아지면 보험료는 싸진다.
④ 부가보험료는 예정사업비율에 의해 계산된다.

예정사망율이 낮아지면 사망보험의 보험료는 싸지게 되고, 생존보험의 보험료는 비싸지게 된다.

059

주택연금(역모기지론)의 대상자가 바르게 설명된 것은?

① 부부 모두 만 60세 이상
② 부부 모두 만 65세 이상
③ 부부 중 한 명 만 60세 이상
④ 부부 중 주택소유자가 만 60세 이상

주택연금은 주택소유자가 만 60세 이상이어야 한다. 부부가 공동으로 주택을 소유하고 있는 경우에는 연장자가 만 60세 이상이어야 한다.

060

금융상품에 대한 설명으로 바르지 <u>못한</u> 것은?

① 국민연금의 급여는 노령연금, 장애연금, 유족연금으로 분류된다.
② 개인연금도 300만 원 한도 내에서 불입액의 100%가 소득공제 된다.
③ 증권사의 청약자 예수금은 예금보호대상에서 제외된다.
④ 해외투자펀드 중 역외펀드는 양도차익이 비과세된다.

해외펀드 중 역내펀드는 양도차익이 비과세되지만 역외펀드는 제외된다.

061

다음 금융상품에 대한 설명으로 틀린 것은?

① 양도성예금증서의 발행기관은 은행이다.
② 환매조건부채권은 만기 후에 이자가 없다.
③ 표지어음의 가입대상은 법인으로 한정된다.
④ 양도성예금증서는 원칙적으로 중도해지가 불가능하다.

문제해설

표지어음의 가입대상은 개인과 법인의 제한이 없다.

062

주가지수에 연동하여 수익이 결정되는 은행 판매상품으로 예금자 보호 대상 상품인 것은?

① ELS
② ELF
③ ELW
④ ELD

문제해설

주가지수연동예금인 ELD에 대한 설명이다.

063

갑은 상호저축은행에 8,000만 원을 예금했으나 해당 저축은행에 부도가 발생하여 영업이 중단되었다. 갑이 보호받을 수 있는 예금은 얼마인가?

① 예금자보호제도에 따라 5천만 원까지만 보호받는다.
② 상호저축은행은 예금자 보호제도가 적용되지 않으므로 법적으로는 보호받지 못한다.
③ 예금자 보호제도가 적용되지는 않지만 자체적으로 5천만 원까지 보호된다.
④ 예금보험기금으로부터 전액을 보호받는다.

문제해설

상호저축은행은 예금보험에 의무적으로 가입해야 하는 금융기관이다. 따라서 예금자보호법에 따라 원금과 소정의 이자를 포함하여 5천만 원까지만 보장받게 된다.

3장 부동산관련 상품

투자자산운용사 빈출 1000제

001

투자의 타당성을 분석하기 위한 판단기준의 하나인 간편법에 해당하지 **않는** 것은?

① 순현재가치   ② 순소득승수

③ 투자이율   ④ 자기자본수익률

투자의 타당성 분석
- **간편법** : 순소득승수, 투자이율, 자기자본수익률 등
- **현금흐름할인법** : 순현재가치, 내부수익률, 수익성 지수
- 전통적인 감정평가법

002

다음 중 투자안의 현금유입의 현재가치와 현금유출의 현재가치를 일치시키는 할인율을 말하는 것은?

① 투자이율   ② 내부수익률

③ 자기자본수익률   ④ 순현재가치

내부수익률은 부동산 투자에 있어서 운용에 의한 현금흐름의 현재가치와 매도에 의한 현금흐름의 현재가치를 합한 총현재가치와 초기의 부동산 투자자금을 일치시키는 할인율을 의미하며, 순현재가치를 0으로 만드는 할인율과 같다.

003

다음 설명 중 적절하지 **못한** 것은?

① 수익성 지수가 1보다 큰 부동산 투자안은 채택된다.
② 전통적인 평가방법에는 거래사례비교법과 원가법 등이 있다.
③ 투자안의 요구수익률이 내부수익률보다 작으면 기각된다.
④ 순현재가치가 0보다 크면 투자안이 채택된다.

내부수익률이 요구수익률보다 커야 투자안이 채택된다.

004

부동산 조사확인 방법 중 공부상 확인이 적절하게 표시된 것은?

① 소재지, 면적, 지목 – 지형도
② 공법상 이용제한 – 등기부등본
③ 소유권, 제한물권 – 지적공부
④ 토지이용 현황, 도로 – 지형도

문제해설

공부상 확인
• 개별공시지가 – 개별공시지가 확인서
• 토지이용 현황, 도로, 위치 – 지형도
• 공법상이용제한 – 토지이용계획확인서
• 소유권, 제한물권 – 등기부등본
• 소재지, 면적, 지목, 연건평 – 지적공부

005

부동산의 정상가격을 구할 때의 판단 기준이 되는 가격의 3면성이 <u>아닌</u> 것은?

① 시장성
② 유동성
③ 비용성
④ 수익성

문제해설

가격의 3면성은 시장성, 비용성, 수익성이다.

006

다음 중 복성가격 또는 적산가격을 구하기 위한 토지평가방식은 무엇인가?

① 거래사례비교법
② 수익환원법
③ 원가법
④ 내부수익률법

문제해설

원가법이란 가격시점에서의 재조달원가를 구하고, 그 가격에 감가수정을 하여 대상부동산이 가지는 현재의 가격을 산정하는 방법이다. 이 방법에 의하여 산정된 가격을 복성가격 또는 적산가격이라 한다.

007

부동산의 기본적 조사확인 사항에 대한 설명으로 옳지 <u>않은</u> 것은?

① 공법상 이용제한은 토지이용계획확인서를 통해 확인해야 한다.
② 공부상 지목과 실제 이용상황의 일치 여부를 조사 확인한다.
③ 토지대장, 임야대장, 건축물대장과 등기부등본상의 면적이 상이할 경우 등기부등본상의 면적이 기준이 된다.
④ 지적공부와 등기부등본상 소유자가 다른 경우 등기부등본이 기준이 된다.

문제해설

등기부등본이 아니라 대장면적이 기준이 된다.

008

도시계획상의 저촉 여부를 확인하고, 건축물의 용도나 규모를 결정할 지역 · 지구 등을 살펴보고자 할 때 확인해야 할 서류는?

① 지적공부
② 건축물대장
③ 등기부등본
④ 토지이용계획확인서

문제해설

토지이용계획확인서는 토지의 형태나 도로의 너비, 도로 인접 여부도 확인할 수 있다.

009

토지면적과 지목을 확인하고 토지의 분할 · 합병 등의 역사를 확인하고 싶다면 확인해야 할 가장 적합한 서류는?

① 등기권리증
② 등기부등본
③ 지적공부
④ 토지이용계획확인서

문제해설

지적공부란 토지대장, 임야대장, 지적도, 임야도, 수치지적부 등을 말한다. 지적공부로 토지의 형상과 도로와의 저촉 여부를 알 수 있다.

010

다음 설명 중 틀린 것은?

① 등기권리증은 분실시 재교부가 불가능하다.
② 등기부등본의 표제부에는 소유권에 관한 사항이 표시되어 있다.
③ 저당권을 확인하려면 등기부등본상의 을구를 확인해야 한다.
④ 등기부등본상의 면적은 토지대장과 비교해야 한다.

등기부등본의 구성내용
• **표제부**: 지번, 지목, 면적
• **갑구** : 소유권에 대한 변동사항
• **을구** : 소유권 외의 제한물권 등 변동사항

011

거래사례자료의 수집 중 거래에 있어서의 특수사정을 감안하여 그러한 사정이 없는 경우의 가격수준으로 수정하는 것을 무엇이라 하는가?

① 시점수정
② 사정보정
③ 지역요인 격차수정
④ 개별요인 격차수정

사정보정에 관한 내용이다.

• **시점수정** : 거래 사례의 거래시점과 감정평가 대상부동산의 가격시점과의 사이에 괴리가 있으므로, 그 사이에 토지의 가격수준에 변동이 있는 경우에는 가격변동률을 적용해 줌으로써 거래가격을 가격시점에서의 가격으로 수정
• **지역요인 격차수정** : 인근지역의 지역적 특성, 지역 간 가격형성 요인의 분석, 그 지역의 가격수준과 당해 지역의 표준적인 사용의 분석을 통해 격차를 비교·수정
• **개별요인 격차수정** : 개별요인이 대상부동산의 가격에 미치는 영향을 고려

012

용도지역의 구분으로 옳지 않은 항목은?

① 도시지역
② 관리지역
③ 자연환경보전지역
④ 녹지지역

용도지역은 도시지역, 관리지역, 농림지역, 자연환경보전지역으로 구분된다.

013

부동산의 평가에서 다음 표의 빈칸에 들어갈 용어가 바르게 나열된 것은?

평가의 3면성	평가 방법	시산가격	특징
㉠	원가법	㉡	㉢

	㉠	㉡	㉢
①	시장성	수익가격	수요가격
②	수익성	유추가격	공급가격
③	비용성	복성가격	공급가격
④	비용성	수익가격	균형가격

 더 알아보기 부동산의 평가

평가의 3면성	평가 방법	시산가격	특징
비용성	원가법	복성가격	공급가격
시장성	거래사례비교법	유추가격	균형가격
수익성	수익환원법	수익가격	수요가격

014

부동산의 가치에 대한 다음 설명 중 <u>틀린</u> 것은?

① 부동산의 가치 발생 요인으로는 효용성, 유효수요, 희소성 등이 있다.
② 가치추계원칙은 경제원리에 의거 모든 부동산에 적용된다.
③ 부동산의 시장가치는 다양하게 이용되며 감정평가를 위해서 최대이용 분석이 필요하다.
④ 부동산 관련 매수시점을 잘 찾아내는 펀드를 Opportunity 펀드라고 한다.

정답 010 ② | 011 ② | 012 ④ | 013 ③ | 014 ③

015

부동산에 관한 다음 설명 중 적절하지 않은 것은?

① 부동산산 감정평가의 3요소는 비용성, 시장성, 안정성이다.
② 일정 면적당 임대료에 임대 가능 면적을 곱한 것을 가능총소득이라고 한다.
③ 리츠는 부동산 투자회사를 의미한다.
④ 부동산 관련 경제 위험, 인구수에 따른 위험은 체계적 위험에 속한다.

문제해설

부동산 가치평가의 3요소는 비용성, 시장성, 수익성이다.

016

부동산 분석에 대한 다음 설명 중 틀린 것은?

① 지역분석의 근거는 위치의 고정성이며 개별분석의 근거는 개별성이다.
② 지역분석 시 표준적 사용과 가격 수준을 판정한다.
③ 지역분석을 먼저 한 다음 개별분석을 해야 한다.
④ 사례자료의 수집범위는 개별분석을 통해서 결정된다.

문제해설

사례자료의 수집범위는 지역분석을 통해 결정된다.

017

부동산의 자본환원방식에 대한 다음 설명 중 틀린 것은?

① 부채감당법은 투자자 입장을 옹호한 것이다.
② 조성법은 객관적으로 평가하는 방식이다.
③ 투자 결합방식은 물리적 방식과 금융적 방식이 있다.
④ 할인현금수지법은 기대 현금흐름을 현재가치로 환원하는 방식이다.

문제해설

조성법은 평가회사의 주관적 요소가 개입된다.

018

부동산의 감정평가방식에 대한 다음 설명 중 틀린 것은?

① 재조달 원가계산 시 변동률 적용법은 비용지수법이라고 한다.
② 수익환원법은 수익성에 주안점을 둔다.
③ 오래된 건물은 비용방식을 주로 적용한다.
④ 원가법은 복성식 평가법이라고도 한다.

문제해설

오래된 건물은 감가상각의 정도의 파악이 힘들어 비용방식의 적용이 어렵다.

019

부동산의 투자위험에 대한 다음 설명 중 틀린 것은?

① 위험이란 투자의 불확실성 및 가격의 하락위험이다.
② 위험지표인 분산이 클수록 위험이 작다는 의미이다.
③ 위험 측정 시 표준편차가 클수록 가격의 변동성이 크다는 의미이다.
④ 부채 레버리지가 클수록 가격 상승 시 투자수익률이 커진다.

문제해설

위험지표인 분산이 클수록 위험이 크다는 의미이다. 분산은 표준편차의 제곱의 수치이다.

020

부동산의 투자 수익률에 대한 다음 설명 중 틀린 것은?

① 기대수익률이 요구수익률보다 낮으면 투자를 결정한다.
② 일반 투자자의 경우 Cash On Cash 수익률의 이해가 용이하다.
③ 총자본수익률이 대출금리보다 크면 자기자본수익률은 총자본수익률보다 크다.
④ 요구수익률은 무위험 수익률에 위험 프리미엄이 더해진다.

문제해설

기대수익률이 요구수익률보다 높을 때 투자를 결정한다.

021

부동산의 이용 및 개발에 대한 다음 설명 중 적절하지 않은 것은?

① 표제부에는 지번, 지목, 면적 등이 표시되어 있다.
② 유지는 물이 고이는 지역을 의미한다.
③ 관리지역은 도시지역의 인구와 산업을 수용하기 위해서 도시지역에 준해서 체계적으로 관리한다.
④ 일반상업지역은 도심, 부도심의 상업기능 및 업무기능의 확충을 위해 필요한 지역이다.

문제해설

도심, 부도심의 상업기능 및 업무기능의 확충을 위해 필요한 지역은 중심상업지역이다. 일반상업지역은 일반적인 상업 및 업무 기능을 담당하기 위해 필요한 지역이다.

022

일반리츠의 자산요건 중 매 분기말 총 자산의 몇 퍼센트 이상을 부동산으로 구성해야 하는가?

① 50%   ② 60%
③ 70%   ④ 80%

문제해설

총 자산의 70% 이상을 부동산으로, 80% 이상을 부동산 및 부동산관련 유가증권으로 규정해야 한다.

023

부동산의 가치 및 개발 등에 관한 다음 설명 중 틀린 것은?

① 외부성의 원칙은 부동산의 가치가 외부적 요인에 영향을 받는다는 원칙이다.
② 부동산 개발사업의 위험분석 시에 시나리오 분석 및 민감도 분석을 많이 이용한다.
③ 부동산 개발사업 시 시공사의 신용등급상 투자적격등급은 A 이상이다.
④ 화폐의 시간적 가치를 고려하는 수익률은 내부 수익률이다.

시공사의 신용등급상 투자적격 등급은 BBB 이상이다.

024

우리나라에서 시행 중인 리츠제도에 대한 설명으로 틀린 것은?

① 우리나라의 리츠제도는 일반리츠와 CR－리츠로 구성되어 있다.
② 일반리츠는 10개사 이상이 인가를 받아 운영 중이지만 CR－리츠는 활성화되지 못하고 있다.
③ 영업인가를 받은 자기관리 부동산투자회사의 최저자본금은70억 원 이상이다.
④ 우리나라의 일반리츠는 회사형이다.

우리나라에서는 CR－리츠가 운영 중이고, 일반리츠가 활성화되지 못하고 있다.

025

다음 중 옳지 않은 설명은?

① 자산관리 회사는 자산운용전문인력을 5명 이상 고용해야 한다.
② 위탁관리 형 부동산투자회사는 법인세가 면제된다.
③ 일반부동산투자회사는 주식회사이다.
④ CR－리츠는 일반리츠에 비해 세제혜택이 적다.

일반리츠는 CR－리츠에 비해 세제혜택이 적으며 공모절차를 거쳐야 한다.

026

부동산투자자문회사의 최저 자본금 요건은 얼마인가?

① 10억 원
② 50억 원
③ 70억 원
④ 100억 원

 더알아보기
- 자기관리부동산투자회사 : 70억 원
- 기업구조조정 부동산투자회사(CR-리츠) : 최저 자본금 50억 원
- 위탁관리부동산투자회사 : 50억 원

 문제해설

부동산투자회사법상의 회사에는 부동산투지회사, 부동산투자자문회사, 기업구조조정 부동산투자회사, 자산관리회시가 있다. 그 중 부동산투자자문회사의 최저 자본금은 10억 원이다.

027

CR-리츠에 대한 설명으로 틀린 것은?

① 최저자본금은 50억 원이다.
② 주식분산에 대한 제한이 없어서 주식공모 제공의무가 없다.
③ 자산의 50%까지 부동산관련 유가증권이 아닌 유가증권으로 보유할 수 있다.
④ 배당가능 이익의 90% 이상을 배당하는 경우 법인세가 면제된다.

 문제해설

자산의 30%까지 부동산관련 유가증권이 아닌 유가증권으로 보유할 수 있다.

028

CR-리츠는 총자산의 70% 이상을 구조조정과 관련된 부동산에 투자해야 한다. 기업구조조정과 관련된 부동산의 범위에 해당하지 않는 것은?

① 기업이 채권금융기관에 대한 부채 등 채무를 상환하기 위해 매각하는 부동산
② 채권금융기관과 재무구조 개선을 위한 약정을 체결하고 당해 약정이행 등을 위해 매각하는 부동산
③ 회사정리법에 의한 회사정리 절차에 따라 매각하는 부동산
④ 기업의 구조조정을 지원하기 위해 필요하다고 거래소가 인정하는 부동산

 문제해설

기업의 구조조정을 지원하기 위해 금융위원회가 필요하다고 인정하는 부동산이다.

029
CR–REITs의 혜택에 대한 설명으로 옳지 <u>않은</u> 것은?

① 취득세가 면제된다.
② 배당가능이익의 90% 이상을 배당하면 법인세가 면제된다.
③ 1인당 주식소유한도에 제한이 없다.
④ 부동산 취득 후 1년이 지나야 처분이 가능하다.

문제해설
CR–REITs는 부동산 취득 후 언제든지 처분이 가능하다.

030
토지소유자와 개발업자가 공동으로 건물 등을 건설하는 방식으로 지주가 토지의 일부 또는 전부를 개발업자에게 제공하는 한편, 개발업자는 토지를 개발하고 건축물을 건설하여 토지평가액과 건설비를 기준으로 양자가 토지와 건축물을 공유 또는 구분소유하는 방식은 무엇인가?

① 등가교환방식   ② 합동개발방식
③ 사업수탁방식   ④ 차지개발방식

문제해설
개발사업에는 자체사업과 지주공동사업이 있으며, 지주공동사업에는 등가교환방식, 합동개발방식, 사업수탁방식, 토지신탁방식, 차지개발방식이 있다. 등가교환방식의 경우 토지소유자는 그 토지의 유효이용에 대한 개발 노하우를 갖고 있지 않아도 빌딩건설 등을 할 수 있다.

031
다음에서 설명하는 방식은?

> 개발업자가 지주로부터 특정지역에 대한 이용권을 설정받아 그 토지를 개발하고 건축물을 건설하여 그 건축물을 제3자에게 양도 또는 임대하거나 개발업자가 직접 이용하여 지주에게 임차료를 지불하고, 차지권의 기한이 도래했을 때 토지를 무상으로 원래 지주에게 반환하고 건물에 대해서는 일정한 금액으로 지주에게 양도하는 방식이다.

① 토지신탁방식   ② 합동개발방식
③ 차지개발방식   ④ 사업수탁방식

문제해설
차지권이란 남의 토지를 빌려 사용하는 지상권 및 임차권을 아울러 이르는 말이다. 차지개발방식은 일본에서 쓰이는 방식으로 우리나라에서는 사용하지 않고 있다.

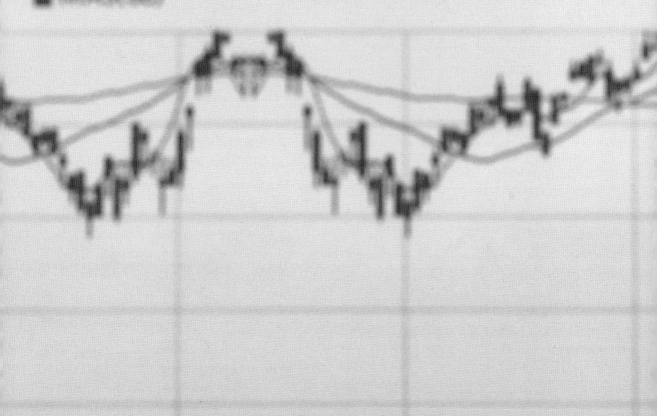

2과목

Ⅰ 투자운용 및 전략 2

1장 대안투자운용 · 투자전략

2장 해외증권투자운용 · 투자전략

1장 대안투자운용 · 투자전략

001

대안투자의 특성을 설명한 것으로 가장 적절하지 <u>않은</u> 것은?

① 전통적 투자상품과 상관관계가 낮은 편이다.
② 대안투자에서 거래하는 자산은 일반적으로 환금성이 떨어진다.
③ 대부분 장외시장에서 거래되는 자산으로 구성되어 투자기간이 짧다.
④ 과거 성과 자료의 이용이 제한적이다.

문제해설

대안투자에서 거래하는 자산은 대부분이 장외시장에서 거래되는 자산으로 환금성이 떨어지게 되고 이로 인해 환매금지기간이 존재하며 투자기간이 길다.

002

전통투자와 대안투자의 비교에 대한 설명으로 옳지 <u>않은</u> 것은?

① 전통투자방식에 비해 대안투자는 운용자의 스킬이 크게 중요하지 않다.
② 전통투자에 비해 대안투자의 보수율이 높은 편이다.
③ 전통투자가 시장위험과 신용위험이 중요한 요소인데 비해 대안투자는 유동성 위험이 중요한 요소이다.
④ 최근 대안투자상품은 기관투자가에서 일반투자자로 그 범위가 확대되고 있다.

문제해설

대안투자는 전통투자에 비해 운용자의 스킬이 중요하며 이에 따라 보수율도 높은 편이다.

003

부동산투자의 투자분석 중 비율을 사용한 투자성과 측정에 해당하지 <u>않</u>는 것은?

① 단위면적당 가격
② 수익환원율
③ 순현재가치
④ 부채부담능력 비율

문제해설

비율방식은 간편하다는 장점이 있다. 단위면적당 가격, 수익환원율, 지분배당률, 부채부담능력 비율 등이 있다

004

부동산증권에 대한 설명으로 가장 적절하지 <u>못한</u> 것은?

① ABS, MBS, REITs 등이 해당된다.
② MBS는 유동화중개기관이 없다는 점이 ABS와의 차이점이다.
③ MBS의 신용보강기관은 원채무자의 신용도를 보강하거나 저당권의 대상이 되는 주택에 대한 보증을 제공한다.
④ 리츠의 지분은 증권시장에 상장됨으로써 유동성이 확보된다.

MBS가 유동화중개기관이 있고, ABS는 유동화중개기관 없이 유동화전문회사만 있다.

005

부동산투자 투자분석 중 현금흐름예측에 의한 투자성과 측정에 해당하지 않는 것은?

① 순현재가치법　　　　　② 수익성지수법
③ 내부수익률법　　　　　④ 수익환원을

현금흐름예측을 바탕으로 하는 측정법에는 순현재가치법, 수익성지수법, 내부수익률 등이 있으며 비율방식에 비해 좀 더 엄밀한 투자성과의 분석을 제공한다.

006

부동산 투자분석에서 현금흐름예측을 바탕으로 하는 측정법 중 다음에서 설명하는 이것은 무엇인가?

> 이것은 현재가치를 최초 지분(equity) 투자액으로 나눈 것으로, 이것이 1보다 크면 NPV가 최초 지분 투자액보다 크다는 의미이다

① 내부수익률　　　　　② 수익성지수
③ 조정된 내부수익률　　④ 순현재가치

수익성지수에 대한 설명이다. 부동산투자에서 수익성지수는 부동산투자로 미래에 얻게 될 현금흐름의 현재가치를 투자액으로 나눈 것이다.

007

조정된 내부수익률에 대한 설명으로 옳지 <u>않은</u> 것은?

① 단순 내부수익률과 동일하게 현금유입액을 재투자하는 것을 가정한다.
② 가정한 재투자수익률이 IRR보다 낮을 때는 항상 조정된 IR이 단순 IRR보다 낮게 된다.
③ 조정된 IRR은 매각까지 투자의 전 기간을 고려한 평균수익률이다.
④ 조정된 IRR은 재투자수익률과의 가중평균값이라 할 수 있다.

문제해설

조정된 IRR은 단순 내부수익률과 달리 현금유입액을 재투자하는 것을 가정하여 구한다.

008

부동산 간접투자에서 CR–REITs의 투자비중에 대한 설명이 바르게 된 것은?

① 부동산에 50% 이상
② 부동산에 70% 이상
③ 기업구조조정 부동산에 50% 이상
④ 기업구조조정 부동산에 70% 이상

문제해설

CR–REITs는 주식을 발행해 투자자 자금을 모은 뒤 기업구조조정용 매물 부동산(빌딩)에 투자해 얻은 수익을 나눠주는 펀드를 말한다. 상장된 CR리츠는 일반 주식처럼 매매할 수 있어 부동산보다 현금화하기 쉽다. 아직까지는 일반리츠보다 CR리츠가 리츠시장의 대부분을 차지하고 있다.

009

부동산펀드의 운용에 대한 설명으로 가장 적절하지 <u>못한</u> 것은?

① 부동산집합투자기구는 집합투자재산의 70% 이상을 부동산에 투자해야 한다.
② 부동산펀드가 취득한 국내 부동산은 취득 후 3년 내에 처분이 금지되어 있다.
③ 부동산펀드는 부동산현황, 거래가격 등이 포함된 실사보고서를 작성·비치하여야 한다.
④ 부동산집합투자기구의 계산으로 차입하는 경우 자산총액에서 부채총액을 차감한 가액의 200% 이내에서 금융기관으로부터 자금의 차입이 가능하다.

문제해설

부동산집합투자기구는 집합투자재산의 50% 이상을 부동산에 투자해야 한다. 부동산은 부동산을 기초자산으로 한 파생상품, 부동산개발과 관련된 법인에 대한 대출, 그 밖에 대통령령으로 정하는 방법으로 부동산 및 부동산과 관련된 증권에 투자하는 경우를 포함한다.

010

부동산투자회사 리츠에 대한 설명으로 틀린 것은?

① 실체가 있는 리츠를 자기관리 부동산투자회사라고 통칭한다.
② 실체가 없는 리츠는 영업장이 없고 직원도 존재하지 않는다.
③ 자기관리리츠는 운용전문인력이 5인 이상이 필요하다.
④ 기업구조조정리츠가 취득한 부동산은3년 이내 처분이 제한된다.

문제해설

기업구조조정리츠는 처분제한이 없다. 자기관리리츠와 위탁관리리츠의 경우 3년의 처분제한기간이 있다.

011

자기관리 부동산투자회사의 최저자본금은 얼마인가?

① 50억 원 ② 70억 원
③ 100억 원 ④ 250억 원

문제해설

자기관리 부동산투자회사의 최저자본금은 70억 원이고 위탁관리 부동산투자회사 및 기업구조조정 부동산투자회사의 최저자본금은 50억 원이다.

012

해외리츠에 대한 설명이다. 옳지 못한 것은?

① 운용스타일별로 자산리츠, 모기지리츠, 혼합리츠로 구분할 수 있다.
② 모기지리츠는 부동산에 대한 소유권을 취득하는 반면, 자산리츠는 부동산저당대출채권을 매수하여 운용한다.
③ 혼합리츠는 부동산과 부동산증권을 동시에 소유하는 리츠이다.
④ 현재 미국시장의 부동산펀드의 대다수는 자산리츠(equity REITs)이다.

문제해설

자산리츠가 부동산에 대한 소유권을 취득하는 반면, 모기지리츠는 부동산저당대출채권을 매수하여 운용한다. 자산리츠는 부동산을, 모기지리츠는 부동산증권을 소유한다고 이해하면 된다.

013

부동산 개발사업에 있어 발생하는 분양수입금 관리계좌를 무엇이라 하는가?

① 에스크로 계좌
② 자산관리 계좌
③ 조합원 계좌
④ 모기지 계좌

문제해설

에스크로 계좌(escrow account)는 분양수입금 관리계좌로 부동산 개발사업 참여자 전원의 동의가 있을 경우에만 자금이 인출되는 계좌를 말한다. escrow는 사전적으로는 조건부 날인 증서(어떤 조건이 성립될 때까지 제3자에게 보관해 둠)의 의미이다.

014

부동산펀드 중 수익형 부동산의 투자 시 고려 사항에 해당하지 <u>않는</u> 것은?

① 공실률
② 임대료위험
③ 건물처분 시 유동성 위험
④ 준공 및 분양 위험

문제해설

수익형 부동산은 임대형의 투자형태이다. 임대수익이 가능한 업무용 부동산 또는 상업용 부동산을 매입한 후 여기서 발생하는 임대수입으로 정기적 배당을 실시하고, 부동산 가격이 상승할 경우 시세차익까지 추구하는 형태이다. 준공 및 분양 위험은 대출형 부동산 펀드에서 고려해야 할 사항이다.

015

PEF(Private Equity Fund)에 대한 설명으로 가장 적절하지 <u>못한</u> 것은?

① 미공개 주식에 투자를 한 뒤 기업 공개 또는 협상 등의 방식으로 매각 후 차익을 남기는 펀드를 말한다.
② PEF는 투자대상에 따라 Buyout Fund와 Venture Capital로 구분될 수 있다.
③ Buyout Fund는 부실채권 및 담보 부동산에 저가 투자하여 수익을 내는 펀드이다.
④ 벤처캐피탈은 제품개발 중에 있는 회사 등 성장 가능성 있는 기업에 투자한다.

문제해설

부실채권 및 담보 부동산에 저가 투자하여 수익을 내는 것은 Distressed Fund, 일명 Vulture Fund이다. Buyout의 사전적 의미는 '인수'인데, Buyout Fund는 사업 확장, 기업 분할 등에 수반되는 자금을 조달하거나 이미 성숙기에 진입한 사업의 인수 등을 목표로 조성되는 펀드를 말한다.

016

PEF의 운용에 대한 설명으로 <u>틀린</u> 것은?

① 1인 이상의 무한책임사원과 1인 이상의 유한책임사원으로 구성된다.
② 사원의 지분 양도는 엄격히 금지되고 있다.
③ 사원의 총수는 49인 이하이어야 한다.
④ 50인 이상의 불특정 다수를 대상으로 사원모집을 금지하고 있다.

문제해설

무한책임사원은 사원 전원의 동의, 유한책임사원은 무한책임사원의 동의를 조건으로 지분을 양도할 수 있다.

017

PEF의 재산운용에 대한 설명으로 가장 적절하지 <u>못한</u> 것은?

① 다른 PEF와 공동으로 투자하는 것이 허용된다.
② 전환사채, 신주인수권부사채에 투자할 수 있다.
③ 장내파생상품 투자는 허용되나 위험의 성격상 장외파생상품 투자는 금지된다.
④ 주주 또는 사원이 PEF로 구성되는 주식회사형 또는 유한회사형의 투자목적회사를 설립하여 투자할 수 있다.

문제해설

투자에 따른 위험을 헤지하기 위하여 필요한 장내 · 장외파생상품투자가 허용된다.

018

PEF가 차입할 수 있는 자금의 한도는 얼마인가?

① PEF 재산의 10% 범위   ② PEF 재산의 20% 범위
③ PEF 재산의 30% 범위   ④ PEF 재산의 50% 범위

문제해설

PEF는 투자자로부터 자금을 모아 투자하는 펀드이기 때문에 자금의 차입을 제한한다. PEF는 일시적인 자금부족 등의 경우에 한하여 PEF 재산의 10% 범위 안에서 자금을 차입할 수 있도록 제한하고 있다.

019

PEF투자의 인수대상기업의 선정요건으로 적절하지 <u>않은</u> 것은?

① 안정된 성장과 수익의 창출이 기대되는 기업

② 구조조정을 통해 기업가치 상승이 기대되는 기업

③ 경기변동에 민감한 기업

④ 이미 부도가 났거나 부실화된 기업

 문제해설

경기변동에 영향을 덜 받는 기업이
적절하다.

더 알아보기 인수대상기업 선정
- 경기변동에 영향을 덜 받는 기업
- 안정된 성장과 수익의 창출이 기대되는 기업
- 부실기업
- 구조조정을 통해 기업가치 상승이 기대되는 기업
- 지배구조 변경을 통해 기업가치 상승이 기대되는 기업
- 기업 부동산 매입

020

헤지펀드의 특성에 대한 설명으로 가장 적절하지 <u>못한</u> 것은?

① 헤지펀드는 차입을 통하여 투자금액을 증가시키지 않고 투자 가치를
증대시킬 수 있다.

② 헤지펀드는 원칙적으로 공모로 발행된다.

③ 헤지펀드의 투자대상은 제한이 없다.

④ 펀드운용자의 펀드참여가 허용된다.

 문제해설

헤지펀드는 원칙적으로 사모로 발
행된다. 헤지펀드가 스스로를 보호
할 수 있는 투자지에 대해 제한적으
로 판매되기 때문이다.

021

PEF 투자회수 전략으로 옳지 <u>않은</u> 것은?

① 일반기업에 매각
② 다른 PEF에 매각
③ 유상감자 및 배당
④ 기업청산

투자회수 전략에는 매각, 상장, 유상 감자 및 배당, PEF 자체 상장 등이 있다.

022

CBOT에서 거래되는 밀의 거래단위는?

① 1,000뷰셀
② 3,000뷰셀
③ 5,000뷰셀
④ 10,000뷰셀

밀은 5,000뷰셀 단위로 거래된다.

023

신용위험뿐만 아니라 시장위험까지 거래 상대방에게 전가시키는 신용파생상품으로, 총수익 매도자는 준거자산의 모든 현금흐름을 총수익 매입자에게 지급하고 이에 대한 대가로 시장기준금리에 일정한 스프레드를 받는 거래는 무엇인가?

① TRS
② CLN
③ CDO
④ CDS

TRS(Total Return Swap)에 대한 설명이다. TRS는 신용위험뿐만 아니라 시장위험도 거래 상대방에게 전가시키는 신용파생상품이다. 일반적으로는 대출 만기일이 되면 담보로 제공한 주식과 빌려 쓴 돈을 그대로 교환하는 거래를 말한다. 환율에 따라 빌린 돈의 상환금액이 달라지는 거래방식이다.

024

가장 간단하면서도 보편화된 형태의 신용파생상품으로서 준거자산의 신용위험을 분리하여 보장매도자에게 이전하고 보장매도자는 그 대가로 프리미엄을 지급받는 금융상품으로, 보장 프리미엄과 손실보전금액을 교환하는 계약을 무엇이라 하는가?

① TRS
② CLN
③ CDL
④ CDS

문제해설

CDS(Credit Default Swap)에 대한 설명이다. CDS는 기업의 파산 위험을 사고파는 신용파생상품이다. 스왑투자자가 사들인 채권이 기업의 도산 등으로 휴지 조각이 되는 것에 대비해 보험에 드는 것이다. 투자한 채권의 원리금을 받을 수 없게 되면 보험료를 받은 쪽에서 이를 물어주는 계약이다.

025

일반채권에 CDS를 결합한 상품으로 보장매입자는 준거자산의 신용위험을 발행자에게 전가하고 발행자는 이를 다시 채권의 형태로 변형하여 투자자들에게 판매하는 것은?

① CDO
② CLN
③ 신용스프레드 옵션
④ 바스켓디폴트스왑

문제해설

CLN(신용연계채권)은 채권이나 대출과 같은 기초자산에서 발생하는 신용위험과 수익률을 연계시킨 신용파생상품의 하나이다.

 더 알아보기 일반적인 CLN은 채권 매입자의 신용위험 부담을 덜어주기 위해 채권에 신용옵션을 결합하여 만들어진다. 채권 발행자가 채권 매입자에게 프리미엄을 지급하고 발행자가 보유 중인 신용위험자산 등의 원리금을 부도나 신용등급 하향 등으로 회수할 수 없을 때 계약조건에 따라 일정 부분 손실을 보상받는 것이다. CLN은 자산담보부증권(ABS)이나 프라이머리CBO를 활용해 주로 이루어진다. 은행이나 증권, 보험, 투신과 같은 금융기관의 보유채권을 모아 자산유동화회사(SPC)에 양도하면 SPC는 이 고수익채권을 담보로 선순위채권과 후순위채권을 발행해 투자자들에게 판매하는 것이다.

026

대안투자의 기본적 전략에 대한 다음 설명 중 틀린 것은?

① 전환사채 차익거래 시 델타헤징은 주식가격이 상승하면 주식을 추가로 매수한다.
② 특별자산은 인플레이션 헤지 효과가 있다.
③ 시장중립전략은 롱숏전략 및 레버리지 전략을 의미한다.
④ 대안투자는 벤치마크의 부재로 절대수익률에 초점을 맞추고 있다.

문제해설

전환사채 차익거래 시 델타헤징은 주식가격이 상승하면 주식을 추가로 매도한디.

027

전환사채 및 파생투자 전략에 대한 다음 설명 중 틀린 것은?

① 전환사채 차익거래는 높은 컨벡시티를 가지는 것이 유리하다.
② CDO의 equity 트랜치는 잘 분산된 신용 포트폴리오에 대해 낮은 레버리지의 노출을 보유한다.
③ 부동산 개발 시 토지의 지주수가 많으면 토지의 확보를 위한 위험이 증가한다.
④ Mezzanine 트랜치는 두 번째 손실을 입는 구조이다.

문제해설

CDO의 equity 트랜치는 잘 분산된 신용 포트폴리오에 대해서 높은 레버리지의 노출을 보유한다.

028

헤지펀드 등 대안투자전략에 대한 다음 설명 중 틀린 것은?

① PEF에서 투자대상 선정 시 자산가치가 시장가치보다 큰 기업을 선정해야 한다.
② 헤지펀드의 합병차익거래는 피인수기업의 주식을 매수하고 인수기업의 주식은 매도하는 전략이다.
③ CLN에서 보장 매도자가 CLN 발행자에게 신용위험을 전가한다.
④ 콘탱고 시장에서는 nagative roll yield가 나타난다.

문제해설

CLN에서 보장매입자가 CLN 발행자에게 신용위험을 전가한다.

029

대안투자의 기본적 전략에 관한 다음 설명 중 <u>틀린</u> 것은?

① 수익률 기울기가 작아질(편평해질) 것으로 예상하면 만기가 긴 채권은 매도하고 짧은 채권을 매수한다.
② 부동산 수익 평가 시 수익환원률은 주요한 투자성과 측정방법이다.
③ TRS에서 준거자산을 법적으로 보유하는 자는 위험 매도자이다.
④ 원유시장의 70%는 백워데이션 상태이다.

문제해설

수익률 기울기가 작아질(편평해질) 것으로 예상하면 만기가 긴 채권은 매수하고 짧은 채권을 매도한다.

030

대안투자의 특성에 관한 다음 설명 중 적절하지 <u>않은</u> 것은?

① 실물자산은 글로벌 시장의 불균형이 지역적인 불균형보다 더 중요하다.
② Balanced Convertible의 델타값은 50%이다.
③ Carry trade는 낮은 이자로 자본을 조달하여 높은 이자의 자산에 투자하는 전략이다.
④ 대안투자는 위험이 커서 리스크 조정 수익률이 낮다.

문제해설

대안투자는 위험이 커서 리스크 조정 수익률이 높다.

2장 해외증권투자운용 · 투자전략

001

해외투자의 동기 및 효과에 대한 설명으로 옳지 <u>않은</u> 것은?

① 국내분산투자에 비해 국제분산투자는 체계적 위험에 대한 추가적 분산이 가능하다.
② 국제분산투자로도 포트폴리오의 위험을 완전히 제거할 수는 없다.
③ 국가 간의 상관관계가 낮을수록 국제분산투자 효과가 작아진다.
④ 세계경제의 상호의존성으로 인해 각국 주식시장이 부분적으로 같은 움직임을 보인다.

국가 간의 상관관계가 높을수록 국제분산투자 효과가 작아진다.

002

국가 간 상관관계분석에 대한 설명으로 가장 적절하지 <u>못한</u> 것은?

① 상관관계분석은 각국의 주가 움직임에 대한 과거자료를 이용한 실증적 분석이다.
② 과거의 상관관계 구조가 투자기간에 해당하는 미래에도 지속될 것이라는 것을 전제하고 있다.
③ 측정기간을 가능한 짧게 하여 추정한 상관관계의 값이 신뢰성을 갖도록 하는 것이 필요하다.
④ 지나치게 자료기간을 길게 하면 자료기간중 구조적 변화가 포함될 가능성이 높아진다.

측정기간을 충분히 길게 하여야 추정한 상관계수의 값이 신뢰성을 갖게 할 수 있다. 단 지나치게 자료기간을 길게 하면 자료기간 중 구조적 변화가 포함될 가능성이 높아진다.

003

국제포트폴리오 투자에서 환위험관리에 대한 설명으로 틀린 것은?

① 언제나 환위험을 적극적으로 헤지하는 것이 바람직하다.
② 투자대상국의 주가지수 선물투자는 환위험을 줄일 수 있는 환위험 헤지수단이 될 수 있다.
③ 환위험의 내재적 헤지는 주가와 환율 간의 상관관계를 이용하는 것이다.
④ 국제투자에서 환위험을 외환파생상품을 이용하여 헤지하려는 경우 파생상품시장의 유동성 부족이 제약조건이 될 수 있다.

문제해설

국제투자는 환차익을 얻으려는 목적도 있으므로 환위험을 적극적으로 헤지하는 것이 언제나 바람직하다고는 할 수 없다.

004

해외주식발행에 대한 설명으로 틀린 것은 무엇인가?

① 예탁증서(DR)의 형태로 상장하는 경우와 본국에서 거래되는 주식 그대로 상장하는 직수입상장의 경우가 있다.
② DR의 형태는 해외주식이 당해 국가의 은행에 예탁되고, 예탁된 주식을 바탕으로 현지의 거래소에서 가장 거래되기 편리하고 유동성을 높일 수 있는 형태로 전환하여 상장하게 된다.
③ DR 발행의 가장 중요한 의의는 해외주식의 표시통화를 거래소 국가의 표시통화로 전환한다는 데 있다.
④ 해당 국가의 일반적인 주식가격 수준보다 당해 주식의 본국거래소의 가격수준이 높을 때는 여러 주식을 결합하여 상장한다.

문제해설

해당 국가의 일반적인 주식가격 수준보다 당해 주식의 본국거래소의 가격수준이 높을 때는 한 주식을 몇 개의 DR로 나누어 상장하고 그 반대의 경우에는 여러 주식을 결합하여 상장함으로써 거래소 국가의 투자자들이 편리하게 거래하고 유동성이 유지될 수 있도록 하는 형태로 전환하여 준다.

005

국제채권시장에 참가하는 중개금융기관이 수행하는 업무에 해당되지 <u>않</u>는 것은?

① 발행 전 준비작업　　② 인수단 형성

③ 자문　　　　　　　④ 판매

문제해설

중개금융기관이 수행하는 업무는 발행 전 준비작업, 인수단 형성, 판매, 트레이딩의 네 가지로 나누어 볼 수 있다.

006

헤지펀드에 대한 설명으로 옳지 <u>않은</u> 것은?

① 헤지펀드는 비교적 소수의 대형투자자들로 구성된 펀드이다.
② 추가적인 위험분산보다는 공격적 투자를 통한 수익률 제고가 주된 목적이다.
③ 효율적인 금융시장을 이용한 투기이익을 올리고자 한다.
④ 환투기도 헤지펀드의 중요한 동기가 된다.

문제해설

공격적 투자를 통한 수익률 제고가 목적이므로 효율적인 금융시장보다는 시장의 비효율성을 이용한 투기 목적이 강하다.

007

국제포트폴리오 투자에서 국가비중을 결정하는 기준이 될 수 있는 것으로 가장 적절한 것은?

① KOSPI 200　　　② FTSE 100

③ S&P 500　　　　④ MSCI

문제해설

국가비중 결정의 기준이 되는 것은 MSCI지수와 같이 벤치마크가 되는 국제주가지수이다.

008

해외투자와 환위험에 대한 설명이 <u>잘못된</u> 것은?

① 해외투자 시 해당국의 주가가 하락하지 않더라도 투자대상국의 통화 가치가 상승하면 음의 투자수익률을 얻게 된다.

② 한국주식에 투자하는 미국투자자의 경우 원화가치와 한국의 주가가 양의 관계를 가지면 공분산은 양의 값을 갖는다.

③ 한국주식에 투자하는 미국투자자의 경우 원화가치와 한국의 주가가 음의 관계를 가지면 미국투자자가 인식하는 위험은 감소한다.

④ 환율변동은 국제투자에 있어 수익률의 원천이면서 동시에 위험 요소 가 될 수 있다.

해외투자서 주가수익률이 없더라도 투자대상국의 통화가치가 상승하면 양의 투자수익률을 얻을 수 있다.

더 알아보기 환위험 헤징(Hedging)

- 파생상품을 이용한 환헤지 방법에는 선물환을 이용한 헤징, 통화선물을 이용한 헤징, 통화옵션을 이용한 헤징, 주가지수선물을 이용한 헤징이 있다.
- 여러 통화에 분산투자를 통한 환헤지의 방법
- 자국통화에 연동된 환율제도를 가진 국가에 투자하여 환헤지
- 주가와 환율의 민감도를 분석하여 내재적 헤지(implicit hedge) 실행
- 내재적 헤지는 자국통화와 양의 상관관계를 가지고 있는 국가의 주식에 투자하여 위험을 감소시킨다.

009

달러를 기준으로 하는 미국 투자자가 한국 주식에 투자하는 경우 투자수 익률의 분산을 계산할 때 합산되는 요소가 <u>아닌</u> 것은?

① 한국 주식수익률의 원화표시 분산

② 달러로 표시된 원화 환율의 분산

③ 한국 주식수익률과 원화가치 변동의 공분산

④ 달러로 표시된 주식수익률의 공분산

투자자 본국통화로 표시와는 투자 수익률의 분산은 투자대상국 통화 로 표시되는 자산수익률의 분산, 환 율 변동률의 분산, 자산가격과 환율 변동률 간 공분산 세 요인의 합으로 표시된다.

010

㈜시스컴은 미국의 A회사 주식에 천만 달러를 투자하였다. 달러화로 표시된 투자수익률의 분산이 0.07, 환율변동율의 분산이 0.02, 달러화수익률과 환율변동률의 공분산이 0.03이라고 할 때, 원화로 표시된 투자수익률의 분산은?

① 0.12

② 0.09

③ 0.15

④ 0.08

문제해설

해회투자 시의 분산
VaR(Rid) = VaR(Rit) + VaR(e) + 2Cov(Rt, e)
= 0.07 + 0.02 + 2 × 0.03 = 0.15

011

한 나라의 통화가치 변동을 당해국 기업의 국제경쟁력 변화로 해석할 때 통화가치와 그 나라의 주가 변동은 어떤 상관관계가 있는가?

① 양의 상관관계가 있다.

② 음의 상관관계가 있다.

③ 상관관계가 거의 없다.

④ 항상 일치한다.

문제해설

음의 상관관계가 있다. 즉, 통화가치의 상승은 해당국 기업의 국제경쟁력 약화로 해석되어 주가의 하락을 가져오고, 통화가치의 하락은 국제경쟁력 강화로 해석되어 주가의 상승을 가져온다.

012

세계화에 따라 국제주식시장도 동조화 현상을 보이고 있다. 이에 대한 설명으로 <u>틀린</u> 것을 고르시오.

① 컴퓨터와 통신기기의 발달로 고도의 투자기법이 개발되고, 이를 이용한 해외투자가 증가하고 있다.

② 동조화 현상의 심화는 인터넷 등 뉴스의 빠른 전파와 관련이 깊다.

③ 각국 산업의 동조화 정도에는 산업별로 차이가 있다.

④ 국제금융시장의 전문성으로 인해 일반투자자들의 입지는 오히려 더 좁아지고 있다.

문제해설

헤지펀드뿐만 아니라 뮤추얼펀드를 통한 일반투자자들의 국제투자도 활발해지고 있다.

013

국제채권시장에 대한 설명으로 가장 적절하지 <u>못한</u> 것은?

① 국제채는 채권발행지와 채권표시통화의 관계에 따라 외국채와 유로채로 구분된다.
② 채권표시통화의 본국에서 발행되는 채권을 유로채라하고, 채권표시통화 본국 이외의 국가에서 발행되는 채권을 외국채라 한다.
③ 외국채를 발행하는 경우 채권발행 및 유통과 관련된 발행지 국가의 규제를 받게 된다.
④ 국제채권시장의 규모가 국제채시장의 규모보다 훨씬 크다.

문제해설

채권표시통화의 본국에서 발행되는 채권을 외국채라 하고, 채권표시통화 본국 이외의 국가에서 발행되는 채권을 유로채라 한다. 유로채가 일정통화표시로 해당국 이외의 지역에서 발행·유통되는데 비해, 외국채는 해당국 내에서 외국 차입자가 발행한다. 예를 들어 미 달러화 표시 채권이 미국 이외의 국가에서 발행될 경우에는 유로채가 되며, 미국에서 비거주자에 의해서 발행될 경우 외국채가 된다.

014

외국채권의 발행 시 공모발행의 장점으로 옳은 것을 모두 고르시오.

㉠ 거액발행에 적합
㉡ 발행비용절감
㉢ 인수발행보다 발행조건 유리
㉣ 시장변화에 신축 대응

① ㉠, ㉡
② ㉢, ㉣
③ ㉠, ㉢
④ ㉡, ㉣

문제해설

공모발행의 장점으로는 거액발행에 적합, 공개를 통한 광고효과, 인수발행보다 유리한 발행조건 등이 있다.

015

외국채권의 발행에서 인수발행의 장점으로 볼 수 <u>없는</u> 것은?

① 발행이 신속하다.
② 발행비용이 공모발행에 비해 저렴하다.
③ 시장변화에 신축적으로 대응할 수 있다.
④ 거액발행에 적합하다.

문제해설

일반투자자를 대상으로 하는 대규모 발행은 공모발행의 장점이다.

016

외국채권시장의 분류에 대한 설명으로 옳은 것은 무엇인가?

① 사무라이본드는 미국에서 판매되는 엔 표시채권이다.
② 양키본드는 미국의 채권시장에서 미 달러화 표시로 유통된다.
③ 양키본드의 인수는 주로 유럽과 일본의 증권회사들로 구성된 인수단에 의해 이루어진다.
④ 유로본드는 통화선택이 단일화되어 있다는 점이 특징이다.

문제해설

① 사무라이본드는 일본에서 판매되는 엔 표시채권이다.
③ 양키본드의 인수는 주로 미국의 증권회사나 상업은행들로 구성된 인수단에 의해 이루어진다.
④ 유로본드는 통화선택이 다양하다는 것이 특징이다.

017

국제주식시장에 대한 설명으로 가장 적절하지 <u>못한</u> 것은?

① 해외거래소 상장을 통하여 본국거래소와 함께 복수의 거래소에 상장하는 복수상장이 이루어지고 있다.
② 세계주식에 대한 동향을 파악할 수 있는 세계주가지수가 개발되었다.
③ 다양한 파생상품의 등장으로 각국 거래소가 전문화되어 분리되는 경향이 가속화되고 있다.
④ 자본시장에 대한 규제가 완화되는 경향을 보이고 있다.

문제해설

세계증시의 거래소 간 통합이 이루어지고 있다. 주로 선·현물거래소 간 통합과 현물거래소 간 통합, 증권거래소와 결제기관 간의 통합 등의 형태이다.

018

해외투자에 대한 다음 설명 중 적절하지 <u>않은</u> 것은?

① 해외투자 시 투자대상국의 통화가치가 상승하면 환차익 이 발생한다.
② 국제분산투자 시 체계적 위험을 완전히 없앨 수는 없다.
③ 외국기업이 홍콩시장에서 발행한 위안화 채권을 상하이본드라고 한다.
④ 국제 동조화현상은 글로벌화로 구조적으로 고착되는 추세이다.

문제해설

외국 기업이 홍콩시장에서 발행하는 위안화 채권은 딤섬본드라고 한다.

019

국제분산투자에 관한 다음 설명 중 <u>틀린</u> 것은?

① 국가 간 상관관계가 클수록 국제분산효과는 작아진다.
② MSCI지수는 유동주식방식으로 산출한다.
③ 국제분산투자시 효율적 투자선은 좌상향으로 이동한다.
④ 국제투자시 투자대상국의 주가와 환율의 상관관계가 음(−)의 상관관계이면 위험이 커진다.

문제해설

국제투자시 투자대상국의 주가와 환율이 음(−)의 상관관계이면 위험이 작아진다.

020

해외채권 투자전략 및 DR에 대한 다음 설명 중 <u>틀린</u> 것은?

① 외국채는 발행지 국가의 규제와 간섭을 받는다.
② 유로채는 표시통화국이 아닌 국가에서 발행되며 기명식이다.
③ EDR은 미국 이외의 거래소에서 상장되어 거래되는 달러표시 DR이다.
④ DR의 복수상장시 기업의 투명성이 제고된다.

문제해설

유로채는 표시통화국이 아닌 국가에서 발행되며 무기명식이다.

021

해외투자시 헤지 및 벤치마크에 관한 다음 설명 중 <u>틀린</u> 것은?

① 롤링헤지는 헤지기간을 여러 개로 구분하여 하나의 기간의 만기시 새로운 기간을 헤지하는 식으로 진행하는 방식이다.

② 내재적 헤지는 주가와 환율의 상관관계를 활용하여 환노출을 높이는 헤지를 의미한다.

③ 판다본드는 외국 기업이 중국에서 발행하는 위안화 표시채권이다.

④ 벤치마크 수익률을 목표로 하는 전략은 인덱스형 전략이다.

문제해설

내재적 헤지는 주가와 환율의 상관관계를 활용하여 환노출을 낮추는 헤지를 의미한다.

022

해외투자에 관한 다음 설명 중 <u>틀린</u> 것은?

① 해외투자 시 개별주식 대신 지수에 투자하면 개별위험을 줄일 수 있다.

② DR의 발행은 주식의 표시통화를 다른 통화로 바꾸는 효과가 있다.

③ 해외투자 시 주가와 통화가치의 공분산이 높을수록 전체의 투자위험은 감소한다.

④ 주식의 복수상장으로 자본비용을 줄이는 효과가 있다.

문제해설

해외투자 시 주가와 통화가치의 공분산이 낮을수록 전체의 투자위험은 감소한다.

023

국제분산투자에 관한 다음 설명 중 <u>틀린</u> 것은?

① 해외투자시 공격적 전략은 시장의 효율성을 전제로 투자하는 전략이다.

② 유로채는 매매 시 실물결제보다는 장부이체방식이 주로 이용된다.

③ 주요국의 환율 움직임은 국제투자자금의 이동과 상관관계가 높다.

④ 정보통신기술의 지속적인 발전으로 국제시장의 통합이 촉진되고 있다.

문제해설

공격적 전략은 시장의 비효율성을 전제로 투자하는 전략이다.

024

해외투자에 관한 다음 설명 중 적절하지 않은 것은?

① MSCI지수에서는 한국을 선진시장으로 분류한다.
② 방어적 투자전략은 시장을 효율적이라고 전제한다.
③ 양키본드는 미국에서 발행되는 외국채이다.
④ 환위험을 수익의 원천으로 인식하는 경우도 많다.

문제해설

MSCI지수에서는 한국을 신흥시장
으로 분류한다.

025

다음 중 유로본드로 볼 수 없는 것은?

① 스위스 기업이 미국에서 발행한 달러표시 채권
② 한국의 차입자가 싱가포르에서 발행한 엔화표시 채권
③ 독일 기업이 유로시장에서 발행한 달러표시 채권
④ 일본 기업이 홍콩에서 발행한 유로화표시 채권

문제해설

스위스 기업이 미국에서 발행한 달
러표시의 채권은 외국채에 해당한
다.

026

다음 중 해외투자의 환위험 관리를 위한 헤지 방법이 아닌 것은?

① 투자대상증권과 환율과의 상관관계를 이용한 내재적 헤지(Implicit Hedge)를 사용한다.
② 선물환, 통화선물, 통화스왑 같은 통화파생상품을 이용한다.
③ 투자대상국의 주식파생상품, 금리파생상품을 이용하여 해당국 통화에 대한 노출을 줄이고 투자자산의 가격에 대한 노출만 보유한다.
④ 가치상승이 예상되는 통화에 집중하여 투자한다.

문제해설

환위험을 헤지하려면 통화를 분산
하여 투자해야 한다.

027

국내 거주자가 미국시장의 상장주식을 직접 사서 매도하여 수익이 발생한 경우 납부해야 하는 세금(주민세 포함)은 얼마인가? (매수가격 10,000원, 매도가격 20,000원)

① 1,000원　　　　　　　　② 1,540원

③ 2,000원　　　　　　　　④ 2,200원

문제해설

국내 거주자가 직접 해외주식을 매수하여 수익을 얻은 경우 주민세 포함 22%의 세금이 부과된다.
양도소득세 = 10,000 × 20% = 2,000원
주민세 = 양도소득세 × 10% = 200원

028

해외투자시의 투자수익, 환위험, 헤지 등에 관한 다음의 설명 중 틀린 것은?

① 투자국 주가와 환율과의 양의 상관관계가 클수록 위험이 커진다.
② 현금자산은 자국통화로 보유하면 환위험을 줄일 수 있다.
③ 해외투자의 위험은 환율 변동위험 및 주가와 통화의 공분산도 중요하다.
④ 외화가치의 절하가 예상되면 환이익을 예상하여 헤지하지 않는다.

문제해설

외화가치의 절하가 예상되면 환손실을 대비하여 헤지를 해야 한다.

029

한국인이 영국에서 영국 파운드 표시로 발행한 채권은?

① 유로채(Euro Bond)
② 정크채(Junk Bond)
③ 글로벌채(Global Bond)
④ 외국채(Foreign Bond)

외국인에 의해 채권표시 통화의 본국에서 발행되는 채권을 외국채(Foreign Bond)라고 한다.

030

다음 중 복수상장(multiple listing)의 효과로 볼 수 <u>없는</u> 것은?

① 기업의 인지도 제고, 기업의 투명성과 홍보 효과 기대
② 기업 가치 향상과 자본조달비용의 증가
③ 주식매매의 유동성 증대
④ 자금조달 원천의 다양화

복수상장의 효과로는 외화자금조달, 기업 인지도 제고, 기업의 가치 향상, 자본조달비용 절감 등이 있다.

031

해외증권투자전략에 관한 다음 설명 중 적절하지 <u>않은</u> 것은?

① 브라질 채권은 토빈세를 비과세하고 이자소득은 과세한다.

② 방어적 투자전략은 주관적 예측을 최소화한다.

③ 국제 포트폴리오의 자산배분 시 상향식 접근방법은 기업분석 → 산업분석 → 경제분석 순으로 이루어진다.

④ 해외투자시 환위험을 감소시키는 전략으로 여러 국가에 분산투자하는 방식이 있다.

브라질 채권은 토빈세를 과세하고 이자소득은 비과세한다.

032

해외투자위험 및 투자분석에 대한 다음 설명 중 <u>틀린</u> 것은?

① 총위험은 비체계적 위험과 체계적 위험의 합으로 표시된다.

② 국제투자는 국내투자보다 비체계적 위험이 감소한다.

③ 국제 동조화현상은 자본시장 통합화의 하나의 현상이다.

④ 국제 포트폴리오의 자산배분시 하향식은 거시경제분석이 먼저 이루어진다.

국제투자는 국내투자보다 체계적 위험이 감소한다.

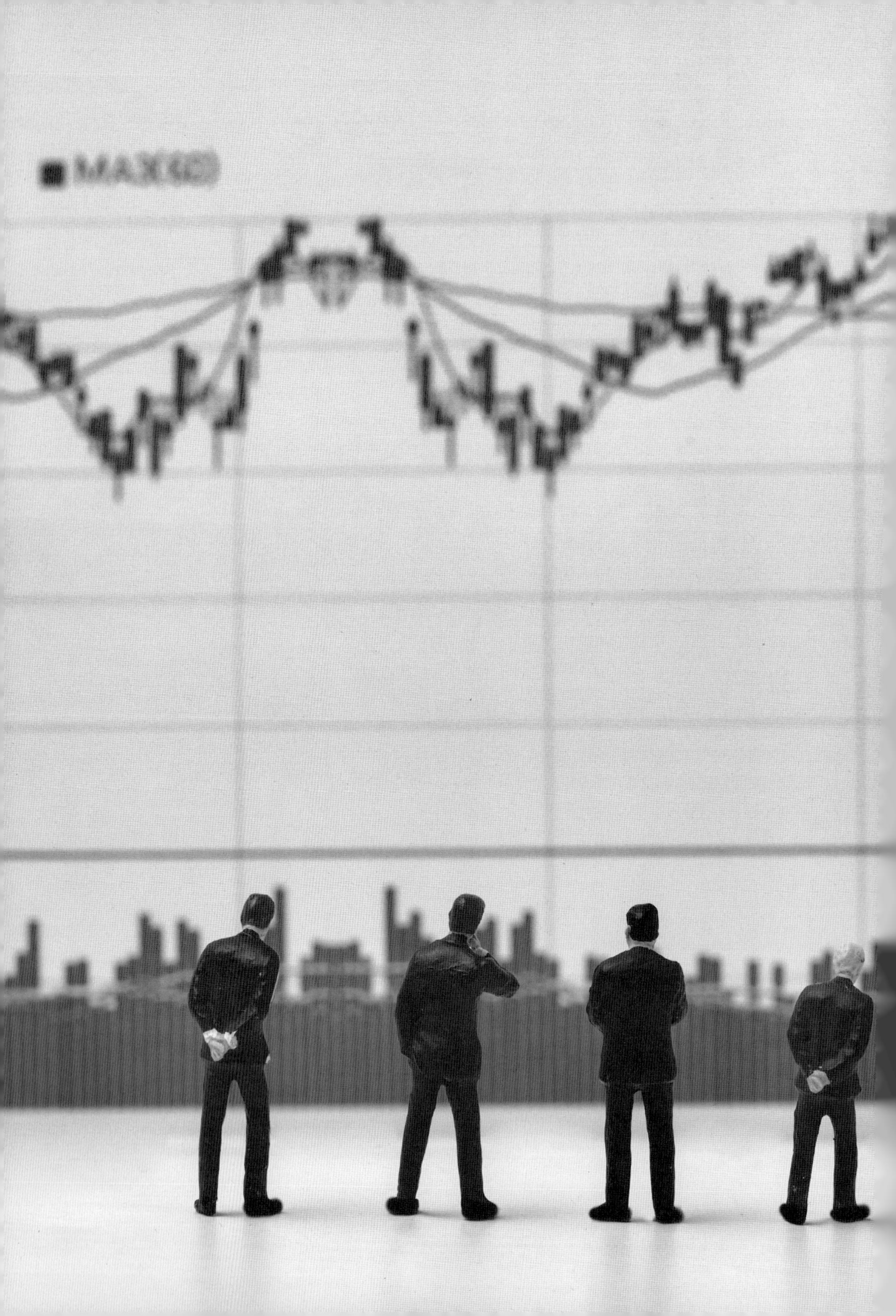

2과목

II 투자분석

1장 투자분석기법

001

거시경제변수와 주가의 관계를 나타낼 때 일반적이지 <u>않은</u> 현상은?

① 통화량의 증가는 일반적으로 주가상승의 요인이 된다.
② 이자율의 상승은 일반적으로 설비투자 축소의 요인이 되어 주가하락 가능성이 높다.
③ 완만한 물가상승은 기업수지를 개선시켜 주가상승의 요인이 될 수 있다.
④ 원화의 평가절상은 수출을 증가시켜 주가상승의 요인이 된다.

문제해설

원화의 평가절상은 환율하락을 의미하므로 수입이 늘어나고 수출이 감소하는 요인이 되어 주가하락의 가능성이 높아진다.

002

자기자본이익률(ROE)를 설명하는 공식으로 맞는 것은?

① 영업상이익 − 투하자본비용
② 매출액순익률 × 자기자본회전율
③ 사내유보율 × 자기자본이익률
④ 매출액순이익률 × 총자본회전율

문제해설

① 경제적 부가가치(EVA)
② 자기자본이익률(ROE)
③ 배당성장률
④ 총자본이익률의 공식이다.

003

타인자본과 자기자본 비용을 모두 고려한 성과측정 수단으로 주주 부의 관점에서 기업가치를 평가하는 지표는?

① 토빈의 q
② EVA
③ 기대수익률
④ CAPM

문제해설

EVA(경제적 부가가치)에 대한 설명이다.
EVA = 영업상이익 − 투하자본비용

004

매출액순이익률이 10%, 매출액 15억 원, 총자본 5억 원인 기업의 총자본이익률(ROI)을 구하면?

① 3% 　　　　　　② 5%

③ 10% 　　　　　　④ 30%

ROI = 매출액순이익률 × 총자본회전율

총자본회전율 = 매출액 / 총자본

총자본회전율 = 3

ROI = 10% × 3

005

A기업은 매출액이 5,000억 원, 영업이익이 1,500억 원이며, 이자로 500억 원을 지급하였다. A기업의 재무레버리지도(DFL)는 얼마인가?

① 0.67 　　　　　　② 1.50

③ 3.00 　　　　　　④ 3.33

DFL = 영업이익 / 영업이익 − 이자

= 1,500 / 1,500 − 500

006

다음 중 기본적 분석에 대한 설명으로 적절하지 <u>않은</u> 것은?

① 주식의 가격은 기업의 가치에 의해 결정된다고 본다.

② 기업의 내재가치는 시장에 반영될 것으로 기대한다.

③ 거시경제변수, 산업변수 등을 고려하지 않는 것이 분석의 한계이다.

④ 주가 예측이 가능하다고 본다.

③ 기본적 분석은 기업분석, 산업분석, 경제분석이 모두 중요하다.

④ 기본적 분석과 기술적 분석은 주가 예측이 가능하다고 보며, 주가 예측이 불가능하다고 보는 이론은 랜덤워크이론이다.

정답 001 ④ | 002 ② | 003 ② | 004 ④ | 005 ② | 006 ③

007

주가에 영향을 주는 요인들에 대한 설명으로 옳지 <u>않은</u> 것은?

① 일반적으로 이자율의 상승은 주가상승 요인이다.

② 완만한 물가상승은 기업수지개선 효과가 있어 주가상승의 요인이 될 수 있다.

③ 스테그플레이션 하에서는 비용인상형 인플레이션이 발생하여 주가하락의 가능성이 높아진다.

④ 디플레이션 시기의 저물가, 저금리는 주가상승에 긍정적 요소가 된다.

 알아보기 물가와 주가의 관계(일반적 상황을 전제)
- **급격한 인플레이션** : 실물자산 선호 → 주가하락
- **완만한 인플레이션** : 실물경기 상승 → 주가상승
- **디플레이션** : 금융자산 선호 → 주가상승
- **스테그플레이션** : 기업수지 악화 → 주가하락

 문제해설

① 이자율의 상승은 자금조달을 축소시켜 주가하락 가능성이 높아진다.

④ 디플레이션 하에서는 실물자산보다 금융자산을 선호하게 되어 주가가 상승한다.

008

기본적 분석에 대한 설명으로 옳지 <u>않은</u> 것을 모두 고르시오.

> ㉠ 기업의 내재가치를 찾아내려 노력한다.
> ㉡ 증권의 가치는 수요와 공급에 의해 결정된다.
> ㉢ 투자자의 요구수익률이 중요한 의미를 가진다.
> ㉣ 내재가치가 주가보다 높으면 해당 종목은 시장에서 고평가된 것이다.

① ㉠, ㉡

② ㉠, ㉢

③ ㉡, ㉣

④ ㉠, ㉣

 문제해설

증권의 가치가 수요와 공급에 의해서 결정된다고 보는 것은 기술적 분석의 기본 가정이다.

009

기업분석의 기본적인 설명으로 적절하지 않은 것은?

① 기업분석은 크게 질적 분석과 양적 분석으로 나눌 수 있다.
② 기업의 재무제표는 질적 분석에 해당한다.
③ 보스턴컨설팅그룹의 분류는 질적 분석의 한 방법이다.
④ 해당 기업의 자산을 파악하기 위해서는 양적 분석이 더 유용하다.

> **문제해설**
>
> 기업의 재무제표는 양적 분석에 해당한다. 양적 분석은 기업의 재무제표를 이용하여 계량적으로 분석하는 것으로 경영성과의 향상, 자산 파악 등에 유용하다.

010

기본적 분석의 한계점에 대한 설명이다. 옳지 않은 것은?

① 시장의 변동에만 집착하기 때문에 시장이 변화하는 원인을 분석할 수 없다.
② 투자자마다 견해가 달라 동일한 내재가치를 인식하기 힘들다.
③ 내재가치를 평가하기 위한 재무제표가 적정하지 못하다.
④ 분석을 하는 데 시간이 오래 걸린다.

> **더 알아보기** 기본적 분석의 한계
> • 내재가치의 다양성 여부
> • 내재가치의 적정성 여부
> • 분석에 소요되는 시간

> **문제해설**
>
> 시장이 변화하는 원인을 알 수 없는 것은 기술적 분석의 한계이다.

011

다음은 대차대조표의 작성기준이다. 틀린 것은?

① 각 수익항목과 이에 관련되는 비용항목을 대응하여 표시한다.
② 자산 · 부채 · 자본은 총액에 의해 기재함을 원칙으로 한다.
③ 가지급금 및 가수금 등의 미결산항목은 그 내용을 나타내는 적절한 과목으로 표시한다.
④ 자본거래에서 발생한 자본잉여금과 손익거래에서 발생한 이익잉여금을 혼동하여 표시해서는 안 된다.

> **문제해설**
>
> ①은 손익계산서의 작성기준이다.

012

다음 중 재무비율분석의 한계점이 <u>아닌</u> 것은?

① 과거의 회계정보를 이용하였다.
② 재무제표가 일정시점을 중심으로 작성되어 있어서 계절적 변화를 나타내지 못한다.
③ 기업별로 회계기준이 상이하다.
④ 과거의 주가 추세와 패턴이 미래에도 반복될 수 있다는 점이 비현실적이다.

더 알아보기 재무비율분석의 한계점

- 재무제표의 기본 목적이 기업의 미래이익을 예측하기 위한 것인데, 비율분석은 과거의 회계정보에 의존한다.
- 재무제표가 일정시점이나 일정기간을 중심으로 작성되어 있어서 회계기간 동안의 계절적 변화를 나타내지 못하고, 결산기가 다른 기업과 상호비교하기가 곤란하다.
- 합리적 경영을 하고 있는 동종 산업에 속하는 기업들 사이에도 경영방침이나 기업의 성격에 따라 재무비율에 큰 차이가 있다.
- 재무비율 상호 간에 연관성이 없으며 종합적인 결론을 내릴 수 없다.
- 표준비율 설정에 어려움이 따른다.

013

재무비율에 관한 설명으로 옳지 <u>않은</u> 것은?

① 매출액영업이익률은 영업이익을 매출액으로 나눈 비율로, 기업의 이익 변화가 매출마진의 변화에 의한 것인지 매출액의 변동에 의한 것인지를 파악하는 데 사용된다.
② 총자본회전율은 자본이 1년 동안 몇 번 회전했는가를 나타내는 비율로, 기업이 얼마나 총자본을 능률적으로 활용했는가를 보여준다.
③ 고정비율은 고정자산을 자기자본으로 나눈 비율로, 자본배분의 효율성 및 자금의 고정화를 측정하는 대표적인 비율이다.
④ 토빈의 q비율은 기업의 부채 및 자기자본의 시장가치를 보유자산의 대체비용으로 나눈 비율을 말한다.

매출액영업이익률은 기업의 영업이익을 매출액으로 나눈 비율로, 기업의 주된 영업활동에 의한 경영성과의 양부(良否)를 판단하기 위한 지표로 활용된다.

014

다음 설명 중 옳지 <u>못한</u> 것은?

① 기업경영 측면에서 지나치게 높은 유동비율은 바람직하지 않다.

② 기업이 차입금으로 조달된 투자에 대하여 이자지급액보다 더 많은 수익을 얻는다면, 주식자본에 대한 수익률은 확대된다.

③ 배당평가모형이나 이익평가모형은 미래 이익흐름의 예측을 전제로 한다는 점에서 정확성이 결여될 수 있다.

④ PBR은 활동성과 기업수익력의 질적 측면이 반영된 지표로서, 미래 수익 발생능력을 반영하고 있다는 것이 장점이다.

더 알아보기 PBR
- 주가를 주당 장부가치로 나눈 값으로 주가가 주당 장부가치의 몇 배인가를 나타낸다.
- ROE와는 (+)상관관계를 보이고 요구수익률과는 (−)상관관계를 갖는다.
- ROE > k이면, PBR이 1보다 크고, g가 클수록 커진다.
- ROE < k이면, PBR이 1보다 작고, g가 클수록 작아진다.
- 기업의 성장성을 나타내는 중요한 지표로 활용된다.
- 투자분석가들은 PBR이 낮은 주식이 주가 상승이 클 것으로 예상한다.
- PBR은 자산가치에 대한 평가 및 수익가치에 대한 포괄적인 정보로 활용된다.

문제해설

PBR은 활동성과 기업수익력의 질적 측면이 반영된 지표로서, 자산가치에 대한 평가뿐 아니라 수익가치에 대한 포괄적인 정보도 반영하고 있지만, 미래수익 발생능력을 반영하지 못해 계속기업을 전제로 한 평가기준이 되지 못한다.

015

다음 재무비율분석에 대한 설명으로 옳은 것을 고르시오.

① 유동비율은 100% 미만이 이상적 수준이다.

② 재고자산회전율이 높으면 판매활동에 문제가 있다.

③ 납입자본이익률은 성장성 지표이다.

④ 이자보상비율은 높을수록 좋다.

문제해설

① 유동비율은 유동자산을 유동부채로 나누어 계산한다. 200% 이상이 이상적이다.
② 재고자산회전율은 매출액을 재고자산으로 나누어 계산한다. 이 비율이 높으면 판매활동이 활발한 것이고, 비율이 낮으면 판매활동에 문제가 있는 것이다.
③ 납입자본이익률, 총자본이익률, 자기자본이익률, 매출액순이익률은 수익성지표이다.

016

재무비율분석에 대한 설명 중 틀린 것은?

① 기업경영의 측면에서는 지나치게 높은 유동비율은 바람직하지 않다.
② 토빈의 q는 회사의 부채 및 자기자본의 시장가치를 보유자산의 대체비용으로 나눈 비율이다.
③ 부채비율은 재무안정성의 지표로, 100% 이상이면 바람직한 것으로 본다.
④ 고정비율은 고정자산을 자기자본으로 나눈 비율이다.

③은 당좌비율에 대한 설명이다.

017

PBR은 대차대조표상으로 주당순자산가치가 실질적 가치를 정확히 반영하게 되면 1이 되어야 하나 실질적으로 그렇지 못하다. 그 이유가 아닌 것은?

① 집합성의 차이
② 시간성의 차이
③ 회계관습상의 제약
④ 수익과 비용의 인식기준 차이

PBR≠1인 이유
• **집합성의 차이** : 주가는 기업의 총체를 반영하나 주당순자산은 개별자산과 부채의 단순한 합계에 불과하다.
• **시간성의 차이** : 주가는 미래현금흐름의 순현가를 나타내는 것으로 볼 수 있으므로 미래지향적이나, 주당순자산은 역사적 취득원가에 준하여 기업의 과거에서 현재까지의 누적된 자산과 부채를 나타내어 과거지향적이다.
• **회계상의 관습** : 주당순자산은 회계관습상의 제약을 받는다.

018

EVA(경제적 부가가치)에 대한 다음 설명 중 옳지 않은 것은?

① $EVA = 투하자본(IC) \times \{투하자본수익률(ROIC) - 가중평균자본비용(WACC)\}$
② 세후순영업이익에서 기업의 타인자본비용을 차감한 값
③ 가치중심경영을 유도하기 위한 성과측정 수단
④ 주주 부(stockholder wealth)의 관점에서 기업가치를 평가한 지표

EVA(Economic Value Added : 경제적 부가가치)는 세후순영업이익에서 기업의 총자본비용액을 차감한 값으로 주주 부의 관점에서 기업가치를 평가하는 지표이다.

019

다음 중 **틀린** 것은?

① PBR은 기업의 마진, 활동성, 부채레버리지, 그리고 기업수익력의 질적 측면이 반영된 지표로서 자산가치에 대한 평가뿐만 아니라 수익가치에 대한 포괄적인 정보가 반영되어 있으며 미래의 수익발생능력을 반영하고 있다는 것이 장점이다.

② 기업의 차입자금으로 조달된 투자에 대하여 이자지급액보다 더 많은 수익을 얻는다면 주식자본에 대한 수익률은 확대된다.

③ 수익성비율은 기업이 얼마나 효율적으로 관리되고 있는가를 나타내는 종합적 지표이다.

④ 기업경영의 측면에서 지나치게 높은 유동비율은 바람직하지 않다.

PBR은 기업의 마진, 활동성, 부채레버리지 그리고 기업수익력의 질적 측면이 반영된 지표로서 자산가치에 대한 평가뿐만 아니라 수익가치에 대한 포괄적인 정보가 반영되어 있다 그러나 미래의 수익발생능력을 반영하지 못해 계속기업을 전제로 한 평가기준이 될 수 없다.

020

레버리지 비율에 관한 설명 중 **잘못된** 것은?

① 일반적으로 고정영업비가 클수록, 매출량이 작을수록, 판매단가가 낮을수록, 단위당 변동비가 클수록 영업레버리지도는 크게 나타난다.

② 결합레버리지 분석은 고정비용이 매출액의 변동에 따라 순이익에 어떤 영향을 미치는가를 분석하는 것이다.

③ 영업이익이 클수록, 이자가 작을수록 재무레버리지는 작게 나타난다.

④ 결합레버리지도가 작을수록 위험은 커진다.

결합레버리지도가 클수록 위험은 커진다.

더 알아보기 결합레버리지 분석
- 매출액 변화가 주당이익에 미치는 영향을 분석하는 데 사용한다.
- 영업고정비와 이자비용이 존재하는 한 결합 레버리지는 항상 1보다 크다.
- 영업고정비를 많이 지출하는 중화학공업, 장치산업, 타인자본 의존도가 높은 산업이 결합레버리지가 높다.

021

레버리지 분석과 관련된 설명이다. 틀린 것은?

① 기업의 총비용 중에서 고정비가 차지하는 비중이 작을수록 이익과 손실이 확대되는 손익확대효과의 원리를 분석하는 것이다.
② 매출액이 불확실한 상황에서 레버리지도가 크면 클수록 영업이익의 변화폭이 커지게 되며, 이에 따라 세후순이익의 폭도 더욱 크게 나타난다.
③ 타인자본으로 자금을 조달함으로써 소유자는 일정한 투자만으로 기업을 지배할 수 있는 이점을 갖는다.
④ 타인자본의 의존도가 높은 기업일수록 경기상황에 따라 세후순이익의 변동폭이 확대되는 레버리지 효과에 의해 투자위험이 증가되므로, 극단적으로 높은 레버리지는 기업도산의 원인이 될 수 있다.

문제해설

기업의 총비용 중에서 고정비가 차지하는 비중이 클수록 이익과 손실이 확대되는 손익확대효과의 원리를 분석하는 것이다.

022

영업이익의 변화율에 대한 주당이익의 변화를 나타내는 비율은 무엇인가?

① 영업레버리지
② 재무레버리지
③ 결합레버리지
④ 총자산회전율

문제해설

DFL = 주당이익의 변화율 ÷ 영업이익의 변화율

023

투자전략에 대한 다음 설명 중 맞는 것은?

① 주가상승 시 베타(β)가 낮은 종목을 택하는 투자전략이 유효하다.
② 현물을 보유하고 있는 투자자는 선물투자로 체계적 위험을 회피할 수 있다.
③ CAPM은 투자자가 위험을 선호한다고 가정한다.
④ 체계적 위험은 여러 종류의 증권에 분산투자함으로써 저감될 수 있기 때문에 위험분산이 가능하다.

문제해설

① 주가상승 시 베타(β)가 높은 종목이 유리하다.
③ CAPM은 투자자가 위험을 회피한다고 가정한다.
④ 비체계적 위험은 여러 종류의 증권에 분산투자함으로써 저감될 수 있기 때문에 위험분산이 가능하다.

024

다음은 PBR의 장·단점에 대한 설명이다. **틀린** 것은?

① 기업의 청산가치를 추정할 때 유용한 가치평가의 기준이 된다.
② 미래의 수익발생능력을 반영하지 못해 계속기업을 전제로 한 평가기준이 되지 못한다.
③ 기업의 마진, 활동성, 부채레버리지와 함께 기업 수익력의 질적 측면인 PER이 반영된 지표이다.
④ 자산가치에 대한 평가에는 유용하나 수익가치에 대한 정보는 반영되지 않는다.

PBR은 자산가치에 대한 평가뿐 아니라 수익가치에 대한 포괄적인 정보도 반영하고 있다.

025

기업의 양적 분석에 대한 설명이 **아닌** 것은?

① 재무제표란 기업의 영업실적이나 재무상태를 기업의 외부관계자에게 전달하는 재무보고의 한 형태이다.
② 재무제표의 작성원칙에는 원가주의 원칙, 수익인식의 원칙, 대응의 원칙이 있다.
③ 재무제표에는 대차대조표, 손익계산서, 이익잉여금 처분계산서, 현금흐름표 등이 있다.
④ 양적 분석을 위하여 경영조직, 경영능력, 상품경쟁력 등을 분석해야 한다.

④는 질적 분석에 대한 내용이다.

026

순이익이 발생하고 있지 **않은** 기업이나 신생기업들에 대한 상대적 주가수준 파악 시 유용한 재무비율 분석은?

① 토빈의 q비율
② 주가매출액비율
③ 주가장부가치비율
④ 주가수익비율

주가매출액비율(PSR : Price Sales Ratio) : 주당순이익을 사용하는 PER은 당해 연도에 수익이 나지 않고 이익이 음(-)인 경우에는 비율을 구할 수 없으며, 이익이 너무 높거나 낮으면 주가수익비율을 통해 올바른 분석을 할 수가 없다. 하지만 기업의 순수한 영업활동의 결과인 매출액은 기업의 영업성과를 객관적으로 잘 나타내 주고 음(-)이 나오는 경우는 거의 없기 때문에 PER의 약점을 보완해 줄 수 있다.

027

결합레버리지도(DCL)에 관한 설명이다. 틀린 것은?

① 매출액의 변화율에 대한주당순이익의 변화율의 비를 말한다.
② DCL은 영업레버리지와 재무레버리지의 연결을 통해 기업의 위험과 전반적인 레버리지 수준을 분석한다.
③ DCL이 작아질수록 기업의 위험은 커진다.
④ 결합레버리지도의 산식은 '(매출액 — 변동비용)/(매출액 — 변동비용 — 고정비용 — 이자비용)'이다.

문제해설

DCL이 커지면 커질수록 기업의 위험도 함께 커진다.

028

시장가치 분석에 대한 설명 중 잘못된 것은?

① 수익성 측면 이외의 다른 측면이 동일하다고 가정할 때, 어떤 기업의 PER이 비교대상 기업보다 낮으면 그 기업의 주가가 상대적으로 낮게 평가되었다고 판단한다.
② 다른 조건들이 동일한 경우, PBR이 낮은 기업은 주식시장에서 주가가 낮게 평가되었다고 판단된다.
③ PER이 낮은 경우에 PCR이 높다면 현 주가가 낮다고 할 수 있다.
④ 주당순이익을 사용하는 PER은 당해 연도에 수익이 나지 않고 이익이 음(—)인 경우에는 비율을 구할 수 없으며, 이익이 너무 높거나 낮으면 주가수익비율을 통해 올바른 분석을 할 수가 없다.

문제해설

PER이 낮은 경우에 PCR이 높다면 현 주가가 낮다고 할 수 없다.

029

A기업의 매출액이 100억 원이고 변동영업비가 20억 원, 고정영업비가 40억 원일 경우 이 기업의 영업레버리지(DOL)는?

① 1.67

② 2

③ 2.5

④ 5

더알아보기 영업레버리지 분석

- 기업의 영업비용 중에서 고정영업비가 차지하는 비중을 의미하며 고정비용은 건물과 기계의 감가상각비, 임차료, 경영진의 보수, 기타 유지비용 등을 의미한다.
- 영업레버리지 효과(Operating Leverage Effect)는 고정비용으로 인해 매출액 변화율과 영업이익의 변화율이 서로 다르게 나타나는 현상이다.
- 고정비를 부담하지 않은 기업에서는 영업레버리지의 효과가 없다.
- 영업레버리지가 높다는 것은 매출액이 증가하면 영업이익이 급속도로 증가하고, 매출액이 감소하면 영업이익이 급속도로 감소한다는 의미이다.
- 자본집약적 산업이 영업레버리지가 높다.

문제해설

DOL = (매출액 − 변동비용) / (매출액 − 변동영업비 − 고정영업비)

DOL = (100 − 20) / (100 − 20 − 40)

DOL = 2

030

자금운용의 안전성을 위해 자금조달기관과 운용기관을 대응시켜 장기자본 배분의 적정성 및 자금고정화를 측정하는 지표는?

① 고정비율

② 고정장기적합률

③ 고정자산회전율

④ 당좌비율

더알아보기 고정장기적합률

- 재무비율 중 안정성 분석의 고정비율은 원칙적으로 100% 이하를 이상적으로 보나, 중화학공업 등과 같이 막대한 고정자산을 보유해야 하는 업종에서는 고정장기적합률과 함께 고려해야 한다.
- 자금운용의 안전성을 위해 자금조달기관과 운용기관을 대응시켜 장기자본(자기자본 + 고정부채) 배분의 적정성 및 자금고정화를 측정하는 지표이다.
- 고정장기적합률이 낮을수록 기업자본의 배분 상태가 양호한 것이며, 일반적인 기준비율은 100% 이하이다.

문제해설

고정장기적합률에 관하여 설명하고 있다.

031

자기자본이익율(ROE)을 결정하는 중요한 요소에 해당하지 <u>않는</u> 것은?

① 순이익률　　　　　② 총자산회전율
③ 자기자본승수　　　④ 영업이익률

문제해설

ROE = 순이익률 × 총자산회전율
　　　× 자기자본승수

032

A기업은 ROI(총자본이익률)를 현재 10%에서 20%로 증가시키고자 한다. A 기업의 총자본회전율이 70%라면, 현재와 목표달성 후의 매출액순이익률로 옳게 연결된 것은?

① 14.28 → 28.57　　② 13.52 → 27.04
③ 28.57 → 14.28　　④ 27.04 → 13.52

문제해설

총자본이익률

$= \dfrac{당기순이익}{총자본} \times 100$

$= \dfrac{당기순이익}{매출액} \times \dfrac{매출액}{총자본}$

= 매출액순이익를 × 총자본회전율

→ 10% = 70x, x = 14.28%

→ 20% = 70x, x = 28.57%

033

B기업의 목표 결합레버리지도가 20, 영업레버리지도가 5이다. 이 기업의 영업이익이 100이라면 이 기업이 부담할 수 있는 지급이자의 한도는?

① 65　　　　　② 70
③ 75　　　　　④ 80

문제해설

• 결합레버리지도
　= 영업레버리지도 × 재무레버리지도 → 20 = 5 × 재무레버리지도
• 재무레버리지도

$= \dfrac{영업이익}{영업이익 - 이자} → 4$

$= \dfrac{100}{100 - x}$

∴ $x = 75$

034

다음 경영성과지표들에 대한 설명 중 <u>틀린</u> 것은?

① 시장부가가치(MVA)는 전략 및 투자결정에 유용하고, 측정이 단순하다는 것이 장점이다.
② EVA는 단기적 성과에 치중한다는 단점이 있다.
③ 자기자본이익률은 주주입장에서 수익성을 측정할 수 있다.
④ 매출액영업이익률은 보유자산의 활용도가 무시된다.

문제해설

MVA는 측정이 복잡하다는 것이 단점이다.

035

다음 정률성장배당모형의 설명 중 틀린 것은?

① 기업의 이익과 배당이 매년 일정비율로 계속 증가한다고 가정한다.
② 배당성장률이 클수록 주가는 상승한다.
③ 다음 기간의 배당이 작을수록 주가는 상승한다.
④ 요구수익률이 클수록 주가는 하락한다.

$$주가 = \frac{미래배당}{요구수익률 - 배당성장률}$$

036

항상성장모형의 가정으로 적절하지 않은 것은?

① 성장에 필요한 자금을 내부자금만으로 조달한다.
② 기업의 이익과 배당이 매년 일정한 비율로 계속 성장한다.
③ 요구수익률이 일정하며, 요구수익률은 성장률보다는 작아야 한다.
④ 이익흐름은 영속적이다.

요구수익률은 성장률보다 크다는 것이 가정이다.

037

주식의 배당평가모형에 대한 설명으로 적절하지 못한 것은?

① 어떤 기업의 가치는 받게 될 배당과 주식매각대금을 적절한 요구수익률로 할인한 금액이다.
② 주식을 일시적으로 소유하든 계속적으로 소유하든 간에 주식의 이론적 가치는 동일하다.
③ 주식의 내재가치는 영속적 미래배당흐름을 요구수익률로 각각 할인한 현재가치로 표시된다.
④ 주식의 가격은 배당금만을 고려해서는 안 된다.

배당금과 주식의 미래가치를 알아야 주식의 가격을 결정할 수 있다는 가정에서 출발한 배당평가모형은 주식가격을 배당금만 고려해야 한다고 설명한다. 배당금만으로도 주식의 가격을 알 수 있다는 것이다.

038

D기업은 매년 순이익의 70%를 사내에 유보하며 나머지 30%를 주주에게 배당하고, 20%의 자기자본이익률을 계속 유지한다고 할 때 기대수익률을 계산하시오. (D기업의 2025년 초 시가는 18,000원이고, 주당 배당은 500원이었다.)

① 14.0% ② 2.8%

③ 11.2% ④ 16.8%

문제해설

- 기대수익률 = 배당수익률 + 배당성장률
- 배당성장률(g) = 사내유보율 × 자기자본이익률
  = 0.7 × 0.2
  = 0.14
- 배당수익률 = $\dfrac{배당금}{추가}$ = $\dfrac{500}{18,000}$
  = 0.028
- 기대수익률 = 0.14 + 0.028
  = 0.168

039

현재 甲 주식의 주가가 10,000원이며, 현금배당은 200원이 예상된다. 연말에 12,000원에 팔 경우 甲 주식의 기대수익률은?

① 12.5% ② 15%

③ 20% ④ 22%

문제해설

기대수익률 = 배당수익률 + 자본이득수익률

$\dfrac{200}{10,000}$ + $\dfrac{12,000-10,000}{10,000}$

= 2% + 20% = 22%

040

(주)시스컴은 매년 순이익의 40%를 사내유보하고 나머지는 배당하여 배당성향이 60%이다. 만약에 20%의 자기자본이익률을 유지한다면 기대수익률은? (2025년 초의 시가가 10,000원이고, 주당배당은 700원이라고 가정한다.)

① 12% ② 15%

③ 18% ④ 20%

문제해설

- 배당성장률 = 0.4 × 0.2 = 0.08
- 배당수익률 = $\dfrac{700}{10,000}$ = 0.07
- 기대수익률 = 배당수익률 + 배당성장률
  = 0.08 + 0.07 = 0.15

041

1년 후의 주식가격이 15,000원으로 예상되는 E기업의 주식을 매입하고자 하는 투자자의 요구수익률이 9%라고 할 때, 현재 투자자가 지불하고자 하는 적정주가는?

① 13,761원 ② 16,666원

③ 13,513원 ④ 14,100원

문제해설

현재의 주가는 미래의 예상주가를 요구수익률로 할인한 값이라고 볼 수 있다.

현재의 주가 = $\dfrac{미래의 주가}{(1 + 요구수익률)}$

= $\dfrac{15,000}{1 + 0.09}$

현재의 주가 = 13,761원

042

(주)시스컴은 시가 15,000원인 주식을 30% 유상증자하고 주당납입금액
을 12,000원으로 정하였다. 이러한 경우 구주주가 가진 신주인수권부의
가치는?

① 450원   ② 900원
③ 1,200원   ④ 1,500원

문제해설

유상증자 시 신주인수권의 가치는
'(현주가 − 행사가) × 발행비율'이
된다.
(15,000 − 12,000) × 0.3 = 900(원)

043

H기업의 배당액은 200원이었으며, 앞으로도 계속 이익의 30%를 배당
으로 지급할 예정이다. H기업의 요구수익률이 11%이고 자기자본이익률
이 10%라고 할 때, H 기업의 주식가치는?

① 5,350원   ② 5,550원
③ 53,500원   ④ 55,550원

문제해설

배당금액이 일정하지 않고 계속 성
장하므로 정률성장모형을 이용하여
주식가치를 계산한다. 배당금, 요구
수익률이 나와 있으므로 성장률을
계산하여 대입한다.
• 성장률 = 유보율 × 자기자본이
익률
• 성장률 = 0.7 × 0.1 = 0.07
• $P = \dfrac{D(1 + g)}{k - g} = \dfrac{200(1 + 0.07)}{0.11 - 0.07}$
  $= 5,350원$

044

다음 보기의 설명 중 옳지 <u>않은</u> 것을 모두 고르시오.

> ㉠ PER은 이익성장률이 클수록 작아진다.
> ㉡ PBR을 계산할 때 분모는 시장가치를, 분자는 장부가치를 사용한다.
> ㉢ 주가가 높으면 배당수익률은 작아진다.
> ㉣ 항상성장모형에서 요구수익률이 클수록 주가는 상승한다.
> ㉤ 항상성장모형에서 배당수익률이 클수록 주가는 상승한다.

① ㉠, ㉡   ② ㉠, ㉡, ㉣
③ ㉡, ㉢, ㉣   ④ ㉡, ㉣, ㉤

문제해설

㉠ 이익성장률이 클수록 PER은 커
진다.
㉡ PBR = 주당시장가치 / 주당장부
가치
㉣ 요구수익률이 클수록 주가는 하
락한다.

045

다음 계산식 중 옳지 <u>않은</u> 것을 고르시오.

① 영업레버리지도 $= \dfrac{\text{영업이익의 변화}}{\text{매출량의 변화율}}$

② 재무레버리지도 $= \dfrac{\text{주당순이익변화율}}{\text{영업이익 변화율}}$

③ 재무레버리지도 $= \dfrac{\text{영업이익}}{\text{영업이익} - \text{이자}}$

④ 결합레버리지도 $= \dfrac{\text{주당순이익변화율}}{\text{영업이익 변화율}}$

문제해설

결합레버리지도
= 영업레버리지도 × 재무레버리지도

$= \dfrac{\text{주당순이익 변화율}}{\text{매출량 변화율}}$

046

다음에서 설명하는 용어는?

> 이자율이 하락하게 되면 투자가 증가하고 그 결과 국민소득이 증가하는데 이는 다시 화폐수요의 증가로 나타나 이자율이 상승하게 된다.

① 유동성 효과
② 소득 효과
③ 피셔 효과
④ 소비 효과

문제해설

화폐공급의 증가가 이자율에 미치는 효과에는 유동성 효과, 소득 효과, 피셔 효과가 있다. 제시문은 소득 효과에 대한 것이다.

• 유동성 효과 : 통화량 증가에 따라 단기적으로 이자율이 하락하는 현상

047

통화량과 주가에 관한 설명으로 옳은 것을 고르시오.

① 통화량이란 한국은행이 보유하고 있는 현금을 의미한다.
② 기업부문에서 통화량의 증가는 수익성을 악화시키는 요인이 된다.
③ 민간부문에서 통화량의 증가는 주식매입자금의 감소 요인이 된다.
④ 통화량의 증가는 단기적으로는 주가에 긍정적 영향을 주지만, 장기적
　으로는 부정적 영향을 줄 가능성이 높다.

문제해설

통화량의 증가는 이자율을 상승시
켜 장기적으로 주가에 부정적 영향
을 준다.

더 알아보기 통화량과 주가의 관계
• **가계부문** : 통화량 증가 → 주식매입자금 풍부 → 주가상승
• **기업부문** : 통화량 증가 → 대출이자율 하락 → 설비투자 확대 → 수익성
　　　　　증가 → 주가상승

048

**환율과 주가의 관계에 대한 설명으로 옳지 않은 것을 보기에서 모두 고
르시오.**

> ㉠ 환율의 인하는 수출증가, 수입감소의 요인이 되어 주가상승 가능성
> 　이 높다.
> ㉡ 원화의 평가절하는 수출을 증가시켜 주가상승의 요인이 된다.
> ㉢ 외국인 주식투자의 증가는 주가상승의 요인이 된다.
> ㉣ 국제수지의 큰 폭 흑자는 환율인상의 요인이 된다.

① ㉠, ㉡　　　　　　　　② ㉠, ㉢
③ ㉡, ㉣　　　　　　　　④ ㉠, ㉣

문제해설

㉠ 환율의 인하는 수입증가, 수출감
　소의 요인이 된다.
㉣ 국제수지의 흑자가 커지면 달러
　유입으로 환율은 인하된다.

049

외국인 투자자는 주가와 환율을 같이 고려하여 국내주식에 투자한다. 이에 대한 설명으로 옳지 <u>못한</u> 것을 고르시오.

① 외국인 투자자의 자금이 유입되면 주가상승 요인으로 작용된다.
② 국내의 환율인하율이 주가하락률을 상회할 경우 주식을 매입하지 않는다.
③ 국내의 환율인상률이 주가상승률을 초과할 경우 주식을 매입하지 않는다.
④ 세계 각국의 자본자유화가 진행되면서 세계 증시의 동조화 현상이 강화되고 있다

문제해설

주가하락을 전망하더라도 환율인하율이 주가하락률을 상회할 경우에는 주식을 매입한다.

050

산업구조분석에 대한 설명으로 적절한 것을 고르시오.

① 규모의 경제는 진입장벽을 낮게 해 준다.
② 광고 등 제품의 차별화는 진입장벽이 될 수 없다.
③ 높은 진입장벽은 이미 진출한 기업들에게 수익성과 위험을 높게 해 준다.
④ 기존업체의 저렴한 제조비용도 진입장벽이 된다.

문제해설

① 규모의 경제란 대규모 설비를 갖추어 생산량이 증가할수록 생산원가가 감소하는 현상을 말한다. 새로운 기업은 규모의 경제가 존재하는 산업에는 진입이 어렵다.
② 제품의 차별화가 이루어진 산업에 진출하기 위해서는 상당한 초기 투자가 필요하다.
③ 높은 진입장벽은 이미 진출한 기업들에게 수익성을 높여주고, 위험은 낮게 해준다.

051

M. Porter가 주장한 산업 내의 경쟁강도를 결정짓는 요소로 적절하지 않은 것은?

① 진입장벽
② 기존업체 간의 협력강도
③ 제품의 대체가능성
④ 구매자와의 교섭력

문제해설

M. Porter의 구조적 경쟁요인에는 진입장벽, 기존업체 간의 경쟁강도, 제품의 대체가능성, 구매자와의 교섭력, 공급자와의 교섭력이 있다.

052

주력제품의 수명주기는 산업분석의 중요한 요소이다. 이에 대해 옳게 설명한 것을 고르시오.

① 도입기–성숙기–성장기–쇠퇴기의 순으로 진행된다.
② 성장기에는 고정비 부담 때문에 이익이 발생하기 힘들다.
③ 도입기는 사업위험이 큰 시점이다.
④ 성숙기에는 매출이 급성장하여 이익이 지속적으로 발생한다.

 문제해설

③ 도입기에는 아직 고정비 부담으로 이익이 발생하기 힘들어 사업위험이 크다.
① 도입기–성장기–성숙기–쇠퇴기의 순으로 진행된다.
② 성장기에는 매출이 급성장하여 이익이 지속적으로 발생한다.
④ 성숙기에는 안정적 시장점유율을 확보하고 성장기에 빌려온 자금을 상환한다. 쇠퇴기에는 매출이 감소하면서 수익성이 악화된다.

053

증권분석의 핵심내용으로 가장 적절한 것은?

① 종목선택과 매매시점 포착
② 종목선택과 위험회피의 전략 수립
③ 기업 본질가치의 예측
④ 주가와 경제환경과의 상관관계 파악

> **더 알아보기** 증권분석의 개념
> • **양적 분석** : 재무제표를 중심으로 계량화가 가능한 분석방법
> • **질적 분석** : 경제, 산업동향, 개별기업의 고유한 내용 등 비계량적 분석방법

 문제해설

①~④ 모두 증권분석에 관한 내용이지만 그 중 가장 핵심적인 것은 투자 종목의 선택과 이에 따른 매매시점을 포착하고자 하는 것이다.

054

대차대조표 계정 분류상 서로 다른 것은?

① 주식발행초과금   ② 주식할인발행차금

③ 자기주식   ④ 해외사업환산대

더알아보기 대차대조표 계정의 분류
- **자본잉여금** : 주식발행초과금, 감자차익
- **이익잉여금 또는 결손금** : 이익준비금, 법정적립금, 임의적립금, 차기이월이익잉여금
- **자본조정** : 주식할인발행차금, 배당건설이자 자기주식, 미교부주식배당금, 투자유가증권평가이익, 해외사업 환산대

문제해설

①은 자본잉여금 계정이고, ②, ③, ④는 자본조정 계정이다.

055

대차대조표의 작성기준으로 옳지 않은 것은?

① 대차대조표는 자산·부채 및 자본으로 구분한다.
② 자산은 자본금, 자본잉여금, 이익잉여금 및 자본조정으로 각각 구분한다.
③ 자산·부채 및 자본은 총액으로 기재함을 원칙으로 한다.
④ 부채는 유동부채 및 고정부채로 구분한다.

더알아보기 대차대조표
- **자산** : 유동자산, 고정자산
- **부채** : 유동부채, 고정부채
- **자본** : 자본금, 자본잉여금, 이익잉여금, 자본조정

문제해설

자산은 유동자산과 고정자산으로 구분한다.

056

기업의 수익성과 위험에 영향을 주는 구조적 요인이 <u>아닌</u> 것은?

① 진입장벽　　　　　② 기존업체 간의 경쟁강도

③ 제품의대체가능성　　④ 시장위험

057

산업 라이프 사이클(Industry Life Cycle)에 관한 설명 중 <u>잘못된</u> 것은?

① 도입기에는 시장은 협소하나 자본의 투입이 계속되고 새로운 기업의 참여로 창업기업과의 치열한 경쟁이 이어져 기업도산이 많이 발생한다.

② 성장기에는 시장확산속도가 빠르고, 새로운 기술혁신 등으로 경쟁이 촉진되나 성장성과 안정성이 동시에 구비되어 좋은 투자대상이 된다.

③ 성숙기에는 성장속도가 매우 빠르고, 신규 수요가 증대하므로 투자의 안정성이 높아진다.

④ 쇠퇴기에는 가격경쟁의 심화, 이윤의 감소 등으로 사업다각화를 모색하게 된다.

더알아보기 산업 라이프 사이클(Industry Life Cycle)

단계	상황	수익성	위험
도입기	• 신제품 출하 • 매출저조, 광고비용 과다	손실 또는 낮은 수준	높음
성장기	• 시장규모 증대 • 매출증가	높음	낮음
성숙기	• 시장수요의 포화상태 • 기업간 경쟁확대	체감적 증가	증가 시작
쇠퇴기	• 구매자 외면으로 수요감소 • 대체품 출현	손실 또는 낮은 수준	높음

058

보스턴컨설팅그룹의 분류 중 Cash Cow는 어떤 의미를 지니는가?

① 성장성은 낮으며 수익성도 낮다.
② 성장성은 낮으며 수익성은 높다.
③ 성장성은 높으며 수익성도 높다.
④ 성장성은 높으며 수익성은 낮다.

 더알아보기 보스턴컨설팅그룹의 제품구성 분류
• Barking Dog : 성장성은 낮으며 수익성도 낮다.
• Rising Star : 성장성은 높으며 수익성도 높다
• Quotation Mark : 성장성은 높으며 수익성은 낮다.

문제해설

Cash Cow는 성장은 낮으며 수익성은 높다.

059

산업구조분석에 관한 다음 설명 중 잘못된 것은?

① 구조적 경쟁요인으로는 진입장벽, 기존업체 간의 경쟁력, 제품의 대체가능성, 구매자와 공급자의 교섭력 등이 있다.
② 총생산비 중에서 고정비가 낮은 산업에서는 조업도 수준에 따라 단위당 생산단가가 크게 달라지기 때문에 수요증대를 통한 출혈적 가격인하를 도모할 가능성이 높으므로 경쟁강도가 높아진다.
③ 기존제품의 판매망이 견고하면 새로운 기업이 초기 판매망을 확보하는데 있어 진입장벽의 요인이 된다.
④ 산업 내 경쟁기업의 수가 많고, 산업의 성장률이 낮을수록 경쟁기업은 시장점유율 확대에 전력을 기울이기 때문에 경쟁강도가 높아진다.

문제해설

총생산비 중에서 고정비가 높은 산업에서는 조업도 수준에 따라 단위당 생산단가가 크게 달라지기 때문에 수요증대를 통한 출혈적 가격인하를 도모할 가능성이 높으므로 경쟁강도가 높아진다.

060

손익계산서의 구성요소 작성방법을 잘못 설명한 것은?

① 매출총손익은 매출액에서 매출원가를 차감하여 표시한다.
② 법인세비용차감전순손익은 경상손익에 특별이익을 가산하고 특별손실을 차감하여 표시한다.
③ 당기순손익은 영업손익에서 영업외수익을 가산하고 영업외비용을 차감하여 표시한다.
④ 영업손익은 매출총손익에서 판매비와관리비를 차감하여 표시한다.

당기순손익은 법인세비용차감전순손익에서 법인세비용을 차감하여 표시한다.

061

투자결정 방법에서 주가수익비율(PER)을 이용할 때 PER 이용상의 문제점으로 옳지 않은 것은?

① 분자의 주가지표로 회계연도 마지막 날 종가를 사용하는 것이 주당이익의 정보내용을 정확히 반영한다.
② 주당이익 계산 시 발행주식수에는 희석화되는 주식수를 포함시킬 수 있다.
③ 분모의 이익 계산시는 예측 주당이익을 사용한다.
④ 주당이익 계산시 특별손익을 제외한 경상이익만을 이용한다.

분자의 주가지표로 이익발표 직전 일정기간의 주가평균을 사용하는 것이 분모의 주당이익의 정보 내용을 정확히 반영한다.

062

주가수익비율(PER)로 평가할 수 있는 것과 관계가 적은 것은?

① 기업수익력의 성장성
② 기업의 자산가치
③ 기업의 단위당 수익력에 대한 상대적 주가수준
④ 위험

기업의 자산가치는 주가장부가치비율(PBR)로 평가할 수 있다.

063

A기업의 PER = 10, B기업의 PER = 20인 경우의 설명 중 <u>틀린</u> 것은?

① A기업의 주식가격이 상대적으로 저평가되어 있다.
② A기업의 주식은 1,000원, B기업의 주식은 2,000원이다.
③ A기업이 B기업에 대해서 성장성이 떨어진다.
④ A기업이 B기업에 비해 단기 수익률이 높다.

문제해설

주가수익비율(PER)이란 현재의 주가를 주당순이익으로 나눈 것으로 주식의 본질가치를 추정할 때 이용된다. 즉, 기업의 단위당 수익력에 대한 상대적 주가수준을 나타낸 것이다.

064

기업이 위탁된 자본을 이용하여 일정기간 동안 어느 정도의 경영활동성과를 나타내었는가를 측정하고 그 원인을 분석하는 재무비율의 분석은?

① 수익성 분석   ② 성장성 분석
③ 안정성 분석   ④ 활동성 분석

문제해설

수익성 분석에 대한 설명이다.

 재무비율 분석의 요소
- **안정성** : 일정시점에서 기업의 재무상태를 측정·분석하여 그 기업의 재무상태에 대한 안정성 여부를 판단·인식하는 것이다.
- **성장성** : 기업의 규모나 경영성과 등과 관련하여 전년대비, 동기대비, 추세대비 등의 비교를 통해 얼마나 성장 또는 감소했는지를 분석하는 것이다.
- **수익성** : 기업이 위탁된 자본을 이용하여 일정기간 동안 어느 정도의 경영활동성과를 나타내었는가를 측정하고 그 원인을 분석하는 것이다
- **활동성** : 기업의 자본 또는 자산의 활용도를 측정하기 위한 분석이다.
- **생산성** : 노동력, 설비 등의 경제적 자원을 어느 정도 효율적으로 이용하고 있는지 또는 부가가치의 생산과 분배상태는 적당한지를 측정·분석하는 것이다.
- **시장가치** : 기업의 주식가격을 주당이익 및 장부가치와 관련시켜 투자자들이 그 회사의 과거실적 및 장래전망에 대해 어떻게 생각하고 있는지를 분석하는 것이다.

065

다음 중 배당성장률 계산식으로 옳은 것은?

① 배당수익률 × 총자본이익률
② 배당성향 × 자기자본수익률
③ 사내유보율 × 자기자본수익률
④ 배당수익률 + 배당이익률

문제해설

사내에 유보된 자금을 바탕으로 재투자가 이루어지기 때문에 배당성장률은 사내유보율과 자기자본수익률의 곱으로 이루어진다.

066

배당성향의 증가가 가져오는 효과 중 틀린 것은?

① 사내유보율의 감소　　② 배당액의 증가
③ 이자지급능력의 증가　④ 주당순이익의 성장률둔화

문제해설

기업의 배당성향이 높아지면 배당액이 많아져 재무구조의 악화요인으로 작용한다.
• 배당성향 = 배당/주당순이익
• 사내유보율 = 1 − 배당성향

067

재무레버리지도(DFL)에 대한 다음 설명 중 적절하지 않은 것은?

① 영업이익의 변화율에 대한 주당순이익의 변화율의 비를 말한다.
② DFL은 영업이익이 클수록, 고정재무비용이 작을수록 작게 나타난다.
③ 주주들은 DFL이 높은 기업에 대해 그 위험도 크게 느끼기 때문에 높은 기대수익률을 요구하게 된다.
④ DFL의 산식은 '(영업이익 − 이자) / 영업이익'이다.

문제해설

DFL의 산식은 '영업이익 / (영업이익 − 이자)'이다.

068

다음 중 재무비율의 산식이 **틀린** 것은?

① 자기자본비율 = (타인자본 / 자기자본) × 100

② 총자본증가율 = (당기말 총자본 / 전기말 총자본 −1) × 100

③ 총자본이익률 = (순이익 / 총자본) × 100

④ 부가가치율 = (부가가치액 / 매출액) × 100

문제해설

자기자본비율 = (자기자본 / 총자본) × 100

069

"XYZ 중공업"의 영업레버리지도(DOL)는 5이며, 사업성격상 쉽게 변화시킬 수 없다. 영업이익은 1,000억 원, 결합레버리지도(DCL)는 10을 넘기지 **않는** 것이 내부방침일 때, 이 회사가 부담할 수 있는 이자비용은 최대 얼마인가?

① 100억 원 ② 200억 원
③ 333억 원 ④ 500억 원

문제해설

- DCL(결합레버리지도) = DOL(영업레버리지도) × DFL(재무레버리지도)
  10 = 5 × DFL
  ∴ DFL = 2
- DFL = 영업이익 / (영업이익 − 이자비용)
  2 = 1,000 / (1,000 − 이자비용)
  ∴ 이자비용 = 500억 원

070

재무비율의 활동성 분석 중 재고자산회전율에 대한 설명이다. 틀린 것은?

① 재고자산의 회전속도, 즉 재고자산이 당좌자산으로 변하는 속도를 나타내는 지표이다.

② 재고자산 보유수준의 과부족을 판단하는 데 적합하다.

③ 재고자산회전율이 낮을수록 적은 재고자산으로 생산 및 판매활동을 효율적으로 하는 것으로 판단된다.

④ 재고자산회전율이 높을수록 자본이익률이 높아지고 매입채무가 감소하는 등 기업경영이 양호한 것으로 판단된다.

재고자산회전율이 높을수록 적은 재고자산으로 생산 및 판매활동을 효율적으로 하는 것으로 판단된다.

071

주가가 10,000원이고 예상 배당액이 1,000원이며 매년 3%의 성장이 예상될 때 정률성장 배당모형에 의한 요구수익률은?

① 10.03%   ② 13%

③ 13.03%   ④ 15%

$$주가 = \frac{미래배당}{요구수익률 - 배당성장률}$$

$$10,000 = \frac{1,000}{r - 0.03}$$

$$\therefore r = 0.13$$

072

현재 500원의 배당금을 지급하고 있는 C기업이 앞으로 계속적으로 5%의 성장이 기대될 때 요구수익률이 10%라면 C기업의 이론적 주가는 얼마인가?

① 10,500원   ② 11,000원

③ 10,000원   ④ 11,500원

$$P = \frac{배당금(1 + 성장률)}{요구수익률 - 성장률}$$

$$= \frac{500(1 + 0.05)}{0.10 - 0.05} = 10,500원$$

073

투자자 갑이 매수하려는 F기업의 배당이 향후 500원으로 계속되고, 무위험이자율 6%, 위험프리미엄 3%라고 할 때, F기업의 가치를 계산하시오.

① 4,500원   ② 5,555원

③ 3,000원   ④ 4,253원

문제해설

배당이 매년 발생하되 그 금액이 일정하다면 성장이 없는 경우의 모형에 해당한다. 이 모형의 주가는 P = D/k, 즉 배당을 요구수익률로 나누어 계산한다.

- 요구수익률 = 무위험수익률 + 위험프리미엄
- 요구선익률 = 6% + 3% = 9%
- $P = \dfrac{D}{K} = \dfrac{500}{0.09} = 5,555$원

074

G기업의 재무자료를 분석하여 항상성장모형의 가정하에 G기업의 성장률을 구하고자 한다. 적정한 값은?

- 총자산 : 100,000,000
- 총자기자본 : 50,000,000
- 순이익 : 5,000,000
- 배당성향 : 20%

① 6%   ② 7%

③ 8%   ④ 9%

문제해설

내부 금융만에 의한 성장률(g)은 사내유보율(f)과 재투자수익률(ROE)의 곱으로 표시할 수 있다.

- 재투자수익률 $= \dfrac{\text{당기순이익}}{\text{자기자본}}$
  $= \dfrac{5,000,000}{50,000,000}$
  $= 0.1$
- 유보율 = 1 − 배당성향 = 1 − 0.2
  = 0.8
- 성장률 = 0.8 × 0.1 = 0.08

075

주가수익비율(PER)에 대한 설명으로 옳지 <u>않은</u> 것은?

① 기대되는 배당성향이 클수록 커진다.

② 기대되는 이익성장률이 클수록 커진다.

③ 기대수익률이 클수록 커진다.

④ 정상적인 PER는 주가와 내재적 가치가 동일한 것을 의미한다.

PER의 수치가 작다는 것은 저평가 되었다는 의미이므로 PER은 기대 수익률이 클수록 작아진다.

076

주주들이 기업의 주식을 구입하기 위하여 기업에 출자한 금액에 대한 수익성을 알아보고자 한다. 이를 위해 파악해야 할 것으로 가장 적절한 것은?

① 납입자본이익률

② 매출액순이익률

③ 자기자본이익률

④ 총자본이익률

주주들이 기업의 주식을 구입하기 위하여 기업에 출자한 금액을 납입 자본이라 한다.

$$납입자본이익률 = \frac{당기순이익}{납입자본} \times 100(\%)$$

077

손익계산서에 대한 설명으로 적절하지 <u>않은</u> 것은?

① 매출액 − 매출원가 = 매출총이익

② 매출총이익 − 판매비와 일반관리비 = 경상이익

③ 경상이익 + 특별이익 − 특별손실 = 법인세 차감 전 순이익

④ 법인세 차감 전 순이익 × (1 − 법인세율) = 당기순이익

• 매출총이익 − 판관비 = 영업이익
• 영업이익 + 영업외 이익 − 영업외 손실 = 경상이익

078
자기자본이익률을 구하는 공식을 변형한 것 중 적절하지 <u>않은</u> 것은?

① $\dfrac{당기순이익}{총자본} \times 100$

② $\dfrac{당기순이익}{매출액} \times \dfrac{매출액}{자기자본}$

③ 매출액 × 자기자본회전율

④ 매출액순이익률 × 총자산회전율 ÷ 자기자본비율

문제해설

• 자기자본이익률 = 당기순이익 / 기자본 × 100
• 총자본이익률 = 당기순이익/총자본 × 100

079
다음은 무엇에 대한 설명인가?

> 화폐공급의 증가로 인플레이션이 발생하면 명목금리가 상승하게 되는 효과를 말한다.

① 유동성 효과   ② 소득 효과

③ 피셔 효과   ④ 소비 효과

문제해설

피셔 효과 : 화폐공급의 증가로 인플레이션이 발생되면 피셔 방정식에 의해 명목금리가 상승하게 되는 효과를 말한다.

080
교섭력이 강한 공급자는 공급가격의 인상, 제품품질의 하락 등의 위험을 증가시키며, 이로 인해 산업의 수익성은 감소한다. 공급자의 교섭력이 증가하는 상황으로 적절하지 <u>않은</u> 것을 고르시오.

① 공급자의 제품에 대한 대체품이 존재하지 않을 경우
② 공급자가 몇몇 기업에 의해 과점되어 있는 경우
③ 공급자의 제품이 차별화되어 있거나 교체비용이 소요되는 경우
④ 공급자의 제품이 구매집중도가 높은 경우

문제해설

구매집중도가 높은 경우는 구매자와의 교섭력이 강해지는 요소이다.

081

효율적 시장가설에서 시장이 효율적으로 되기 위한 조건으로 볼 수 <u>없는</u> 것은?

① 가격에 영향을 미치는 새로운 정보가 시장에 도착하면 주가는 즉각적으로 반응한다.

② 한 기간으로부터 다음 기간에 이르는 동안의 주가변화는 random walk이어야 한다.

③ 현재 알려진 종목들의 특성을 바탕으로 장래에 투자수익률이 큰 종목과 투자수익률이 낮은 종목들을 구분하는 것이 명확하여야 한다.

④ 정보를 많이 가진 투자자들과 그렇지 않은 투자자들을 구별할 수 있다고 가정하고, 두 투자자그룹 간에 평균투자성과는 현저한 차이가 없어야 한다.

문제해설

현재 알려진 종목들의 특성을 바탕으로 장래에 투자수익률이 큰 종목과 투자수익율이 낮은 종목들을 구분하는 것이 불가능하여야 한다.

082

다음 중 기술적 분석의 종류에 해당하지 <u>않는</u> 것은?

① 추세분석　　　　　② 패턴분석

③ 필터분석　　　　　④ 지표분석

문제해설

기술적 분석에는 추세분석, 패턴분석, 지표분석, 시장구조이론이 있다.

083

엘리어트 파동이론의 설명 중 옳은 것은?

① 2번 파동의 저점이 1번 파동의 고점보다 반드시 높아야 한다.

② 1번, 3번, 5번 파동은 충격파동이다.

③ 해석에 융통성이 너무 없는 것이 단점이다.

④ 일반적으로 3번 파동이 5개의 파동 중 가장 짧다.

문제해설

① 2번 파동의 저점이 1번 파동의 저점보다 반드시 높아야 한다.

③ 융통성이 너무 많은 것이 단점이다.

④ 일반적으로 3번 파동이 5개의 파동 중 가장 길다.

084

다음 패턴분석 중 향후 상승이 예상되는 형태가 <u>아닌</u> 것은?

① 상승쐐기형   ② 상향직각삼각형
③ 상승깃대형   ④ 원형바닥형

문제해설

쐐기모형은 반대로 해석됨을 유의해야 한다. 상승쐐기형은 하락반전, 하락쐐기형은 상승반전을 의미한다. 원형모형에서는 원형천정형이 하락반전, 원형바닥형이 상승반전형이다.

085

캔들차트분석 중 두 개의 캔들차트를 설명하는 것이 <u>아닌</u> 것은?

① 장악형   ② 먹구름형
③ 상승잉태형   ④ 샛별형

문제해설

샛별형은 세 개의 캔들차트를 설명하는 분석법이다.

086

다음 패턴분석 중 반전형에 해당하지 <u>않는</u> 것은?

① 삼봉형   ② 확대형
③ 원형모형   ④ 다이아몬드형

문제해설

다이아몬드형은 반전형이 아니라 지속형 패턴이다.

 다이아몬드형

- 확대형과 대칭삼각형이 서로 합쳐진 모양으로, 초기에는 거래량이 크게 증가한 후 주가가 수렴하면서도 거래량이 감소하는 패턴이다.
- 투자심리가 점점 안정되면서 기존 추세의 방향으로 움직인다.

087

엘리어트 파동의 절대불가침의 법칙에 해당하지 <u>않는</u> 것은?

① 2번과 4번 파동은 서로 다른 모양을 형성한다.
② 2번 파동의 저점은 1번 파동의 저점보다 높아야 한다.
③ 3번 파동이 가장 짧은 파동이 되어서는 안 된다.
④ 4번 파동의 저점은 1번 파동의 고점보다 높아야 한다.

문제해설

엘리어트 파동의 절대불가침의 법칙은 ②, ③, ④의 3가지이며, ①의 설명도 파동변화를 설명하는 법칙이기는 하나 절대불가침의 법칙에는 해당되지 않는다. 엘리어트 파동의 절대불가침의 법칙은 출제빈도가 높으므로 반드시 외워야 한다.

088

다음 중 옳지 <u>않은</u> 설명을 고르시오.

① 상승쐐기형은 하락반전의 가능성이 높다.
② OBV 상승은 매입세력이 강하다는 것을 보여준다.
③ 엘리어트 파동이론은 융통성이 많다는 것이 한계이다.
④ 원형천장형의 거래량은 주가와 같은 방향으로 움직인다.

문제해설

원형천장형의 거래량은 주가와 반대 방향으로 움직인다. 즉 거래량이 없을 때 주가가 상승하고 거래량이 증가하면서 주가는 하락한다.

089

캔들차트분석 중 세 개 이상의 캔들로 구성된 것은?

① 십자형
② 상승잉태형
③ 까마귀형
④ 먹구름형

문제해설

• **한 개의 캔들차트** : 우산형, 샅바형, 십자형, 유성형, 역전된 해머형
• **두 개의 캔들차트** : 장악형, 먹구름형, 관통형, 잉태형, 반격형
• **세 개의 캔들차트** : 샛별형, 석별형, 까마귀형

090

지표분석 중 다음에서 설명하는 것은 무엇인가?

> 현재의 주가수준이 주식수급 관계에 영향을 미치고, 이러한 영향이 새로운 주가를 형성하게 된다는 것을 배경으로 하는 장기적 후행지표로 월별 평균주가의 전년 동월대비 등락률을 계산하여 과거 10개월간 각 달의 가중치를 등락률에 곱해서 더한 후 10으로 나누어 구한다.

① 스윙차트
② 트리덴트시스템
③ 코포크지표
④ CCI

문제해설

코포크지표에 대한 설명이다. 코포크지표는 0선을 기준으로 그 값을 비교 분석한다.

091

지표분석에 대한 설명으로 옳지 <u>않은</u> 것은 무엇인가?

① 역시계곡선은 주가와 거래량의 상관곡선이다.
② SONAR은 목표치 계산이 가능하다.
③ 투자심리선은 장기보다는 단기적 매매시점의 포착에 유리하다.
④ VR은 천장권일때보다는 바닥권일 때 신뢰도가 더 높다.

문제해설

목표치 계산이 가능한 것은 P&F차트이다. SONAR은 주가의 이동평균선을 활용하여 이동평균선의 한계변화율을 나타내주는 지표이다.

092

삼선전환도에 대한 설명 중 틀린 것은?

① 삼선전환도는 주가의 전환시점을 포함하는데 유용한기법이다.
② 삼선전환도는 시간의 흐름을 무시하고 주가가 새로운 고점이나 저점을 형성할 때만 차트에 표시된다.
③ 상승선이 계속될 때 상승선을 계속 그려 나가다가 주가가 하락한다고 해서 바로 하락선을 그리는 것이 아니라 그 이전의 상승선 3개를 합한 가격 이상의 하락이 발생해야 비로소 하락선을 그린다.
④ 단기간 주가등락이 반복될 때 유용한 기법이다.

문제해설

삼선전환도는 단기간 주가등락이 반복될 때에는 적합하지 않은 기법이다.

093

다음 중 기술적 분석에 대한 설명이 잘못된 것은?

① 추세분석이란 주가추세선의 변화를 관찰함으로써 주식의 매매시점을 포착하는 기법이다.
② 패턴분석이란 주가추세선이 변동될 때 나타나는 변동의 형태를 미리 정형화해 놓고 실제로 나타나는 주가 움직임을 정형화된 패턴에 맞춰 봄으로써 주가변동을 예측하는 기법으로 삼봉형, 확대형 등의 기법이 있다.
③ 파동분석이란 주가움직임을 기본적으로 상승·하락을 반복하는 순환으로 설명하고, 현재의 주가움직임이 장기·중기·단기파동 등 다양한 파동내용의 어떤 위치에 있는지를 인식함으로써 향후의 주가방향을 유추하고 추세분석을 보완하는 역할을 하는 기법으로 거래량 이동평균선, OBV 등의 기법이 있다.
④ 지표분석이란 가격과 거래량 등의 기초데이터를 시계열 분석과 통계적 방법론을 통해 2차 가공함으로써 모멘텀, 상대강도지수 등과 같은 새로운 투자지표를 만들고 이의 분석을 통해 과매수·과매도 여부를 판단함으로써 추세전환점을 파악하고자 하는 기법이다.

문제해설

거래량 이동평균선, OBV 등의 기법은 지표분석에 해당한다.

094
다우이론의 일반원칙이 <u>아닌</u> 것은?

① 특정 종목의 평균주가의 변동은 다른종목의 주가도 변동시킨다.
② 추세전환시점까지는 강세 또는 약세추세가 지속된다.
③ 보합국면에서 주가가 추세선을 이탈하면 하락신호이다.
④ 모든 시세는 대내외적 복합요인에 의해 결정된다.

더 알아보기 다우이론의 일반원칙
- 평균주가는 전체주가의 흐름을 정확히 반영한다.
- 특정 종목의 평균주가의 변동은 다른 종목의 주가도 변동시킨다.
- 모든 시세는 대내외적 복합요인에 의해 결정된다.
- 추세전환시점까지는 강세 또는 약세추세가 지속된다.
- 강세장에서 거래량이 증가하거나, 약세장에서 거래량이 감소하면 주가상승의 저력이 축적되는 과정이다.
- 주가는 장기·중기·일일파동법칙에 의해 형성된다.
- 보합국면에서 주가가 추세선을 이탈하면 상승신호이다.
- 장기파동은 평균주가가 바로 전에 형성된 최고가를 돌파하여 상승할 때 만들어지며, 중기파동은 최저가를 하향돌파하기 전에 끝난다.
- 초기에는 전문가에 의해 저주가 매입을 하나, 말기에는 일반투자지에 의해 과열된다.

문 제 해 설

보합국면에서 주가가 추세선을 이탈하면 상승신호이다.

095
다우이론의 응용 및 한계에 대한 설명 중 적절하지 <u>않은</u> 것은?

① 그랜빌은 다우이론을 통해 강세시장과 약세시장에서 일반투자자들과 전문투자자들은 서로 반대의 매도·매수계획을 세운다고 보았다.
② 전문투자자는 강세시장 제1·2국면과 약세시장 제3국면에서 공포를 느끼고, 강세시장 제3국면과 약세시장 제1·2국면에서 확신을 갖는다.
③ 다우이론은 주추세에 역점을 두고 중기추세는 주추세의 흐름을 확인하는 보조적 추세로 파악함으로써, 중기추세를 이용하고자 하는 투자자의 투자전략에 큰 도움을 주지 못한다.
④ 다우이론에 의한 기술적 분석은 분석자의 능력이나 경험에 따라 달라질 수 있고, 하나의 결론을 가지고 다양한 해석이 나타나기 때문에 정반대의 결과가 유추될 수도 있다.

문 제 해 설

일반투자자는 강세시장 제1·2국면과 약세시장 제3국면에서 공포심을 갖고, 강세시장 제3국면과 약세시장 제1·2국면에서 확신을 갖는다.

096

그랜빌은 강세시장과 약세시장에서 일반투자자와 전문투자자는 서로 반대의 생각을 하게 된다고 보았다. 전문투자자는 공포심을 갖는 반면 일반투자자는 확신을 갖는 국면은?

① 강세 제1국면, 강세 제2국면   ② 강세 제2국면, 강세 제3국면
③ 약세 제1국면, 약세 제2국면   ④ 약세 제2국면, 약세 제3국면

약세 제1국면과 제2국면에 해당된다.

 그랜빌의 투자심리와 투자행위

시장국면 투자자	강세시장			약세시장		
	제1국면 (매집)	제2국면 (상승)	제3국면 (과열)	제1국면 (분산)	제2국면 (공포)	제3국면 (침체)
일반투자자	공포	공포	확신	확신	확신	공포
전문투자자	확신	확신	공포	공포	공포	확신
투자전략	−	점차 매도	매도	−	점차 매수	매수

097

다음 중 엘리어트 파동이론에 관한 설명으로 옳지 <u>않은</u> 것은?

① 엘리어트가 발견한 가격변동의 법칙은 5번의 상승파동과 3번의 하락파동으로 구성된다는 것이다.
② 1번, 3번, 5번, b파동이 충격파동이 되고, 2번, 4번, a, c파동이 조정파동이 된다.
③ 3번 파동은 5개의 파동 중에서 가장 강력하고 가격변동도 활발하게 일어나는 파동으로 5개의 파동 중 가장 긴 것이 일반적이다.
④ 1번 파동은 추세가 전환되는 시점으로서 이제까지의 추세가 일단 끝나고 다시 새로운 추세가 시작되는 출발점이다.

1번, 3번, 5번, a, c파동이 충격파동이 되고, 2번, 4번, b파동이 조정파동이 된다.

098

다음 중 이동평균선을 이용한 분석방법이 <u>아닌</u> 것을 고르시오.

① 방향성 분석   ② 크로스 분석
③ 밀집도 분석   ④ 목표치 분석

이동평균선을 이용한 분석에는 이격도 분석, 방향성 분석, 배열도 분석, 지지선 분석, 저항선 분석, 크로스 분석, 밀집도 분석 등이 있다.

099

다음 중 이동평균선을 이용한 지표로만 바르게 묶인 것은?

① 엔빌로프, 볼린저밴드
② 삼선전환도, 스윙차트
③ OBV, 엔빌로프
④ 스윙차트, 볼린저밴드

문제해설

엔빌로프는 이동평균선이 지지선 또는 저항선의 역할을 한다는 점을 이용하는 지표이고, 볼린저밴드는 이동평균선을 중심으로 상하 일정한 표준편차 이내에서 주가가 움직인다는 원리를 이용한 지표이다.

100

다음 중 보조지표에 대한 설명으로 **틀린** 것은?

① 역시계곡선에서 거래량이 계속 증가하고 주가도 상승세를 보이는 것은 매입신호이다.
② 역시계곡선에서 X축에는 거래량을, Y축에는 주가를 표시한다.
③ P&F는 한계점을 보완하기 위해 10% 플랜병용법을 이용한다.
④ P&F는 주가가 하락할 때는 ○표, 주가가 상승할 때에는 ×표로 표시한다.

문제해설

삼선전환도의 한계점을 보완하기 위해 10% 플랜병용법을 이용한다.

101

기술적 지표에 대한 다음 설명 중 <u>잘못된</u> 것은?

① P&F도표는 주가상승 시 ×표로, 주가하락 시 ○표로 구분하여 표시한다.
② P&F도표는 주가가 상승에서 하락으로 반전될 때는 줄을 바꾸어 ×에서 ○표로 표시하고, 하락에서 상승으로 반전될 때는 ○표에서 ×표로 바꾸되 한 칸 위에 표시한다.
③ 삼선전환도는 증권시장의 주변환경 변화 등으로 주가등락이 반복되는 경우 유용한 지표이다.
④ 삼선전환도는 시간이나 사소한 주가변동의 움직임을 무시한다.

문제해설

삼선전환도는 일본의 쌀 시세 변동을 예측하는 기법으로 개발된 도표로, 주가의 상승 또는 하락의 전환을 빠르고 간편하게 포착할 수 있는 기법이나, 단기간에 주가등락이 소폭으로 반복되는 경우에는 적합하지 않다.

102

패턴분석에 대한 설명으로 옳은 것을 고르시오.

① 원형모형은 지속형 패턴이다.
② 다이아몬드형은 반전형 패턴이다.
③ 상승쐐기모형이 완성되면 주가 상승이 예상된다.
④ 대칭삼각형모형은 하락과 상승에 대한 양면성을 모두 가지고 있다.

① 원형모형은 반전형 패턴이다.
② 다이아본드형은 지속형 패턴이다.
③ 상승쐐기모형은 패턴 형성 후 거래량이 감소하며 주가가 하락한다.

103

OBV선의 한계점이 아닌 것은?

① 주가하락 시 OBV 하락폭이 시장상황보다 축소된다.
② 자전거래의 경우 거래량 급증과 주가조작 등으로 반드시 적중하지 않는다.
③ 매매신호가 늦게 나타나기 때문에 시세확인에 불과하다.
④ 사소한 주가변화와 시간개념이 무시된다.

④는 P&F도표와 삼선전환도의 특징이다.

104

다음 기술적 지표의 산식이 잘못 연결된 것은?

① NCO = 가장 최근일 종가 − n일 이전의 종가
② RSI = {n일간 상승폭 합계 / (n일간 상승폭 합계 + n일간 하락폭 합계)} × 100
③ MAO = 장기 지수이동평균 − 단기 지수이동평균
④ 이격도 = (당일의 주가 / 당일의 이동평균주가) × 100

MAO = 단기 이동평균값 − 장기 이동평균값

105

주가와 이동평균선 사이의 떨어져 있는 정도를 의미하며, 단기적 매매포착에 사용되는 지표는?

① 주가이동평균선　　　　　② 이격도
③ 역시계곡선　　　　　　　④ 상대강도지수

문제해설

이격도에 관한 내용이다.

> **더 알아보기** 이격도
> 이동평균선은 과거의 주가를 가지고 계산하기 때문에 보다 단기적인 매매시점을 포착하기에는 다소 어려움이 있으므로 이를 보완하기 위해 사용하는 보조지표이다.

106

패턴분석에 대한 다음 설명 중 틀린 것은?

① 이중천장형은 바닥에서 주가상승추세로 반전될 때 주로 일어나는 형태이다.
② 삼봉천장형에서 왼쪽 어깨가 형성될 때의 거래량이 머리부분이 형성될 때의 거래량보다 더 많은 것이 일반적이다.
③ 원형천장형에서 거래량의 증감추세는 주가움직임과 반대방향인 경우가 일반적이다.
④ V자형은 강력한 추세전환 신호이다.

문제해설

①은 이중바닥형에 대한 설명이다. 이중천장형은 처음 천장을 형성한 후에 거래량이 줄고 주가는 하락하며, 다시 고점을 형성하나 곧 하락하게 되는 형태이다.

107

시장가격의 최근 변동폭과 최근에 형성된 종가와의 관계를 나타내며 %K선과 %D선으로 구성되는 이 지표는?

① 코포크 지표　　　　　　② 스토캐스틱(Stochastics)
③ 투자심리선(PL)　　　　④ 스윙차트

문제해설

스토캐스틱(Stochastics)은 시장가격이 상승추세일 경우에는 매일의 종가가 최근의 가격변동폭 중 최고치 부근에서 형성될 가능성이 많고, 시장가격이 하락추세일 경우에는 매일의 종가가 최근의 가격변동폭 중 최저치 부근에서 형성될 가능성이 많다는 것을 근거로 한 기법으로, %K선과 %D선으로 구성된다.

108

질적 지표에 대한 설명으로 <u>틀린</u> 것은?

① ADL이 상승하는데도 종합지수가 하락할 경우에는 장세가 상승과정에 있다고 본다.

② ADR이 120~125%이면 매도신호로 간주하며 70~75% 범위 내에서는 매수신호로 파악한다.

③ 투자심리선이 100% 이상이면 과열, 100% 미만이면 침체상태로 본다.

④ ADR의 산식은 '(분석대상기간 동안의 상승 종목수 / 분석대상기간 동안의 하락 종목수) × 100'이다.

문제해설

투자심리선이 75% 이상이면 과열상태, 25% 이하이면 침체상태로 본다.

109

다음 중 거래량 지표에 관한 설명으로 옳지 <u>않은</u> 것은?

① 거래량 지표에는 OBV, VR 등이 있다.

② 거래량 이동평균선에서 거래량이 감소추세에서 증가추세로 전환되면 앞으로 주가는 상승할 것으로 예상된다.

③ OBV선은 그랜빌이 만든 거래량 지표로서, 거래량은 주가에 후행한다는 전제하에 주가가 전일에 비해 상승한 날의 거래량 누계에서 하락한 날의 거래량 누계를 차감하여 이를 매일 누적적으로 집계·도표화한 것이다.

④ OBV의 결점을 보완하기 위하여 거래량의 누적차가 아닌 비율로 분석한 것이 VR(Volume Ratio)이다.

문제해설

OBV(on balance volume)선은 그랜빌이 만든 거래량 지표로서, 거래량은 주가에 선행한다는 전제하에 주가가 전일에 비해 상승한 날의 거래량 누계에서 하락한 날의 거래량 누계를 차감하여 이를 매일 누적적으로 집계·도표화한 것이다.

더알아보기 거래량 지표에서 주가와 거래량의 상관관계

- 거래량이 감소추세에서 증가추세로 전환되면 앞으로 주가는 상승할 것으로 예상된다.
- 거래량이 증가추세에서 감소추세로 전환되면 앞으로 주가는 하락할 것으로 예상된다.
- 주가가 천장국면에 진입하면 주가가 상승함에도 불구하고 거래량은 감소하는 경향을 보인다.
- 주가가 바닥국면에 진입하면 주가가 하락함에도 불구하고 거래량은 증가하는 경향을 보인다.

110

기술적 분석의 기본 가정으로 적절하지 <u>않은</u> 설명을 고르시오.

① 증권의 시장가치는 수요와 공급에 의해서만 결정된다.

② 주가는 지속되는 추세에 따라 상당기간 움직이는 경향이 있다.

③ 추세의 변화는 공급에 의해서 이루어지고 수요의 영향을 받지 않는다.

④ 도표에 나타나는 주가모형은 스스로 반복하는 경향이 있다.

추세의 변화는 수요와 공급의 변동에 의해 일어난다.

 더 알아보기 기술적 분석의 장점과 단점

- 계량화하기 어려운 심리적 요인까지 분석이 가능하다.
- 매매시점의 포착이 용이하고 변화의 방향을 예측할 수 있다.
- 미래에도 주가가 반복한다는 가정은 비현실적인 가정이라고 본다.
- 주가변화의 시작시점에 대해서 해석의 차이가 존재한다.
- 주식의 투자가치와 시장의 변화의 원인에 대해서는 분석이 안 되는 한계성이 노출된다.

111

캔들차트분석에 대한 설명으로 적절하지 <u>못한</u> 것을 모두 고르시오.

> ㉠ 관통형은 주가하락을 암시한다.
> ㉡ 반격형은 전일시가와 당일시가가 일치한다.
> ㉢ 장악형은 첫째 날보다 둘째 날에 몸체가 짧다.
> ㉣ 행인맨형은 주가상승을 암시한다.

① ㉠, ㉡, ㉢   ② ㉡, ㉣

③ ㉢, ㉣   ④ ㉠, ㉡, ㉢, ㉣

㉠ 관통형은 하락추세에서 상승전환 신호로 본다.

㉡ 반격형은 전일종가와 당일종가가 일치한다.

㉢ 장악형은 일반적으로 둘째 날의 몸체가 더 길며, 둘째 날의 몸체가 길면 길수록 새로운 추세의 에너지가 강한 것으로 본다.

㉣ 행인맨형은 주가하락의 신호로 본다.

112

등락비율과 투자심리선에 대한 설명이다. 옳지 않은 것은?

① 등락비율은 일정기간 동안 등락종목 비율에 의하여 시장기조를 분석하고자 하는 기술적 지표이다.

② 등락비율을 구하는 공식은 분석대상기간 동안의 하락 종목수를 같은 기간동안의 상승 종목수로 나누어 산출한다.

③ 투자심리선은 75% 이상이면 과열상태로 매도신호로 파악한다.

④ 등락비율은 70% 수준이면 침체양상으로 매수신호로 파악한다.

 문제해설

② 등락비율

$= \dfrac{\text{분석대상기간동안의 상승종 목수}}{\text{분석대상기간동안의 하락 종목수}}$
$\times 100(\%)$

③ 투자심리선은 75% 이상 과열, 25% 이하 침체로 판단한다.

④ 등락비율은 120% 과열, 70% 침체로 판단한다.

113

상대강도지수(RSI)에 대한 설명이다. 적절하게 설명된 것을 고르시오.

① RSI는 75% 수준이면 하한선을 나타내는 경계신호이다.

② 주가지수가 상승추세인데도 RSI가 하향추세이면 상승을 예고하는 신호이다.

③ RSI의 값은 최소 0에서 최대 100의 값 사이에서 움직인다.

④ 시장가격이 기간 중 일시적으로 비정상적인 움직임을 보이면 분석이 곤란하다.

 문제해설

① RSI는 75% 수준이면 상한선을 나타내는 경계신호이다.

② 주가지수가 상승추세인데도 RSI가 하향추세이면 하락을 예고하는 신호이다.

④ 상승폭과 하락폭을 모두 평균값으로 구하므로 시장가격이 기간 중에 일시적으로 비정상적인 움직임을 보이더라도 전체적인 분석에는 큰 영향을 미치진 못한다.

114
다음 설명 중 옳지 못한 것은?

① 주식을 투자하는 데 있어 기본은 투자할 주식의 가치를 평가하는 일이다.
② 기본적 분석은 증권의 내재가치를 발견하는 분석방법이다.
③ 기본적 분석은 증권시장에서 매수 또는 매도해야 할 주식을 선택하는 데 적정한 방법이다.
④ 기술적 분석은 개별산업 또는 관련산업에 중요한 영향을 미치는 요인들을 분석하는 기법이다.

개별산업 또는 관련산업에 중요한 영향을 미치는 요인들을 분석하는 것은 기본적 분석의 산업분석방법이다.

115
다음 중 시간개념이 무시된 지표가 아닌 것은?

① 스윙차트
② P&F차트
③ 삼선전환도
④ 엔빌로프

시간개념을 무시하고 작성된 차트는 스윙차트, 삼선전환도, P&F차트 등이다.

116
일반투자자들의 투매현상으로 주가는 하락하지만 시간이 지날수록 낙폭이 작아지는 국면은?

① 분산국면
② 공포국면
③ 침체국면
④ 매집국면

침체국면은 주가추세선의 기울기가 매우 완만하지만 매도세력이 여전히 시장을 지배하고 있으므로 주가가 크게 하락하거나 상승하지 않고 침체상태에 있는 국면으로 투매현상이 나타남에 따라 주가는 계속 하락하지만 시간이 경과할수록 주가의 낙폭은 작아진다.

117
엘리어트 파동의 구성에 관한 설명 중 틀린 것은?

① 대파동 하나의 사이클(상승 1파와 하락 1파)은 소파동의 상승 5파와 하락 3파로 구성된다.
② 소파동의 1파는 더욱 작은 파동의 상승 5파와 하락 3파로 구성된다.
③ 상승 1, 3, 5번 파와 하락 a, c번 파가 충격파동에 해당된다.
④ 전체 시장의 움직임과 같은 방향으로 형성되는 파동으로 상승 2, 4번 파와 하락 b번 파가 있다.

문제해설

전체 시장의 움직임과 반대 방향으로 형성되는 파동으로 상승 2, 4번 파와 하락 b번 파가 있다(조정파동).

118
이큐볼륨 차트(Equi-volume Chart)에 관한 설명 중 틀린 것은?

① 뚱보형은 물량 부족상태로 상승장세가 예상된다.
② 주가와 거래량을 결합하여 박스 모양을 만들어 향후 장세를 예측하는 지표이다.
③ 키다리형은 매수세나 매도세 어느 한쪽이 강한 날로 특정 방향으로 움직인다.
④ 정사각형은 팽팽한 힘겨루기 양상으로 횡보한다.

문제해설

뚱보형은 물량 과잉공급 상태로 하락장세가 예상된다. 바닥권에서 이 모양이 나타나면 상승신호로 본다.

119
산업의 분류에 대한 설명으로 옳지 않은 것은?

① 자동차는 조립가공산업에 속한다.
② 가구는 소비재산업에 속한다.
③ 전력은 경기민감산업에 속한다.
④ 경기변동의 시간차에 따라 경기선행산업, 경기동행산업, 경기후행산업으로 분류된다.

문제해설

전력은 경기민감산업이 아니라 방어적 산업에 속한다.

120

다음 중 경기동행지수에 속하는 구성요소는 무엇인가?

① 기계수주액
② 소비자기대지수
③ 상용근로자수
④ 광공업생산지수

- **경기동행지수** : 비농림어업취업자수, 서비스업생산지수(도소매업 제외), 소매판매액지수, 건설기성액, 수입액, 내수출하지수, 광공업생산지수

121

다음 중 경기후행지수에 속하지 <u>않는</u> 것은?

① 소비재수입액
② 상용근로자수
③ 회사채유통수익률
④ 건설수주액

건설수주액은 경기선행지수이다.
- **경기후행지수** : 상용근로자수, 생산자제품 재고지수, 도시가계소비지출, 소비재수입액, 회사채유통수익률

122

경제발전에 따른 산업구조의 변화에서 경제가 발전하여 고급요소경쟁력의 상승이 두드러지게 나타나기 시작하지만 국민들의 욕구가 높아지고 임금상승이 급속히 이루어져 단순요소경쟁력이 빠르게 하락하는 시기는 언제인가?

① 성장기
② 구조조정기
③ 성숙기
④ 1차 전환점

구조조정기에 대한 설명이다. 경제발전에 따라 산업구조는 성장기 → 1차 전환점 → 구조조정기 → 2차 전환점 → 성숙기로 변화해 간다.

123

각 산업이 재화와 서비스의 생산에 사용하기 위해 <u>다른</u> 산업으로부터 구입한 중간투입액과 부가가치액을 총투입액으로 나눈 것을 무엇이라 하는가?

① 투입계수
② 유발계수
③ 생산유발계수
④ 부가가치유발계수

투입계수에 대한 설명이다. 투입계수는 상품의 생산기술구조를 나타낸다.

정답 117 ④ | 118 ① | 119 ③ | 120 ④ | 121 ④ | 122 ② | 123 ①

124

특정 산업제품에 대한 최종수요 1단위의 증가가 모든 산업의 생산에 미치는 영향을 무엇이라 하는가?

① 전방연쇄효과　　　　　② 후방연쇄효과
③ 고용유발효과　　　　　④ 부가가치유발효과

문제해설

후방연쇄효과에 대한 설명이다. 전방연쇄효과는 모든 산업제품에 대한 최종수요가 각각 1단위씩 증가하는 경우 특정 산업의 생산에 미치는 영향을 말한다.

125

산업연관표와 관련된 설명으로 <u>틀린</u> 것을 고르시오.

① 산업연관표에서는 재화와 서비스의 거래를 다섯 가지로 구분하여 기록한다.
② 표에서 세로방향은 상품의 투입구조를 나타낸다.
③ 표에서 가로방향은 배분구조를 나타낸다.
④ 산업부문의 총산출액과 총투입액은 항상 일치한다.

문제해설

산업 상호 간의 중간재 거래부문, 각 산업부문에서의 본원적 생산요소의 구입부문, 간 산업부문 생산물의 최종소비자에게로의 판매부문의 세 가지로 구분하여 기록된다.

126

산업 라이프사이클에 대한 설명으로 가장 적절하지 <u>못한</u> 것은?

① 제품수명이론을 산업분야에 응용한 것으로 도입기−성장기−성숙기−쇠퇴기를 거치게 된다.
② 도입기에는 매출증가율이 낮다.
③ 성장기는 매출액이 급증하는 시기이다.
④ 성숙기의 이익률은 꾸준히 증가한다.

문제해설

성장기 후반에 이익률이 정점에 도달한 후 성숙기에 접어들면 이익률은 하락한다.

127

산업 라이프사이클에서 도입기에 대한 설명으로 틀린 것은?

① 과도한 고정비로 적자 가능성이 높다.

② 매출증가율이 낮다.

③ 신제품이 처음 시장에 도입되는 단계이다.

④ 판매력은 중요하지 않은 단계이다.

문제해설

도입기에서 적자를 견디지 못한 기업은 시장에서 퇴출되기 때문에, 뛰어난 판매력으로 살아남은 기업만이 성장산업으로 발전한다. 판매력은 도입기에서 중요한 요소가 된다.

128

신제품이 나오면 성장곡선을 따라 쇠퇴, 소멸된다는 제품수명이론을 개발한 학자는?

① 포터   ② 버논

③ 슘페터   ④ 리카르도

문제해설

제품수명주기이론은 버논과 웰즈 등에 의해 주장되었다.

129

경기순환 국면 중 강세후기국면에서 투자성과가 좋은 유망산업은?

① 자동차   ② 건설장비

③ 금융   ④ 화장품

문제해설

강세후기국면에 투자성과가 좋은 산업은 금융이다. 자동차는 강세초기국면, 건설장비는 강세중기국면, 화장품은 약세후기국면의 유망산업이다.

130

숨페터의 경기변동의 종류가 맞게 연결된 것을 고르시오.

	단기파동	중기파동	장기파동
①	키친	주글라	콘트라티에프
②	주글라	키친	콘트라티에프
③	콘트라티에프	주글라	키친
④	주글라	콘트라티에프	키친

더 알아보기 엘리어트 파동의 종류

단기파동	중기파동	장기파동
키친	주글라	콘트라티에프
2~6년	10년 전후	50~60년

문제해설

맞게 연결된 것은 ①이다.

131

M. Porter가 말한 산업경쟁력의 결정요인 중 직접적 요인에 해당하지 않는 것은?

① 수요조건
② 정부
③ 기업전략과 구조
④ 요소조건

문제해설

직접적 요인 4가지는 요소조건, 수요조건, 관련 및 지원산업, 기업전략과 구조이다. 정부와 우발적 요인은 간접적 요인이다.

132

무역특화지수가 1에 가까운 수치를 보이고 있다면 이것이 의미하는 것은 무엇인가?

① 수입에 특화되어 있다.
② 수출에 특화되어 있다.
③ 수입과 수출이 동일하다.
④ 아무것도 특화되어 있지 않다.

문제해설

1에 가까울수록 수출에 특화되어 있고, -1에 가까울수록 수입에 특화되어 있는 것을 의미한다.

133

산업분석방법에 대한 설명으로 가장 적절하지 <u>못한</u> 것은?

① 산업구조변화에 대한 분석과 개별산업에 대한 분석 그리고 산업정책
에 대한 분석으로 나눌 수 있다.

② 산업구조변화분석은 경제가 발전함에 따라 산업구조가 어떻게 바뀌어
나갈 것인지를 파악하여 각 산업의 향후 모습을 분석한다.

③ 개별산업분석은 다양한 분석기법을 통해 관심 있는 특정 산업을 직접
분석한다.

④ 산업정책분석은 산업의 발전이 정부의 정책에 미치는 영향을 분석한다.

산업정책분석은 정부의 정책이 각 산업에 미치는 영향을 분석하는 것이다.

134

경제가 발전함에 따라 산업구조가 1차 산업에서 2차 산업, 3차 산업으로 변화한다고 주장한 사람은?

① 페티, 클라크　　　　② 핵셔올린

③ 리카르도　　　　　　④ 버논

페티클라크의 법칙에 대한 설명이다. 농업·제조업·상업의 순서로 수익이 높다고 한 W. 페티의 이론을 바탕으로 하여 C. G. 클라크가 국민소득의 국제 비교 또는 시계열 비교를 통해 실증적으로 밝힌 노동력 구성비에 의한 산업구조 변화의 통계적 법칙이다.

135

생산요소를 노동과 자본으로 구분하여, 각각 노동과 자본이 풍부한 국가는 노동집약, 자본집약적 산업 중심으로 발전한다고 주장한 이론은 무엇인가?

① 페티클라크의 법칙　　　② 호프만의 법칙

③ 핵셔올린모형　　　　　④ 리카도 비교우위

핵셔올린모형은 양국이 무역을 하게 되면, 자국이 더 비교우위가 있는 생산요소를 사용한 제품을 수출하게 되어 전체적으로는 두 국가 모두 이익을 얻게 된다는 것이다.

 리카르도의 비교우위설과의 차이점은 비교우위설이 노동생산성의 차이가 비교우위를 결정하며, 생산성의 차이가 일어나는 이유는 설명하지 못하는 것에 비해 헥셔올린이론은 비교적 우위가 발생하는 이유를 요소부존 간의 차이로 설명되고 있다는 점이다.

136

경제가 발전함에 따라 공업부문 내에서 소비재 산업의 생산재 산업에 대한 비중이 점차 하락한다고 주장한 사람은?

① 버논
② 리카도
③ 호프만
④ 뵙바베르크

문제해설

제조공업을 소비재산업과 투자재산업의 두 부문으로 분류할 때, 공업화의 진전에 수반하여 전자의 후자에 대한 생산액 비중이 저하된다는 W. G. 호프만의 경험적 법칙이다.

137

산업별 경쟁력의 창출요소를 단순요소와 고급요소로 구별할 때, 고급요소에 해당하지 <u>않는</u> 것은?

① 금융
② 임금수준
③ 기술수준
④ 유통

문제해설

• 단순요소의 경쟁력 – 임금수준, 천연자원, 금리 · 토지가격, 도로, 항만
• 고급요소의 경쟁력 – 기술수준, 통신, 항공, 유통, 금융

138

경제발전과 경쟁력 창출요인에 대한 설명으로 가장 적절하지 <u>못한</u> 것은?

① 고급요소의 경쟁력은 구조조정기에 급등한다.
② 단순요소의 경쟁력은 1차 전환점에서 쇠퇴하기 시작한다.
③ 성장기에는 고급요소의 경쟁력은 상승하나 단순요소의 경쟁력은 상승세를 멈춘다.
④ 고급요소의 경쟁력은 모든 단계에서 꾸준히 상승한다.

문제해설

성장기에는 고급요소 경쟁력과 단순요소 경쟁력 모두 상승한다.

 더 알아보기 경제발전

단계구분	고급요소 경쟁력	단순요소 경쟁력
성장기	상승	상승
1차 전환점	상승	하락 시작
구조조정기	급등	급락
2차 전환점	상승 가속화	하락세 완만
성숙기	상승	하락세 멈춤

139

산업정책분석에 대한 설명으로 옳지 <u>않은</u> 것은?

① 크게 산업구조정책과 산업조직정책으로 구분된다.
② 정책 범위에 따라 일반 정책, 기능별 정책, 지역별 정책, 산업별 정책, 기업별 정책으로 나눌 수 있다.
③ 산업정책은 공급지향적 정책의 측면이 강하다.
④ 통화량 조절을 통한 총수요관리를 지향한다.

문제해설

산업정책은 공급지향적 정책이므로 총수요관리를 지향한다는 것은 잘못된 설명이다.

140

시장 경쟁강도의 측정방법에 대한 설명이 잘못된 것은?

① CRk는 상위 k개 기업의 시장점유율만 나타낸다.
② CRk는 측정이 간단하여 널리 사용된다.
③ HHI기준은 모든 사업자들의 시장점유율을 고려하기 때문에 경쟁업체수가 많아질수록 경쟁의 긍정적 요소가 정확히 반영된다는 장점이 있다.
④ CRk는 특정 시장에서 기업의 시장점유율 제곱을 합한 값으로 구한다.

문제해설

HHI는 특정 시장에서 기업의 시장점유율 제곱을 합한 값으로 미국과 유럽연합(EU), 일본 등 선진국들도 HHI를 사용하고 있다.

더 알아보기

CRk기준은 이해하기가 쉽고 측정이 쉽다는 장점이 있으나 상위 1사 또는 3사의 시장점유율만을 고려하기 때문에 시장 전체의 경쟁구도를 완전하게 나타낼 수 없다는 한계가 있다. 반면 HHI기준은 모든 사업자들의 시장점유율을 고려하기 때문에 경쟁업체 수가 많아질수록 경쟁의 긍정적 요소가 정확히 반영된다는 장점이 있다.

141

집중률 CRk에 대한 설명으로 <u>틀린</u> 것은?

① 시장집중도를 측정하는 수단으로 사용된다.
② k개 이외의 기업들의 점유율이 지수치에 미치는 영향을 표시하는 것이 중요하다.
③ k를 어떻게 설정하는가에 따라 시장 간 집중도가 달라질 수 있다.
④ k값을 크게 설정하면 상위기업의 비중이 상대적으로 무시될 수 있다.

문제해설

k개 이외의 기업들의 점유율은 지수치에 전혀 영향을 미치지 못한다.

2장 리스크관리

001

리스크관리의 필요성에 대한 설명으로 가장 거리가 먼 것은?

① 금융위기의 원인은 금융기관과 기업의 위험관리능력이 부족했기 때문이다.
② 위험관리에 있어서의 문제는 위험을 줄이는 데 있는 것이 아니라 정확한 위험을 아는 것이다.
③ 파생상품의 위험을 효과적으로 관리하고 다른 위험들과 함께 종합적으로 평가할 수 있는 위험관리기법이 필요하게 되었다.
④ 운용자산별 위험도를 설정하여 위험도를 감안한 자기자본요구량을 계산하고 국제적 기준에 부합하는가를 비교한 BIS기준은 적극적인 위험관리 시스템으로 대두되고 있다.

문제해설

BIS기준은 운용자산별 위험도를 설정하여 위험도를 감안한 자기자본요구량을 계산하고 국제적 기준에 부합하는가를 단순하게 비교한 것으로 BIS기준의 준수는 소극적인 위험관리에 불과하다.

002

다음 중 재무적 리스크가 아닌 것은?

① 시장리스크
② 신용리스크
③ 유동성리스크
④ 경영리스크

문제해설

경영리스크는 비재무적 리스크이다.

003

A기업의 1년 후 기대 기업가치가 400억 원이고, 표준편차는 50억 원이다. 이 기업의 1년 후 부채가치가 100억 원이라면 부도거리(DD)는 얼마인가?

① 4표준편차　　　　　　② 5표준편차

③ 6표준편차　　　　　　④ 7표준편차

문제해설

부도거리(DD) = A − D / 표준편차
= (400 − 100) / 50 = 6표준편차

004

B은행이 20억 원의 대출을 하고 있다. 대출 부도율은 2%이고, 손실율이 40%라면 예상손실은 얼마인가?

① 0.12억 원　　　　　　② 0.16억 원

③ 0.24억 원　　　　　　④ 0.28억 원

문제해설

예상손실(ED) = EAD × 부도율 × LGD
= 20억 원 × 2% × 40%
= 0.16억 원

005

C은행이 100억 원의 대출을 하고 있다. 예상손실이 2억 원이고, 회수율이 60%라면 대출의 부도율은 얼마인가?

① 2%　　　　　　② 4%

③ 5%　　　　　　④ 6%

문제해설

회수율 = 1 − 손실율
예상손실(ED) = EAD × 부도율 × LGD
2억 원 = 100억 원 × 부도율 × 40%

006

다음 중 VaR의 개념을 잘못 설명하고 있는 것은?

① 특정한 목표보유기간, 신뢰수준 및 확률분포를 전제로할 때, 정상적인 시장조건하에서 발생할 수 있는 금융자산 또는 포트폴리오의 최대손실 예상액 추정치를 말한다.
② 특정기간 동안에 주어진 신뢰수준하에서 발생할 수 있는 최대손실금액이다.
③ 투자결과가 기댓값보다 작은 경우만을 고려하므로 보다 완전한 위험지표이다.
④ 최대손실액 VaR는 VaR $= c \times \sigma$와 같이 나타낼 수 있다.

문제해설

VaR $= c \times \sigma$의 식에서 VaR는 수익률로서 측정된 VaR(최대손실률)이고, 금액으로 표시된 최대손실액 VaR를 구하려면 투자액 W를 곱해야 한다. 즉, VaR $= c \times W \times \sigma$

007

다음 중 VaR의 특징으로 볼 수 없는 것은?

① 예측기간이 짧으므로 위험요인의 변화를 보다 정확히 추정한다.
② 포트폴리오의 분산효과가 클수록 VaR의 감소효과도 크다.
③ 금융변수가 임의 분포인 경우에도 신뢰구간의 추정이 간편하다.
④ 다른 조건이 동일하다면 99% 신뢰수준의 VaR가 95%의 VaR보다 크다.

문제해설

금융변수가 정규분포를 따르지 않을 경우 신뢰구간의 계산은 간단하지 않다. 정규분포가 아니더라도 널리 알려진 특정 분포를 갖는다고 하면 나름대로 계산이 가능하나, 분포의 특성이 알려지지 않은 임의의 분포인 경우에는 다소 복잡한 과정을 거쳐 신뢰구간을 추정하게 된다.

008

다음 중 건전성 증진을 위한 금융기관의 VaR의 활용 사례로 거리가 먼 것은?

① 재무제표 작성과 관련하여 이용한다.
② 거래담당자가 금융기관 전체의 포트폴리오 운용성과를 평가한다.
③ 증권회사의 경우 어떤 포지션에 대해 위험을 측정하고 관리할 것인가를 결정한다.
④ VaR개념을 이용하여 포지션 한도를 설정한다.

문제해설

VaR는 규제 관련 보고서나 자본요구량과 관련하여 이용되기도 한다. 금융기관 영업형태에 정책당국의 규제방향이 자산운용의 건전성 추구로, 특히 자기자본 규제로 집중되는 경향을 보이고 있고 필요한 자본요구량 수준을 VaR를 통해 결정하고 있다. 자본량수준을 정하기 위한 손실가능액 추정에 VaR가 적용될 수 있다.

009

실제 포지션과 <u>다른</u> 포지션이지만 현금흐름은 동일한 경우에 이를 이용하여 실제 포지션의 VaR를 간접적으로 구하는 방법은?

① 모수적 (parametric) 방법   ② 델타–감마 방법
③ 델타–노말 방법   ④ 매핑(mapping)

문제해설

매핑(mapping)이란 개별 금융상품을 기초 금융상품의 합으로 재구성하는 것이다. 포트폴리오의 VaR를 계산하기 위해 포트폴리오 가치의 확률분포가 있어야 하는데, 포트폴리오를 구성하는 자산들이나 포지션들의 시장가격을 이용하여 간접적으로 가격을 구하는 방법이다.

010

모든 금융자산 및 포트폴리오의 수익률이 정규분포를 따른다고 가정하고 과거자료를 이용하며, 잠재적 손실을 선형으로 측정하는 방법은?

① 역사적 시뮬레이션   ② 몬테카를로 시뮬레이션
③ 분석적 분산–공분산 방법   ④ 비모수적 방법

문제해설

분석적 분산–공분산 방법은 모든 금융자산 및 포트폴리오의 수익률이 정규분포를 따른다고 가정하고 과거 자료를 이용하여 분산과 공분산을 추정한 후 이를 통하여 VaR를 구하는 방법이다.

011

다음 중 VaR를 계산하기 위한 신뢰수준과 목표보유기간에 대한 내용으로 적절하지 <u>않은</u> 것은?

① 보유기간이 짧을수록 VaR를 자주 계산해야 하므로 비용이 증가하게 되고 결국 감독비용은 증가한다.
② 신뢰수준이 낮으면 VaR시스템의 정확성을 검증하는 사후검증을 실시하는 데 오랜 기간이 소요된다.
③ 최소요구자본이 증가하면 금융기관의 건전성은 향상되나 수익성은 악화된다.
④ 보유기간이 1일 이상인 경우에 1일 수익률을 사용하여 1일 VaR를 계산한 뒤 이를 보유기간으로 변환시킨다.

문제해설

신뢰수준이 높으면 VaR시스템의 정확성을 검증하는 사후검증을 실시하는 데 오랜 기간이 걸린다.

012

금융변수들의 비선형성, 변동성의 변화, 분포상의 두터운 꼬리현상과 극단적인 상황 등을 모두 고려한 VaR 측정이 가능하나 모형위험의 단점을 가지고 있는 VaR 방법은?

① 델타–감마 방법
② 델타–노말 방법
③ 몬테카를로 시뮬레이션
④ 역사적 시뮬레이션

문제해설

몬테카를로 시뮬레이션은 특정한 확률모형을 이용하여 금융자산의 시장가격에 대한 다양한 시나리오를 만들고, 그 가격들로부터 구한 분포로부터 VaR를 계산하는 방법이다.

013

다음의 VaR 계산방법 중 금융자산의 정규분포를 가정하는 방법은?

① 델타–노말 방법
② 몬테카를로 시뮬레이션
③ 위기분석
④ 델타–감마 방법

문제해설

델타–노말 방법은 특정한 분포를 가정하므로 기초적 시장가격의 변동성과 가치변화의 민감도를 나타내는 델타를 구하여 VaR를 쉽게 추정할 수 있다.

014

다음 중 역사적 시뮬레이션에 의한 VaR 계산에 대한 설명으로 틀린 것은?

① 분석자가 과거의 실제수익률을 기초로 완전가치평가방법으로 평가한다.
② 새롭게 일시적으로 발생한 변동성을 파악할 수 없어 VaR의 신뢰성이 떨어진다.
③ 역사적 시뮬레이션은 정규분포를 가정한다.
④ 신뢰성 있는 분포를 구하기 위해 많은 양의 자료들이 필요하다.

문제해설

역사적 시뮬레이션은 특정 확률분포를 가정하지 않고 과거의 실제 수치들을 이용하여 시뮬레이션을 함으로써 VaR를 계산한다.

015

다음의 VaR 계산방법 중 선형자산에 대해서 이용되는 방법은?

① 역사적 시뮬레이션　　② 몬테카를로 시뮬레이션
③ 델타–노말 방법　　　④ 위기분석

문제해설

델타–노말 방법은 선형관계를 갖는 금융자산의 정규분포를 가정하고 VaR를 계산하는 방법이다.

016

다음 중 VaR 측정방법들을 비교한 것으로 잘못된 것은?

① 몬테카를로 시뮬레이션은 위험요인의 분포에 대한 가정을 필요로 하지 않는다.
② 분석적 분산–공분산 방법은 계산이 빠르나 몬테카를로 시뮬레이션은 시간과 비용이 많이 든다.
③ 분석적 분산–공분산 방법과 역사적 시뮬레이션은 민감도 분석을 수행하기가 어렵다.
④ 역사적 시뮬레이션은 이용 자료가 적으면 분포가 조잡하여 VaR 추정치의 정확성이 떨어진다.

문제해설

위험요인의 분포에 대한 가정을 필요로 하지 않는 방법은 역사적 시뮬레이션이다. 몬테카를로 시뮬레이션은 위험요인의 분포를 어떤 분포로든 가정할 수 있다.

017

다음 중 완전가치평가법이 아닌 것은?

① 위기분석　　　　　② 델타–노말 방법
③ 몬테카를로 시뮬레이션　④ 역사적 시뮬레이션

문제해설

비선형위험을 제대로 고려하기 위해서는 완전가치평가법이 필요한데, 완전가치평가법은 시장가격의 실제 분포를 이용하는 것으로 주로 시뮬레이션 기법을 이용한다. 분석적 분산–공분산 방법인 델타–노말 방법은 가치평가모형이 반드시 필요하지 않다.

018

H금융투자회사는 1일, 95% 신뢰수준을 기준으로 VaR를 산정한다. 이를 BIS(10일, 99%)에서 권고하는 VaR로 전환하면 얼마가 되는가?

① 약 2.2 배
② 약 4.5 배
③ 같다
④ 약10배

95% 신뢰수준은 1.65, 99% 신뢰수준은 2.33을 사용하므로, $\sqrt{10}\times\frac{2.33}{1.65}$ = 4.4655

019

P항공 주식에 1억 원을 투자한 경우에 일별 변동성이 3%이면 99%의 신뢰수준으로 10일간의 VaR를 구하면?

① 16,864,000원
② 15,642,000원
③ 23,458,400원
④ 22,088,400원

먼저 1일 변동성을 이용하여 10일 변동성을 구하면,
10일 변동성 = 3% × $\sqrt{10}$ = 9.48%
이다.
99% 신뢰수준은 2.33을 이용하므로,
VaR = 2.33 × 1억 원 × 0.0948
= 22,088,400원

020

H주식와 포지션은 매입포지션이고 개별 VaR는 10이다. J주식의 포지션은 매도포지션이고 개별 VaR는 20이다. 두 포지션의 상관관계가 0.30이라면 포트폴리오 VaR는 얼마인가?

① 19.49
② 24.89
③ 23.65
④ 18.23

포트폴리오의 VaR는 개별 자산들의 H주식과 J주식의관계는,
$\sqrt{10^2+(-20)^2+2\times0.3\times10\times(-20)}$
= 19.49

021

K트레이더는 현재 P항공 주식 2만주를 공매도하고 있다. 현재 주식가격은 주당 12,000원이며, 일일변동성은 2%이다. 이 주식을 10일간 보유한다고 할 때 95% 신뢰수준에서의 VaR 값은 얼마인가?

① 약 3천 5백만 원   ② 약 −3천 5백만 원

③ 약 2천 5백만 원   ④ 약 −2천 5백만 원

문제해설

$1.65 \times (-20,000 \times 12,000) \times 2\% \times \sqrt{10} = -25,045,239$
그러나 VaR는 절대값이다.

022

Y중공업 주식의 개별 VaR가 50이고, R해운 주식의 개별 VaR가 100일 경우 상관계수가 0.20이면 Y포지션의 공헌 VaR는 얼마인가?

① 12.0   ② 37.9

③ 28.2   ④ 29.2

문제해설

포트폴리오의 VaR를 구하면
$\sqrt{50^2 + 100^2 + 2 \times 0.2 \times 50 \times 100} = 120$

공헌비율은 $\dfrac{50^2 + 0.2 \times 50 \times 100}{120^2}$
$= 0.243055$

공헌 VaR $= 120 \times 0.243055$
$= 29.1666$

023

다음 중 분산효과가 VaR에 미치는 영향에 대한 설명으로 <u>틀린</u> 것은?

① 상관계수는 1과 −1 사이의 값을 가진다.
② 상관계수가 0인 경우 두 자산 간의 완전대체가 성립한다.
③ 상관계수가 1일 경우 분산효과는 전혀 없으므로 포트폴리오의 VaR는 개별자산 VaR의 단순합이다.
④ 상관계수가 −1인 경우 두 개별자산의 수익률 간에 위험분산효과는 가장 크다.

문제해설

상관계수가 0인 경우는 두 자산 간의 상관성이 없다. 즉, 포트폴리오의 VaR는 개별 VaR의 단순 합보다 작다.

024

매입포지션으로 이루어진 포지션의 VaR 측정에서 포지션 간의 상관관계가 다음 중 어떤 값을 가질 때 분산효과가 가장 큰가?

① −1 ② 0
③ 0.5 ④ 1

문제해설

매입포지션의 경우에는 상관관계가 −1일 때 분산효과가 가장 크다.

025

개별주식의 수익률이 단일 공통요인에 의해 결정된다고 가정하고 그 공통요인으로 주가지수를 이용하여 분산과 공분산을 추정한 후 이를 이용하여 VaR를 계산한 것은?

① 한계 VaR ② 베타모형
③ 완전공분산모형 ④ 대각선모형

문제해설

베타모형은 단일지수모형이며, 추정한 분산을 이용하는 방법으로 해당 국가의 주가지수로 매핑하는 방법을 취한다.

026

만기 3년의 액면이자율 6%인 채권에 100억 원을 투자하였다. 이 채권의 듀레이션은 2.78년이고, 만기수익률이 10%, σ(△y)가 0.29%이다. 99% 신뢰수준에서 최대 손실가능액은?

① 1.3억 원 ② 1.5억 원
③ 1.2억 원 ④ 1.7억 원

문제해설

우선 이 채권의 가격변동성을 구하면,

$$\sigma\left(\frac{\Delta P}{P}\right)=\left(\frac{2.78}{1.1}\right)\times 0.29\%=0.73\%$$

VaR = 2.33 × 100억 원 × 0.0073
      = 1.7억 원

027

다음 중 옵션의 VaR를 측정하는 경우 정확성이 상대적으로 떨어지는 방법은?

① 몬테카를로 시뮬레이션 ② 역사적 시뮬레이션
③ 델타-노말 방법   ④ 델타-감마 방법

문제해설

델타-노말 방법은 선형파생상품의 VaR 측정에는 비교적 정확하나 옵션의 가격과 기초자산의 가격은 선형관계에 있지 않으므로 감마위험을 감안하지 못한다.

028

다음 괄호 안에 들어갈 적절한 수치가 순서대로 짝지어진 것은?

> 사후검증은 보통 1일 보유기간과 (㉠)% 신뢰수준을 기준으로 (㉡)일(1년 기준) 동안 추정한 VaR와 실제의 이익과 손실을 매일 비교하여 실제의 이익과 손실이 VaR를 초과하는 횟수를 기초로 이루어진다.

① 95,120   ② 99,150
③ 95,180   ④ 99, 250

문제해설

VaR 모형의 사후검증(back testing)은 금융기관이 자체 모형에 의해서 계산하는 VaR의 정확성을 검증하는 수단으로, 일정기간 동안 실제 포트폴리오의 손실액과 모형에 의해 사전에 추정된 VaR를 비교하여 손실액이 VaR를 초과하는 횟수의 비율을 통계적으로 살펴보는 것이다.

029

다음 설명 중 VaR의 한계를 지적한 것으로 거리가 <u>먼</u> 것은?

① 과거자료가 미래의 돌발 사태를 예측하지 못하므로 미래위험의 측정에서 오류를 발생시킬 가능성이 있다.
② VaR는 측정모형이 다양하지만 각 모형마다 VaR를 측정한 결과가 비슷하다.
③ 자의적인 모형 선택에 따른 모형위험이 존재한다.
④ 얼마나 더 큰 손실이 발생하는가에 대한 정보는 제공하지 못한다.

문제해설

VaR 측정모형은 다양하지만, 그 모형들 중 가장 정확하다고 인정된 모형이나 방법은 아직 없으며, 각 모형마다 VaR를 측정한 결과 또한 다르다.

030

다음 중 위기분석(stress-test)에 대한 사항으로 적절하지 <u>않은</u> 것은?

① 위기분석은 시나리오분석이며, 주요 변수들의 극단적인 변화가 포트폴리오에 미치는 영향을 시뮬레이션 하는 기법이다.
② VaR 분석의 한계에 대한 보완으로 위기분석이 이용되고 있다.
③ 위기분석의 첫 단계로 현재 금융자산 또는 포트폴리오 포지션에 시장변수들의 과거 자료를 기초로 발생가능한 상황의 시나리오를 설정한다.
④ 위기분석의 과정은 시나리오 생성, 포지션 가치의 재평가, 결과 요약의 3단계로 진행된다.

문제해설

위기분석의 첫 단계인 시나리오의 생성은 현재 금융자산 또는 포트폴리오 포지션에 최악의 시나리오를 설정하는 것이다.

031

얼마나 더 큰 손실이 발생하는가에 대한 정보를 제공하지 못한다는 VaR의 단점을 보완하기 위한 방법 중의 하나는?

① 극한 VaR
② 공헌 VaR
③ 한계 VaR
④ 베타모형

문제해설

주요 단점들 외에도 VaR는 VaR보다 더 큰 손실이 발생할 확률에 대해서는 정보를 제공하지만, 얼마나 더 큰 손실이 발생하는가에 대해서는 정보를 제공하지 못하는데, 이러한 단점을 보완하기 위해서는 위기분석을 실시하거나 극한 VaR(EVaR : Extreme VaR)을 계산하기도 한다.

032

다음 중 외환포지션에 대한 환위험의 종류에 속하지 <u>않는</u> 것은?

① 환산 환위험
② 거래 환위험
③ 포지션 환위험
④ 영업 환위험

문제해설

외환포지션에 대한 환위험은 거래 환위험, 영업 환위험, 환산 환위험을 관리한다.

033

다음의 환위험을 관리할 수 있는 기법 중 성격이 <u>다른</u> 것은?

① 통화선물계약 체결
② 리딩(leading)과 래깅(lagging)
③ 자산부채종합관리전략
④ 상계(netting)

대차대조표상의 항목들을 조정하여 환위험을 줄이는 부내기법으로는 상계(netting), 매칭(matching), 리딩(leading)과 래깅(lagging), 자산부채종합관리전략(ALM) 등이 있다. 통화선물계약 체결은 부외기법에 속한다.

034

다음 중 유동성위험의 관리에 대한 사항으로 <u>잘못된</u> 것은?

① 금융기관은 현금유입과 현금유출을 예측하기가 어려우므로 유동성위험 관리가 필요하다.
② 유동성위험을 관리할 때는 유동성수준과 위험수준 그리고 기대수익수준을 동시에 고려하여야 한다.
③ VaR의 측정에 있어서도 유동성수준을 고려해야 하는데, 포지션정리에 충분한 기간은 보유자산의 유동성을 감안하여 판단해야 한다.
④ 장내파생상품시장의 경우 시장상황의 변화를 주시해서 대체시장의 이용가능성을 항상 염두에 두어야 한다.

장내파생상품시장의 경우 거래상대방이 거래소에 해당되므로 포지션 청산시의 유동성위험은 극소화되어 있으나, 장외파생상품시장의 경우 유동성위험으로 다른 장내상품으로 대체하거나 또는 시장상황의 변화를 주시해서 대체시장의 이용가능성을 항상 염두에 두어야 한다.

035

다음의 환위험 관리기법 중 부분적인 환위험 관리방식이라고 볼 수 있는 것은?

① 매칭
② 상계
③ 리딩과 래깅
④ 자산부채종합관리전략

상계(netting)는 서로 간에 상대방의 통화로 수취할 금액과 지불할 금액이 있는 경우에 이를 상쇄시키는 방법으로 대체로 균형포지션을 보이는 기업이나 금융기관에게는 간단한 방법이라고 볼 수 있지만, 상계 후에 남은 차액에 대해서는 다른 방법을 통해서 환헤지를 해야 한다는 점에서 부분적인 환위험 관리방식이라고 볼 수 있다.

036

국내 수출업자가 장래 자국통화가 수출상대국 통화에 대하여 평가절하될 것으로 예상하는 경우에 환위험을 줄이기 위해서 사용할 수 있는 기법은?

① 매칭
② 리딩
③ 래깅
④ 상계

문제해설

국내 수출업자가 장래 자국통화가 수출상대국 통화에 대하여 평가절하(즉, 환율상승)될 것으로 예상하는 경우에 수출상품의 선적이나 수출환어음의 매도를 가능한 한 지연시켜 결제시점에서 자국통화표시 수출대금을 높이려는 것이 래깅(lagging)이다.

037

다음 중 금리스왑에서 상대방의 채무불이행 확률에 영향을 주는 요인에 대한 설명으로 **틀린** 것은?

① 헤지 목적으로 포지션을 취하면 채무불이행 확률이 높다.
② 만기가 길수록 등급하락의 가능성이 커지므로 채무불이행 확률도 높다.
③ 기초자산의 변동성이 크면 채무불이행 확률이 높다.
④ 상대방의 신용등급이 높을수록 채무불이행 확률이 낮다.

문제해설

헤지 목적으로 포지션을 취하면 현물포지션의 이익이 상쇄되므로 채무불이행 확률이 낮다.

038

다음 중 외환거래에 있어 발생하는 위험으로 실질적인 시장위험의 성격을 가지고 있는 것은?

① 거래상대방위험
② 환율변동위험
③ 금리위험
④ 결제위험

문제해설

외환거래에서는 크게 3가지 종류의 위험이 있다. 결제위험과 거래상대방위험은 신용위험의 성격을 띠고 있고, 환율변동위험은 실질적인 시장위험의 성격을 가지고 있다.

039

거래국가들 간의 시간대의 차이로 인해 동시에 양 통화가 교환되지 않고 한 쪽 통화가 먼저 지급되고 그 다음에 나머지 통화가 지급되는 데에서 발생하는 외환거래 위험은?

① 환율변동위험　　　　② 결제위험
③ 영업환위험　　　　　④ 거래상대방위험

문제해설

결제위험은 거래국가들 간의 시간대의 차이로 인해 동시에 양통화가 교환되지 않고 한쪽 통화가 먼저 지급되고 그 다음에 나머지 통화가 지급되는 데서 발생한다.

040

신용증대제도에 있어 가장 중요한 시스템으로 스왑거래자들은 이것을 이용하여 채무불이행위험을 감소시킬 수 있다. 이것은 무엇인가?

① 계약종료조항　　　　② 상계협약
③ 증거금, 담보, 보증요구　④ 상대방별 포지션 한도

문제해설

신용증대제도에서 가장 중요한 시스템이 상계협약(netting arrangement)이다. 상계협약은 신용위험을 감소시킬 뿐 아니라 유동성위험과 운영위험을 감소시키기도 한다.

041

다음 중 상계협약에 대한 사항으로 적절하지 않은 것은?

① 상계협약의 적용을 받는 모든 거래의 위험노출금액은 순지급금액으로 제한한다.
② ISDA 기본계약서에 계약종료상계는 표준조항으로 정해져 있다.
③ 현재 상계는 동일한 상대방과의 모든 계약에 대해 상계가 인정되므로 쌍방상계이며 동시에 교체상품상계이다.
④ 기본계약서에 의해 파산기업의 법정관리인은 파산법에 의하여 파산기업에 유리한 계약은 진행하고 불리한 계약은 거부할 수 있다.

문제해설

ISDA 기본계약서에 계약종료상계가 표준조항으로 정해져 있어 모든 거래가 하나의 계약으로 간주되므로 유리한 계약만을 진행시키는 행위는 인정되지 않는다.

3과목

Ⅰ 직무윤리 및 법규

1장 직무윤리

001

직무윤리에 대한 일반적 설명으로 가장 적절하지 못한 것은?

① 직무윤리는 투자자보호뿐만 아니라 금융산업 종사자들을 보호하는 측면도 있다.
② 직무윤리강령은 직무윤리기준의 세부지침인 각칙에 해당한다.
③ 직무윤리의 적용대상은 투자상담업무 종사자들이다.
④ 직무윤리의 대상인 직무행위는 투자상담업무와 관련된 직·간접적 일체의 직무활동을 말한다.

문제해설

직무윤리강령이 총칙이 되고, 직무윤리기준이 각칙이 된다.

002

다음 중 직무윤리의 중요성으로 옳지 않은 것은?

① 직무윤리에 대한 사회적 수요가 커지고 있다.
② 직무윤리가 기업과 직업인에 있어서 새로운 경쟁력의 한 요소가 되고 있다.
③ 윤리경영은 기업의 생존조건이 되고 기업의 지속가능한 성장의 원천이 된다.
④ 직무윤리를 준수하는 것은 고객을 보호하는 역할을 한다.

문제해설

직무윤리를 준수하는 것은 업무수행자를 보호해주는 안전장치로서의 역할을 한다.

003

다음 중 직무윤리에 대한 설명으로 틀린 것은?

① 직무윤리 기준은 자율규제의 성격을 지닌다.
② 금욕적 생활윤리를 강조한 사상가는 칼빈이다.
③ 부패지수는 OECD 사무국에서 매년 발표한다.
④ 금융기관 종사자는 공공이익과 사회발전에도 관심을 기울여야 한다.

문제해설

부패지수는 국제투명성기구에서 매년 발표한다.

004

직무윤리와 법규범의 관계에 대한 설명으로 옳지 않은 것은?

① 직무윤리는 자율성을 기반으로 하고, 법규범은 타율성을 그 특징으로 한다.
② 직무윤리에 반하는 행위에 대해 법적 제재가 따르는 경우가 많이 있다.
③ 직무윤리는 법규범이 요구하는 수준보다 낮은 수준으로 설정되어 있는 것이 일반적이다.
④ 직무윤리는 법규범으로 되지 않아 여전히 윤리적 영역으로 남아 있는 경우도 있다.

문제해설

직무윤리는 법규범이 요구하는 수준보다 더 높은 수준으로 설정되어 있는 것이 일반적이다. 직무윤리의 범위가 넓고 그중 반드시 지켜야 할 내용을 법으로 정하고 있기 때문이다.

005

직업윤리의 사상적 배경에 대한 설명으로 옳은 것은?

① 루터 : 모든 직업은 하나님의 소명에 의한 것으로, 인간은 각 사람에게 부여된 자신의 일을 통하여 봉사하고 충성하는 것이야말로 진정한 예배라고 했다.
② 베버 : 초기 자본주의 발전의 정신적 토대가 된 금욕적 생활윤리를 강조했다.
③ 칼빈 : 자본주의는 탐욕의 산물이 아니라 합리적으로 자본을 축적하고 사업을 경영함으로써 얻는 이윤축적의 결과라고 했다.
④ 근대 자본주의 출현의 철학적·정신적 배경에 대한 대표적인 사상으로는 칼빈주의를 토대로 한 종교적 윤리의 부산물로 보는 마르크스 사상이다.

문제해설

②는 칼빈, ③은 베버, ④는 칼빈주의를 토대로 한 종교적 윤리의 부산물로 보는 베버의 사상이다.

3과목 I 직무윤리 및 법규

006

비윤리적인 기업의 국제거래를 규제하는 다자간 협상을 무엇이라 하는가?

① TI
② ER
③ CPI
④ CSI

문제해설

① TI : 국체투명성기구
② ER : 윤리라운드
③ CPI : 부패인식지수
④ CSI : 고객만족지수

007

다음 중 직무윤리강령에 속하는 의무가 <u>아닌</u> 것은?

① 신의성실의무
② 능력배양의무
③ 고지 및 설명의 의무
④ 소속 회사 등의 지원의무

문제해설

직무윤리강령의무 : 신의성실의무, 능력배양의무, 공정성 유지의무, 법규준수의무, 소속 회사 등의 지원의무 등

008

신의성실의무의 윤리적 측면과 법적 측면에 대한 설명으로 옳은 것은?

① 상대방의 신뢰를 저버려서는 안 되고 정성스럽고 참되어야 한다는 윤리적 측면과 그 위반행위에 대해서는 법적 제재가 따르는 법적 의무이기도 하다.
② 위반행위에 대한 법적 제재가 따르는 윤리적인 측면과 상대방의 신뢰를 저버려서는 안 된다는 법적 측면이 있다.
③ 윤리적인 측면과 법적인 측면은 같은 의미이다.
④ 관련업무 종사자는 윤리적인 측면을, 고객은 법적인 측면을 책임지면 된다.

문제해설

위반행위에 대한 법적 제재가 따르는 법적의무가 있다.

009

신의성실의무에 대한 설명으로 옳지 <u>않은</u> 것은?

① 권리 행사와 의무 이행에 있어 '행위준칙'이 된다.
② 법률관계를 해석하는 데 '해석상의 지침'이 된다.
③ 불합리와 오류를 시정하는 역할을 수행한다.
④ 신의칙 위반문제가 법원에서 다루어지는 경우, 이는 강행법규에 대한
　위반이 아니기 때문에 당사자가 주장하지 않으면 법원은 직권으로 신
　의칙 위반 여부를 판단할 수 없다.

 계약이나 법규에 흠결이나 불명확한 점이 있는 경우, 신의칙은 이를 메워
주고 명확하게 하는 기능이 있다.
　　• 아무리 자신의 권리를 행사하는 경우라 하더라도 신의칙에 반하는 경우
　　　에는 권리의 남용이 되어 권리행사로서의 법률효과가 인정되지 않는다.

신의칙 위반문제가 법원에서 다루어지는 경우, 이는 강행법규에 대한 위반이기 때문에 당사자가 주장하지 않더라도 법원은 직권으로 신의칙 위반 여부를 판단할 수 있다.

010

다음 설명 중 옳지 <u>않은</u> 것은?

① 금융자산관리 업무 종사자와 고객은 기본적으로 신임관계에 있다.
② 수임자는 신임자의 이익을 우선하여야 할 의무를 가진다.
③ 고객은 금융자산관리업무 종사자에 대하여 신임의무를 진다.
④ 신임의무는 신탁에서 수탁자가 위탁자에 대하여 부담하는 의무에서
　유래한 개념이다.

금융자산관리업무 종사자는 고객에 대하여 신임의무를 진다.

 신임의무
　　• **법규준수 의무** : 법령과 약관 및 자율규제의 범위 내에서 자신에게 부여
　　　된 권리 능력과 당해 지위에 따른 권한 내의 행위를 함으로써 본인의 이
　　　익보호와 형평을 도모해야 한다.
　　• **(선관)주의 의무** : 신임의무자는 직무를 수행함에 있어 신중한 사람으로
　　　서 절차상 요구되는 행위기준을 준수해야 한다.
　　• **충실 의무** : 이익충돌 회피의무, 이익의 향유금지, 정보의 비밀유지의무,
　　　정보의 제공 및 사용의무, 공평의무, 자기집행의무를 포함하는 개념이다.

011

다음 빈칸에 들어갈 적합한 용어를 고르시오.

> 직무윤리는 총칙과 각칙으로 구분할 수 있다. 이때 총칙에 해당하는
> 것이 (㉠)이고, 각칙에 해당하는 것이 (㉡)이다.

	㉠	㉡
①	직무윤리강령	직무윤리기준
②	직무윤리기준	직무윤리세칙
③	직무윤리강령	직무윤리세칙
④	직무윤리기준	직무윤리강령

문제해설

직무윤리기준(각칙)은 직무윤리강령
(총칙)의 구체적인 행동기준과 그에
따른 의무의 내용을 구체적으로 제
시한 것이다.

012

고객에 대한 금융자산관리업무 종사자의 충실의무에 대한 설명으로 옳
은 것은?

① 금융자산관리업무 종사자는 고객, 회사, 기타 신임관계에 있는 자의
　최선의 이익에 기여할 수 있도록 해야 한다.
② 자기 또는 제 3자의 이익을 고객 등의 이익에 우선하여도 상관없다.
③ '최선의 이익'이란 적극적으로 고객 등의 이익을 추구함에 있어 실현
　가능한 최소의 이익을 말한다.
④ 고객 등의 업무를 수행함에 있어 그때마다 구체적인 상황에서 전문가
　로서의 주의를 기울여야 한다.

문제해설

② 자기 또는 제 3자의 이익을 고
　객 등의 이익에 우선하여서는 안
　된다.
③ '최선의 이익'이란 적극적으로
　고객 등의 이익을 추구함에 있어
　실현 가능한 최대의 이익을 말
　한다.
④ 주의의무에 관한 설명이다.

013

갑의 회사에 소속된 투자상담업무 종사자 을이 업무집행상 고객에게 불
법행위를 하였다. 이에 대한 법적 책임이 바르게 설명되지 <u>못한</u> 것은?

① 을은 일반불법행위책임을 진다
② 갑은 원칙적으로 피해자에게 손해배상책임이 없다.
③ 피해자인 고객은 갑과 을 중 선택하여 손해배상을 청구할 수 있다.
④ 갑이 배상을 한 경우 갑은 을에게 구상권을 행사할 수 있다.

문제해설

갑은 민법상의 사용자 책임이 있으
며, 을의 선임과 감독에 상당한 주
의를 하였거나, 상당한 주의를 했는
데도 손해가 발생하였을 것임을 입
증하지 못하는 한, 을의 불법행위에
대하여 피해자에게 손해배상책임을
진다.

014

다음 중 과당매매거래 권유 등의 금지 위반을 판단하는 사항이 <u>아닌</u> 것은?

① 고객이 부담하는 수수료
② 고객과의 통화 건수 정도
③ 개별 매매거래 권유 내용의 타당성
④ 고객의 투자지식이나 경험에 비추어 당해 고객이 주식매매거래에 수반되는 위험을 잘 이해하고 있는지의 여부

 문제해설

과당매매거래 권유인지를 판단하는 사항
• 고객이 부담하는 수수료
• 고객의 재산 상태나 투자목적
• 고객의 투자지식이나 경험에 비추어 당해 고객이 주식매매거래에 수반되는 위험을 잘 이해하고 있는지의 여부
• 개별 매매거래 권유 내용의 타당성

015

투자일임업무에 대한 설명으로 옳지 <u>않은</u> 것은?

① 고객의 투자목적, 투자경험을 파악한다.
② 위험선호의 정도 및 투자예정기간 등을 파악한다.
③ 관리자와 투자자의 친분 정도를 파악해야 한다.
④ 증권회사는 반기별로 1회 이상 고객의 투자목적 등과 운용조건의 변경 여부를 서면으로 확인하여 이를 투자일임업무에 반영해야 한다.

 문제해설

관리자와 투자자의 친분 정도를 파악할 필요는 없다.

016

자기거래의 금지의무에 대한 설명으로 옳은 것은?

① 금융자산관리업무 종사자는 고객이 동의한 경우를 제외하고는 고객과의 거래에서 당사자가 되거나 자기 이해관계자의 대리인이 되어서는 안 된다.
② 금융자산관리업무 종사자는 고객을 위한 최선의 이익추구가 방해가 되지 않는 범위에서 거래의 당사자가 될 수 있다.
③ 금융자산관리업무 종사자는 이해관계자의 대리인이 되는 경우에는 직접 당사자가 아니므로 상관없다.
④ 윤리기준에서는 고객의 동의가 있는 경우를 포함하여 자기거래를 금지하고 있다.

 문제해설

② 금융자산관리업무 종사자가 상대방이 되는 경우 고객을 위한 최선의 이익추구가 방해받을 우려가 있으므로 거래의 당사자가 될 수 없다.
③ 금융자산관리업무 종사자는 이해관계자의 대리인이 되는 경우에도 역시 금지된다.
④ 윤리기준에서는 고객의 동의가 있는 경우를 제외하고 자기거래를 금지하고 있다.

017

투자자산운용사의 고객에 대한 의무로 적절하지 <u>못한</u> 설명은 무엇인가?

① 투자자산운용사는 고객에 대하여 신임의무를 진다.

② 자기 또는 제3자의 이익을 고객의 이익에 우선해서는 안 된다.

③ 투자를 권유하는 목적이라 할지라도 고객의 재무상황 등 고객정보를 조사해서는 안 된다.

④ 정보를 미제공한 고객에 대해서는 파생상품의 매매거래를 권유해서는 안 된다.

문제해설

고객에게 투자를 권유하기 전에 고객의 재무사항 등에 관하여 적절한 조사를 하여야 한다.

018

투자자산운용사의 직무윤리와 관련된 설명이 바르게 된 것은?

① 중요정보가 아닌 수수료 등에 관한 사항은 사후에 고지하여도 무방하다.

② 고객으로부터 통상적 관례의 범위 안에서 제공되는 간소한 식사 등을 제공받는 것은 무방하다.

③ 투자정보를 고객에게 차별하여 제공해서는 안 된다.

④ 인위적 시세조정 금지조항 위반은 민사상 손해배상책임에는 해당되나 형사처벌 대상은 아니다.

문제해설

고객으로부터 통상적 관례의 범위 안에서 제공되는 간소한 식사 또는 교통, 통신 등 편의를 제공받는 것은 무방하다.

019

자본시장법상의 설명의무에 대한 설명으로 가장 적절하지 <u>못한</u> 것은?

① 전문투자자와 일반투자자 모두 적용된다.

② 설명의무를 위반할 경우 금융투자업자는 투자자의 손해를 배상할 책임을 진다.

③ 금융투자업자가 설명 시 중요사항을 누락한 경우 이로 인해 발생한 투자자의 손해를 배상할 책임이 있다.

④ 금융투자업자는 설명 내용을 투자자가 이해하였음을 하나 이상의 방법으로 확인을 받아야 한다.

문제해설

자본시장법상 설명의무는 일반투자자에게만 적용되며, 전문적 투자자에게는 적용되지 않는다.

020

자본시장법상 설명의무에 대한 설명으로 틀린 것은 무엇인가?

① 금융투자업자가 투자자의 합리적 투자판단에 중대한 영향을 미칠 수 있는 사항을 누락해서 발생한 일반투자자의 손해는 배상책임을 지게 된다.

② 금융투자업자가 설명한 내용을 고객이 이해했음을 서명, 날인, 녹취, 그 밖의 대통령령으로 정하는 방법 중 하나 이상의 방법으로 확인을 받아야 한다.

③ 설명의무에는 금융투자상품의 내용, 위험, 수수료에 대한 사항 등이 포함된다.

④ 설명의무는 일반투자자와 전문적 투자자 모두에게 적용된다.

021

고객에게 투자설명서의 제공시 설명할 내용으로 틀린 것은?

① 고객에게 투자정보를 제공할 때에는 사실과 의견을 명확히 구별하여야 한다.

② 예측정보를 제공하는 경우 정보의 출처를 밝혀야 한다.

③ 중요한 사실에 대해서는 모두 정확하게 표시하여야 한다.

④ 투자성과를 보장하는 듯한 표현은 완곡하게 표시할 수 있다.

022

금융자산관리 업무종사자의 부실표시 금지 사항과 거리가 먼 것은?

① 고객을 위하여 수행할 수 있는 업무의 내용

② 자기의 경력, 학위증명

③ 직무상의 자격증명

④ 자기의 연령

023

고객과의 이익상충 방지를 위한 자본시장법상의 조치에 해당하지 <u>않는</u> 것은?

① 금융투자업자는 투자자와의 이해상충을 방지하기 위하여 이해상충이 발생할 가능성을 파악·평가하고, 내부통제기준이 정하는 방법 및 절차에 따라 이를 관리해야 한다.

② 금융투자업자가 이해상충이 발생할 가능성을 파악한 경우 그 사실을 미리 해당 투자자에게 알려야 한다.

③ 금융투자업자는 이해상충이 발생할 가능성을 낮추는 것이 곤란하다고 판단되는 경우에는 거래를 해서는 안 된다.

④ 이익상충은 고객과의 관계에만 적용되므로 금융투자업자가 영위하는 금융투자업 간에 이해상충이 발생할 가능성에 대해서는 고려하지 않아도 된다.

문제 해설

금융투자업자는 그 영위하는 금융투자업 간에 이해상충이 발생할 가능성이 큰 경우에는 사무공간 또는 전산설비를 공동으로 이용하는 행위 등을 해서는 안 된다.

024

이익충돌 시 우선순위에 대한 설명으로 옳지 <u>않은</u> 것은?

① 고객의 이익은 회사와 회사의 주주 및 임직원의 이익에 우선한다.

② 회사의 이익은 임직원의 이익에 우선한다.

③ 기타 이해당사자의 이익은 회사의 이익에 우선한다.

④ 모든 고객의 이익은 상호 동등하게 취급한다.

문제 해설

• 1순위 : 고객의 이익
• 2순위 : 회사의 이익
• 3순위 : 기타 이해당사자의 이익

025

다음 설명 중 바르지 <u>않은</u> 것은?

① 고객의 판단이 고객의 이익에 도움이 되지 않는다고 판단하는 경우에는 고객의 지시를 따르지 않아도 된다.

② 고객의 지시와 다르게 업무를 수행하려면 사전에 동의를 얻어야 한다.

③ 매매주문을 받은 경우 주문의 시장전달 시기, 호가방법 등을 변경하거나 다른 주문과 합하여 일괄 처리할 수 있다.

④ 고객의 지시가 불합리적일 경우 이를 거절할 수 있다.

문제 해설

고객의 판단이 고객의 이익에 도움이 되지 않는다고 판단하는 경우에는 일단 고객에게 그 사정을 설명하고, 그럼에도 불구하고 고객이 자신의 생각을 바꾸지 않으면 그에 따라야 한다.

026

다음의 사례는 무엇에 위반되는 행위인가?

> H증권회사 영업담당 직원인 K는 친구이자 고객인 은행원 P로부터
> 재력 있는 고객을 소개시켜 줄 것을 부탁받았다. K는 회사 고객정보
> 를 이용하여 P에게 고객의 정보를 복사하여 전달하였다.

① 고객의 지시에 따를 의무
② 재위임의 금지의무
③ 모든 고객을 평등하게 취급할 의무
④ 고객의 정보 누설 및 부당이용 금지의 의무

 고객정보의 이용 및 누설금지
- 투자관리자는 업무를 수행하는 과정에서 알게 된 고객의 정보를 다른 사람에게 누설하여서는 아니 된다.
- 고객정보 이용의 부당성 여부를 불문하고 고객정보를 누설하는 행위 그 자체를 금지한다.
- 투자관리자는 매매주문동향 등 직무와 관련하여 알게 된 고객정보를 자기 또는 제3자의 이익을 위하여 부당하게 이용하여서는 아니 된다.

회사의 고객정보를 이용하여 다른 사람에게 고객의 정보를 누설한 행위는 고객의 정보를 부당하게 누설하여서는 아니 된다는 윤리기준에 위반되며, 동시에 '금융실명거래 및 비밀보장에 관할 법률' 제4조에 위반된다.

027

시세조종 등 불공정거래의 금지 행위에 대한 설명으로 옳지 <u>않은</u> 것은?

① 자기가 매도하는 같은 시기에 그와 같은 가격으로 타인이 그 유가증권을 매수할 것을 사전에 그 자와 통정한 후 매도하는 행위
② 자기가 매수하는 같은 시기에 그와 같은 가격으로 타인이 그 유가증권을 매도할 것을 사전에 그 자와 통정한 후 매수하는 행위
③ 유가증권의 매매거래에 있어서 그 권리의 이전을 목적으로 하지 않는 가장된 매매거래를 하는 행위
④ 위 ①번의 행위를 공모로 하는 행위는 해당되지 않는다.

시세를 조종하는 행위는 단독으로 하든, 공모에 의하여 하든 간에 상관없이 금지 행위이다.

028
투자자산운용사의 소속 회사에 대한 의무로 적절하지 못한 것은?

① 투자자산운용사가 소속 회사에 대해 신임의무를 지는 것은 정식의 고용관계와 보수지급이 그 전제가 된다.
② 투자자산운용사의 성실의무에 대한 내용은 개별 사안에 따라 구체적으로 판단하여야 한다.
③ 투자자산운용사는 소속 회사의 직무수행에 영향을 줄 수 있는 지위를 겸하거나 업무를 수행할 때에는 사전에 회사의 승인을 얻어야 한다.
④ 회사와 이해상충관계에 있는 지위를 맡는 경우 소속 회사의 허락이 있으면 허용된다.

문제

신임관계를 판단함에 있어 정식의 고용관계의 유무, 보수지급의 유무, 계약기간의 장단은 문제되지 않는 것이 원칙이다.

029
중간감독자의 의무에 대한 설명으로 옳지 않은 것은?

① 자기의 지휘 · 감독하에 있는 자가 직무와 관련된 관계법규 등에 위반되지 않도록 적절한 감독을 하여야 한다.
② 감독을 함에 있어서 관련 규정에 의거한 합리적인 절차에 따라 위반 행위의 발견과 방지를 위하여 노력하여야 한다.
③ 감독을 위한 적절한 조치를 취하였음에도 불구하고 법령 위반 사실을 발견하지 못한 경우에는 윤리기준을 위반한 것으로 본다.
④ 중간감독자의 적절한 노력이라 함은 자신의 감독하에 있는 자들에게 관계 법령 등을 숙지시키는 등의 노력이다.

문제해설

감독을 위한 적절한 조치를 취하였음에도 불구하고, 법령 위반 사실을 발견하지 못한 경우라면 윤리기준을 위반한 것으로 보지 아니한다. 그러나 법적 책임으로부터 완전히 해방되지 않음을 유의해야 한다.

030

회사 전화로 고향에 계신 부모님께 안부전화를 장시간 드렸다면 엄밀한 의미에서 어떤 직무윤리의 위반이 되는가?

① 회사재산의 부당한 사용 금지 의무
② 중간감독자의 감독할 의무
③ 이해상충금지의무
④ 직무윤리 위반 행위가 아니다.

문제해설

회사의 재산은 오로지 회사의 이익 그 자체만을 위하여 사용되어야 하며 이를 사적 용도로 이용하는 일체의 행위가 금지된다.

031

금융투자회사의 직원이 무리한 과당매매로 고객에게 손해를 입힌 경우 가장 문제가 되는 의무는 무엇인가?

① 고객정보의 부당이용 금지의무
② 직무전념의무
③ 불공정거래의 금지의무
④ 고객 최선이익의 의무

문제해설

과당매매는 고객과의 이익상충금지에 저촉되며. 이는 고객 최선이익의 원칙을 위배한 것이 된다.

032

준법감시인에 대한 설명으로 옳지 않은 것은?

① 금융투자회사는 준법감시 인을 1인 이상 두어야 한다.
② 투자자문업자 및 투자일임업자는 준법감시인 설치가 강제되지 아니한다.
③ 준법감시인을 임면한 때에는 그 사실을 금융위원회에 통보하여야 한다.
④ 준법감시인을 임면하고자 하는 경우 주주총회의 결의를 거쳐야 한다.

문제해설

준법감시인의 임면은 이사회 결의를 거쳐야 한다.

033

내부통제기준에 포함되어야 할 사항으로 옳지 <u>않은</u> 것은?

① 업무의 분장 및 조직구조에 관한 사항
② 임직원의 유가증권 거래내역 보고 등 불공정거래행위를 방지하기 위한 절차나 기준에 관한 사항
③ 준법감시인의 임면절차에 관한 사항
④ 기타 위 사항에 관한 구체적인 기준으로서 거래소가 정하여 고시하는 사항

문제해설
④ 거래소가 아니라 금융위원회가 정하여 고시하는 사항이다.

034

금융투자회사의 내부통제기준에 대한 설명으로 옳지 <u>않은</u> 것은?

① 금융투자회사는 준법감시인을 반드시 두어야 한다.
② 금융투자회사의 임시직에 있는 자도 내부통제기준의 적용대상이 된다.
③ 내부통제기준을 변경하려면 주주총회의 특별결의를 거쳐야 한다.
④ 금융투자회사는 내부통제기준을 반드시 두어야 한다.

문제해설
③ 금융투자회사가 내부통제기준을 변경하려면 이사회의 결의를 거치면 된다.

035

준법감시인의 자격요건에 적합하지 <u>않은</u> 것은?

① 한국은행에 10년 이상 근무한 경력이 있는 자
② '금융위원회의 설치 등에 관한 법률'에 따른 검사대상기관에서 10년 이상 근무한 경력이 있는 자
③ 변호사로 3년 이상 종사한 경력이 있는 자
④ 기획재정부에서 5년 이상 근무한 경력이 있는 자

문제해설
③ 변호사로 5년 이상 종사한 경력이 있어야 한다.

036

회사가 근로자 자신의 귀책사유로 인하여 제재조치할 수 있는 종류를 바르게 설명한 것은?

① 견책 : 구두, 문서로 훈계하는 데 그치는 징계조치
② 감봉 : 임금액에서 일정액을 공제하는 징계조치
③ 경고 : 시말서를 제출하도록 하는 징계조치
④ 정직 : 근로자와의 근로관계를 종료시키는 징계조치

 문제해설

- 경고 : 구두, 문서로 훈계하고 시말서의 제출은 요구하지 않는 징계
- 견책 : 시말서를 제출하도록 하는 징계
- 감봉 : 임금액에서 일정액을 공제하는 징계
- 정직 : 근로계약은 존속하면서 근로자의 보직을 해제하는 등 근로제공을 일정 기간 금지하는 징계
- 해고 : 사용자의 일방적인 의사표시에 의하여 근로자와 근로관계를 종료시키는 징계

037

다음 설명 중 옳지 않은 것은?

① 직무윤리의 위반행위가 동시에 법 위반으로 되는 경우에는 법적 제재가 따르게 된다.
② 법 위반에 대한 사법적 제재로는 실효와 손해배상책임을 묻는 방법이 있다.
③ 법률행위에 하자가 있는 경우, 그 하자의 경중에 따라 중대한 하자가 있는 경우에는 무효로 하고, 이보다 가벼운 하자가 있는 경우에는 취소할 수 있는 행위가 된다.
④ 계약당사자 일방의 채무불이행으로 계약의 목적을 달성할 수 없는 경우, 그것이 일시적 거래인 경우에는 계약을 해지할 수 있고, 계속적인 거래인 경우에는 계약을 해제할 수 있다.

 문제해설

계약당사자 일방의 채무불이행으로 계약의 목적을 달성할 수 없는 경우, 그것이 일시적 거래인 경우에는 계약을 해제할 수 있고, 계속적인 거래인 경우에는 계약을 해지할 수 있다.

📖알아보기 해제와 해지

- **해제** : 민법상 계약당사자의 일방적인 의사표시에 의하여 유효하게 성립된 계약의 효력을 소멸시켜 계약이 처음부터 없었던 것과 같은 법률효과를 발생시키는 일을 말한다. 당사자의 일방의 의사표시에 의하여 효력이 발생하기 때문에 해제계약 또는 합의해제와 구별된다.
- **해지** : 계속적 채권관계에서 계약의 효력을 장래에 대하여 소멸케 하는 일방적 행위를 말한다(550조). 계약의 효력을 소급적으로 소멸시키는 해제에 반해, 해지는 오직 장래에 대하여 효력을 발생하므로 해지가 있으면 계약에 기한 법률관계는 해지의 효력이 발생하기 이전에서는 완전히 그 효력을 보유하고 이미 행하여진 급부는 반환당하지 않는다.

3과목 I 직무윤리 및 법규

038

직무윤리기준에 대한 설명으로 틀린 것을 모두 고르시오.

> ㉠ 고객의 투자목적과 투자에 대한 지식이 다르므로, 동일한 성격을 지닌 고객에 대한 서비스의 질과 양이 동일하면 된다.
> ㉡ 고객으로부터는 통상적 관례의 범위 안에 드는 간소한 식사라도 오해의 소지가 있으므로 제공받아서는 안 된다.
> ㉢ 계약 시 약정한 수수료 외의 추가 대가는 금지되나, 고객으로부터 성과보수를 받는 것은 사회상규상 허용된다.
> ㉣ 고객이 요청하지 않은 이상 방문을 통한 투자권유를 해서는 안 되지만, 전화를 통한 투자권유는 허용된다.

① ㉠, ㉡
② ㉢, ㉣
③ ㉠, ㉡, ㉢
④ ㉡, ㉢, ㉣

039

다음 중 직무윤리기준을 위반한 것에 해당하지 않는 것은 무엇인가?

① 고객을 강하게 설득하기 위하여 필요하다면 투자성과가 어느 정도 보장된다는 취지로 설명하는 것도 가능하다.
② 중요한 사실이 아니라면 오히려 그것을 설명함으로 인하여 고객의 판단에 혼선을 가져올 수 있는 사항은 설명을 생략할 수 있다.
③ 결과적으로 고객에게 이익이 된다면 고객의 명시적인 지식에 반하여 업무를 수행해도 무방하다.
④ 고객에게 이익이 된다면 고객의 동의 없이 자신의 업무를 다른 사람에게 재위임하여도 무방하다.

투자자산운용사는 중요한 내용에 대한 설명의무가 있다. "중요한 내용"이란 투자 여부의 결정에 영향을 미칠 수 있는 사항을 말한다.

040

직무윤리기준 중 적정성의 원칙에 해당하지 <u>않는</u> 것은?

① 파생상품과 같이 위험성이 큰 금융투자상품뿐만 아니라, 원본까지만 손해를 볼 가능성이 있는 금융투자상품도 해당된다.
② 장외파생상품과 관련해서는 적정성의 원칙이 강도 높게 적용되고 있다.
③ 원칙적으로 일반투자자를 상대로 하는 경우 적용된다.
④ 일반투자자를 상대로 파생상품을 판매하는 경우 적합성의 원칙이나 설명의무에 추가하여 적정성의 원칙을 도입하고 있다.

문제해설

원본을 초과하는 손실이 발생할 가능성이 있는 금융투자상품이 그 대상이다. 파생상품은 손실규모가 매우 큰 고위험 상품이므로, 관련 전문지식이 있고 투자손실을 감수할 수 있는 자가 아니면 적합한 투자대상이 되지 못하기 때문에 일반투자자에게 파생상품을 판매하는 경우에는 투자자보호를 위한 각별한 주의가 필요하다.

041

소속회사에 대한 의무와 관련된 설명으로 가장 적절하지 <u>못한</u> 것은?

① 투자상담업무 종사자는 회사에 대하여 맡은 직무에 대해 신임의무를 진다.
② 투자상담업무 종사자는 회사와 이해상충관계에 있는 지위를 맡거나 업무를 수행할 때에는 사전에 회사의 승인을 얻어야 한다.
③ 소속회사에 대한 신임의무의 존부에 대한 판단에는 정식의 고용계약관계의 유무, 계약기간의 장단이 중요한 요소가 된다.
④ 투자상담업무종사자는 소속 회사에 대하여 수임자로서 성실의무를 진다.

문제해설

소속회사에 대한 신임의무의 존부에 대한 판단에는 정식의 고용계약관계의 유무, 계약기간의 장단은 문제되지 않는 것이 원칙이다. 즉, 비정규직이더라도 신임의무가 존재한다고 보아야 한다. 실제로는 직무에 종사하는 기간, 보수지급형태 등을 참작하는 경향은 있다.

042

다음 설명 중 옳지 <u>않은</u> 것은?

① 거래결과의 보고의무는 고객으로 하여금 거래상황을 신속하게 파악하여 적기에 필요한 조치를 기동성 있게 취할 수 있도록 하기 위함이다.
② "보고"는 단순히 위임받은 업무를 처리하였다는 사실을 통지하는 것으로 충분하다.
③ "지체 없이"란 위임받은 업무를 처리한 후 보고에 필요한 최소한의 소요기간 내에 가급적 신속하게 통지하여야 한다는 뜻이다.
④ "그 밖에 필요한 조치"라 함은 이상의 보고 이외에 필요한 모든 조치를 포함한다.

문제해설

"보고"는 단순히 위임받은 업무를 처리하였다는 사실을 통지하는 것으로 부족하며, 구체적으로 필요한 사항이 포함되어야 한다. 예를 들어 위탁매매를 실행한 경우라면, 매매의 시기, 목적물의 종류, 수량, 가격 등을 보고하여야 한다.

043

다음 중 모든 고객을 공평하게 취급할 의무에 대한 설명으로 옳지 <u>않은</u> 것은?

① 업무를 수행함에 있어서 개인적인 관계 등에 의하여 고객을 차별해서는 안 된다.
② 모든 고객을 공평하게 취급하는 것이 업무수행의 공정성을 확보하고 금융자산관리업무 종사자들에 대한 사회적 신뢰를 유지하는데 중요한 요소가 된다.
③ "공평하게"라고 하는 것은 반드시 "동일하게"라는 의미이다.
④ 동일한 성격을 가진 고객 내지 고객군에 대하여 제공되는 서비스의 질과 양 및 시기 등은 동일해야 한다.

문제해설

"공평하게"라는 말이 반드시 "동일하게"라는 의미는 아니다. 동일한 성격을 가진 고객 내지 고객군에 대하여 제공되는 서비스의 질과 양 및 시기 등이 동일해야 한다는 의미이다.

044

다음 중 준법감시인으로 임명될 가능성이 가장 높은 사람은?

① 파산선고를 받고 복권된 자
② 미성년자
③ 자본시장법에 따라 해임된 날로부터 3년이 경과된 자
④ 금고 이상의 형의 집행유예의 선고를 받고 그 유예기간 중에 있는 자

문제해설

파산선고를 받은 자로 복권되지 아니한 자는 준법감시인에 임명될 수 없으므로, 복권된 자는 이러한 준법감시인의 소극적 요건에 해당되지 않는다고 할 수 있다. 나머지 ②, ③, ④는 모두 소극적 요건에 해당한다.

045

준법감시인에 대한 다음 설명 중 가장 적절하지 <u>못한</u> 것은?

① 금융투자업자는 준법감시인을 1인 이상 두어야 한다.
② 준법감시인을 임면하고자 하는 경우 주주총회의 결의를 거쳐야 한다.
③ 준법감시인을 임면한 때에는 그 사실을 금융위원회에 통보해야 한다.
④ 파산선고를 받은 자로서 복권되지 아니한 자는 준법감시인에 임명할 수 없다.

문제해설

준법감시인의 선임과 해임은 이사회 결의를 거쳐야 한다.

046

내부통제에 대한 설명으로 틀린 것은?

① 금융투자회사는 준법감시인을 반드시 두어야 한다.

② 금융투자회사는 내부통제기준을 반드시 두어야 한다.

③ 금융투자회사가 내부통제기준을 변경하려면 이사회의 결의를 거쳐야 한다.

④ 금융투자회사의 임시직에 있는 자는 내부통제기준의 적용대상에서 제외된다.

임시직에 있는 자도 내부통제기준의 적용대상이다.

047

내부통제기준에 대한 설명 중 가장 옳은 것을 고르시오.

① 금융투자회사의 경우 내부통제기준이 필수적인 것은 아니다.

② 금융투자회사의 비정규직은 내부통제기준의 적용을 받지 아니한다.

③ 금융투자회사가 내부통제기준을 변경하기 위해 주주총회의 특별결의를 거쳐야 하는 것은 아니다.

④ 금융투자회사가 준법감시인을 임면하려면 주주총회의 특별결의를 거쳐야 한다.

① 금융투자회사의 경우 내부통제기준을 반드시 두어야 한다.
② 임시직, 비정규직도 내부통제기준의 적용을 받는다.
③, ④ 내부통제기준의 제정·변경과 준법감시인의 임면은 모두 이사회의 결의를 거쳐야 한다.

048

파생상품과 같이 위험성이 큰 금융투자상품이 투자자에게 적정하지 아니하다고 판단되는 경우에는 그 사실을 알리는 등의 적절한 조치를 취하여야 한다. 자본시장법에서 명시하고 있는 이 규정은 무엇인가?

① 적합성의 원칙

② 적정성의 원칙

③ 고지 및 설명 원칙

④ Know-Your-Customer-Rule

자본시장법에서는 일반투자자를 상대로 파생상품을 판매하는 경우에는 일반적인 적합성의 원칙이나 설명의무의 이행에 추가하여 적정성의 원칙을 도입하고 있다.

049

자본시장법에서는 '장외파생상품'과 관련해서는 규제를 강하게 하고 있다. 규제의 내용이 옳지 <u>않은</u> 것은?

① 장외파생상품의 매매에 따른 위험액은 금융위원회가 정하는 한도를 초과하지 않아야 한다.
② 영업용순자본이 총위험액의 4배에 미달하는 경우 새로운 장외파생상품의 매매를 중지한다.
③ 월별 장외파생상품의 매매, 중개 내역을 다음 달 10일까지 금융위원회에 보고해야 한다.
④ 장외파생상품의 매매를 할 때마다 파생상품업무 책임자의 승인을 받아야 한다.

문제해설

영업용순자본이 총위험액의 2배에 미달하는 경우 그 미달상태가 해소될 때까지 새로운 장외파생상품의 매매를 중지하고, 미종결 거래의 정리나 위험회피에 관련된 업무만을 수행해야 한다.

050

파생상품 판매와 관련된 다음 설명 중 가장 적절하지 <u>못한</u> 것은?

① 투자자 등급별로 차등화된 투자권유준칙을 마련하여야 한다.
② 장외파생상품의 경우 일반투자자와의 거래는 위험회피 목적의 거래로 한정한다.
③ 장외파생상품의 매매를 할 때마다 파생상품업무 책임자의 승인을 받아야 한다.
④ 파생상품 판매와 관련해서 일반투자자에게는 적합성의 원칙이 배제되고 적정성의 원칙이 엄격히 적용된다.

문제해설

파생상품 판매와 관련하여 일반투자자에게는 적합성의 원칙에 더하여 적정성의 원칙도 적용된다.

051

금융투자업자에 대해 1인 이상의 파생상품업무 책임자를 두도록 한 자본시장법의 조항은 투자상담업무종사자에 대한 어떤 의무와 가장 관련이 있는가?

① Know-Your-Customer-Rule
② 적정성의 원칙
③ 적합성의 원칙
④ 자본시장법상 설명의무

문제해설

파생상품에 대한 위험과 관련된 의무는 적정성의 원칙에 해당한다.

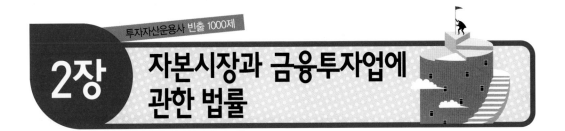

001

자본시장법의 개요에 대한 설명이다. 틀린 것은?

① 자본시장법은 증권의 개념을 포괄주의로 전환하였다.
② 기능별 규제체제를 도입하여 전문투자자와 달리 일반투자자는 영업행위와 관련한 규제의 대부분을 면제하였다.
③ 금융투자업을 기능에 따라 6개 업으로 분류하였다.
④ 자본시장법은 금융투자업과 관련하여 동일기능에 대한 동일규제의 원칙이 적용된다.

전문투자자에 대하여 영업행위와 관련된 규제의 대부분을 면제한다. 전문투자자는 투자자 보호와 관련된 규제의 대부분을 적용대상에서 제외하고 있다.

002

자본시장법의 주요 내용이 잘못 설명된 것은?

① 투자자를 기능적으로 전문투자자와 일반투자자로 구분하고 있다.
② 금융투자업을 기능에 따라 투자매매업과 투자중개업, 신탁업, 집합투자업의 4가지로 분류하였다.
③ 금융투자상품의 개념을 구체적으로 정의하고, 포괄주의 규제체제를 도입하였다.
④ 겸영 허용을 통한 금융투자업자의 업무범위를 확대하였다.

기능에 따라 6개 업으로 분류하였다. 투자자문업과 투자일임업이 포함되어야 한다.

003

자본시장법상 금융상품의 경제적 실질에 따른 분류 체계로 <u>틀린</u> 설명은?

① 원본손실 가능성 여부에 따라 증권과 파생상품으로 분류된다.
② 은행예금은 금융투자상품이 아니다.
③ 파생상품은 거래소 시장 거래 여부에 따라 장내파생상품과 장외파생상품으로 분류된다.
④ 자본시장법은 증권에 대해서는 구체적인 세부증권의 유형들을 제시하고 있다.

 문제해설

원본손실 가능성 여부에 따라 금융투자상품과 비금융투자상품으로 분류되며, 원본손실 가능성이 있는 금융상품 중 원본초과손실 가능성으로 증권과 파생상품으로 나누어진다. 자본시장법 제4조에서 구체적으로 열거하고 있는 증권은 채무증권, 지분증권, 수익증권, 증권예탁증권이다.

004

다음 중 옳은 설명은 무엇인가?

① 자본시장법의 주된 보호대상은 전문투자자이다.
② 자본시장법은 제한되는 업무를 열거하는 포지티브(positive) 체제로 구성되어 있다.
③ 한국거래소는 공적 규제기관이다.
④ 자본시장법은 파생상품을 선도, 옵션 또는 스왑의 어느 하나에 해당하는 투자성 있는 것으로 규정하고 있다.

 문제해설

① 자본시장법의 주된 보호대상은 일반투자자이다.
② 자본시장법에서는 금융투자업자가 영위 가능한 부수업무를 법률 규정에 열거하지 아니하고 원칙적으로 모든 부수업무의 취급을 허용하되 예외적으로 제한하는 체제인 negative 체제로 전환되었다.
③ 한국거래소는 자율적 규제기관이다.

005

자본시장법상 금융투자상품의 '투자성'은 무엇을 의미하는가?

① 원본손실위험
② 투자성과
③ 거래소 시장 거래 여부
④ 초과수익

  문제해설

투자성은 원본손실위험을 의미한다. 이는 주로 시장위험에 의한 손실 가능성을 의미한다.

006

자본시장법상 증권의 종류에 해당하지 <u>않는</u> 것은?

① 채무증권 ② 수익증권
③ 투자계약증권 ④ 기업어음증권

자본시장법상 증권의 종류는 전통적인 채무증권, 지분증권, 수익증권, 증권예탁증권과 포괄주의의 도입을 위해 새로 추가된 투자계약증권, 파생결합증권의 6가지이다. 기업어음증권은 채무증권에 포함되므로 증권의 분류에 포함되지 않는다.

007

다음 중 자본시장법에서 규정하고 있는 금융투자상품에 포함되지 <u>않는</u> 것은?

① 장내파생상품 ② 장외파생상품
③ 양도성예금증서(CD) ④ 기업어음(CP)

양도성예금증서는 원본손실 가능성이 있어 개념적으로 금융투자상품에 해당될 수 있지만, 만기가 짧아 투자자보호의 필요성이 적다고 판단하여 자본시장법에서는 금융투자상품에서 배제하였다.

008

다음 중 자본시장법상 파생상품에 속하는 것을 모두 고르시오.

| ㉠ 선도 | ㉡ 파생결합증권 | ㉢ ELW |
| ㉣ ETF | ㉤ 스왑 | |

① ㉡, ㉢ ② ㉠, ㉤
③ ㉠, ㉡, ㉤ ④ ㉠, ㉡, ㉢, ㉤

자본시장법은 파생상품을 선도, 옵션 또는 스왑의 어느 하나에 해당하는 투자성 있는 것으로 정의하고 있다.

009

우리나라의 금융감독체계에 대한 설명이 바르지 <u>못한</u> 것은?

① 금융위원회는 기획재정부 소속의 행정기관으로 설치되었다.
② 금융위원회는 증권선물위원회의 상위 의결기관이다.
③ 증권선물위원회는 자본시장의 불공정거래를 조사할 수 있다.
④ 금융감독원은 공적 규제기관이다.

금융위원회는 국무총리 소속의 의결기구이다. 정부조직인 행정기관으로서 공정거래위원회와 같은 행정위원회 기능을 수행하고 있다.

010

자율규제는 공적규제에 비해 전문성과 시기탄력성의 확보가 용이하다. 다음 중 자율규제기관에 해당하는 것은?

① 한국거래소   ② 금융위원회

③ 증권선물위원회   ④ 금융감독원

문제해설

한국거래소와 한국금융투자협회는 자율규제기관에 속한다.

011

자본시장법에서 금융위에 부여한 권한이 아닌 것은?

① 등록법인 관리업무

② 공개매수신고서 접수

③ 전문인력 종사자의 등록 및 관리업무

④ 재무관리 기준 운영

문제해설

전문인력 종사자의 등록 및 관리업무는 한국금융투자협회의 기능이다.

012

자본시장의 불공정거래조사와 기업회계의 기준 및 회계감리에 관한 업무를 담당하는 기관은 무엇인가?

① 금융위원회   ② 증권선물위원회

③ 금융감독원   ④ 감사원

문제해설

증권선물위원회는 금융위원회의 하부 위원회로 자본시장의 불공정거래조사와 기업회계의 기준 및 회계감리에 관한 업무를 담당하고 있다.

013

투자자예탁금에 대한 설명으로 가장 적절하지 못한 것은?

① 투자자예탁금은 투자중개업자의 고유재산과 구분하여 예치하여야 한다.

② 투자자예탁금은 증권금융회사에 예치할 수 있다.

③ 예치 또는 신탁한 투자자예탁금은 압류하지 못한다.

④ 금융투자업자가 파산선고를 한 경우에는 투자자예탁금의 우선지급업무가 배제된다.

문제해설

금융투자업자의 인가의 취소, 해산결의, 파산선고 등의 경우 예치기관에 예치된 투자자예탁금을 인출하여 투자자에게 우선 지급하여야 한다.

014

금융투자업자의 지배구조에 대한 설명으로 옳은 것을 모두 고르시오.

> ㉠ 자산총액이 2조 원 이상인 금융투자업자는 사외이사를 1인 이상 두어야 한다.
> ㉡ 금융투자업자는 1인 이상의 상근감사를 두어야 한다.
> ㉢ 10% 이상의 주식을 소유한 자를 주요주주라 한다.
> ㉣ 준법감시인은 이사회결의를 거쳐 2인 이상 두어야 한다.

① ㉠, ㉡   ② ㉡, ㉢
③ ㉠, ㉣   ④ ㉡, ㉣

㉠ 사외이사를 3인 이상 두어야 한다.
㉣ 준법감시인은 1인 이상이면 된다.

015

금융투자업에 대한 다음 설명 중 옳은 것은?

① 누구의 명의로 하든지 자기계산으로 매매가 이루어지는 것이 투자중개업의 특징이다.
② 투자일임업이란 금융투자상품에 대한 투자판단에 관한 자문에 응하는 금융업이다.
③ 원본보전신탁의 수익권을 제외한 모든 신탁의 수익권은 모두 자본시장법상 금융투자상품의 개념에 해당된다.
④ 종전 증권거래법상 증권사의 위탁매매업, 대리업 등은 투자매매업에 해당한다.

① 누구의 명의로 하든지 자기계산으로 매매가 이루어지면 투자매매업이다.
② 금융투자상품에 대한 투자판단에 관한 자문에 응하는 금융업은 투자자문업이다.
④ 종전 증권거래법상 증권사의 위탁매매업, 대리업 등은 투자중개업에 해당한다.

016

금융투자업의 인가요건으로 틀린 것은?

① 인가업무 단위별로 5억 원 이상의 최저자기자본 요건을 충족해야 한다.
② 대주주가 충분한 출자능력, 건전한 재무상태 및 사회적 신용을 구비해야 한다.
③ 사업계획이 타당하고 건전해야 한다.
④ 금융투자업자가 되려면 반드시 대통령령으로 정한 금융기관이어야 한다.

금융투자업자가 되려면 상법상의 주식회사이거나 대통령령으로 정하는 금융기관이어야 한다. 금융기관만 가능한 것은 아니다.

017

금융투자업의 등록에 대한 설명으로 틀린 것은?

① 신탁업은 반드시 등록을 받아야 한다.
② 금융투자업 등록을 하지 않고 투자자문업을 영위한 자는 형사처벌 될 수 있다.
③ 등록제는 인가제보다는 완화된 진입규제이다.
④ 금융위원회는 금융투자업자가 등록요건의 유지의무를 위반한 경우에는 금융투자업 등록을 취소할 수 있다.

문제해설

신탁업 등록대상이 아니라 인가 대상이다. 투자자문업과 투자일임업은 반드시 등록을 해야 한다.

018

금융투자업의 인가요건과 등록요건 중 자기자본 요건에 차이가 있다. 인가요건과 등록요건 업무단위별로 각각 얼마 이상으로 규정되어 있는가?

① 10억 원, 5억 원
② 10억 원, 1억 원
③ 5억 원, 2억 원
④ 5억 원, 1억 원

문제해설

인가업무 단위별로 5억 원 이상, 등록업무 단위별로 1억원 이상이다.

019

금융투자업자의 대주주에 대한 설명으로 틀린 것은?

① 대주주는 최대주주와 주요주주로 나눌 수 있다.
② 최대주주란 본인 및 그와 특수한 관계에 있는 자가 자기의 계산으로 소유하는 주식을 합하여 그 수가 가장 많은 경우의 그 본인을 말한다.
③ 주요주주란 자기의 계산으로 의결권 있는 발행주식 총수의 5% 이상의 주식을 소유한 자를 말한다.
④ 금융투자업자가 발행한 주식을 취득하여 대주주가 되고자 하는 자는 금융위원회의 승인을 받아야 한다.

문제해설

주요주주란 자기의 계산으로 의결권 있는 발행주식 총수의 10% 이상의 주식을 소유한 자 또는 임원의 임면 등의 방법으로 법인의 중요한 경영사항에 대하여 사실상의 영향력을 행사하는 주주로서 단독으로 또는 다른 주주와의 합의·계약 등에 따라 대표이사 또는 이사의 과반수를 선임한 주주나 경영전략 등 주요 의사결정이나 업무집행에 지배적인 영향력을 행사한다고 인정되는 자로서 금융위원회가 정하여 고시하는 주주에 해당하는 자를 말한다.(자본시장법 제9조 1항 2호)

020

단기매매차익반환제도에 대한 설명으로 옳지 <u>않은</u> 것은?

① 규제 대상자는 당해 법인과 주요주주이다.
② 규제 대상 중 직원은 직무상 미공개정보 접근 가능성이 있는 자만 해당된다.
③ 대상유가증권은 채무증권과 수익증권을 모두 포함한다.
④ 미공개정보의 이용 여부에 불구하고 반환을 의무화하고 있다.

문제해설

대상유가증권은 상장 또는 코스닥 상장법인이 발행하는 자기회사의 주권과 주식관련사채, 증권예탁증권 등이다. 채무증권, 파생결합증권, 수익증권은 제외된다.

021

ELS와 ETF는 자본시장법상 증권의 분류에서 어디에 속하는가?

① 투자계약증권
② 파생결합증권
③ 수익증권
④ 증권예탁증권

문제해설

파생결합증권이란 기초자산의 가격 등의 변동과 연계되어 이익을 얻거나 손실을 회피할 목적의 계약상의 권리이다. 이에는 ETF, ELS 등이 해당된다.

022

자본시장법상의 스캘핑이 선행매매와 가장 차이가 나는 점은 무엇인가?

① 정보를 이용하는 시기
② 과당매매 여부
③ 시장을 통한 매매
④ 조사분석자료 대상 종목의 매매

문제해설

시장에 공표되기 전에 정보를 이용하는 것은 선행매매와 유사하나, 투자자의 주문정보를 이용한다는 점에서 차이가 있다. 스캘핑은 조사분석자료를 투자자에게 공표함에 있어서 그 조사분석자료의 내용이 확정된 때부터 공표 후 24시간이 경과하기 전까지 그 조사분석자료의 대상이 된 금융투자상품을 자기의 계산으로 매매하는 것을 금지한다.

023

자본시장법은 주요 공통 영업행위 규제가 신설되거나 확대된 것이 많다. 다음 중 자본시장법에서 신설된 내용이 <u>아닌</u> 것은?

① 약관의 제정시 금감위에 보고해야 한다.
② 설명의무 미이행으로 손해 발생 시 금융투자회사에 배상책임을 부과한다.
③ 투자자를 일반투자자와 전문투자자로 구분한다.
④ 투자자가 원하는 경우를 제외하고 방문·전화 등에 의한 투자권유가 금지된다.

문제해설

약관의 제정·변경 시 금감위에 보고하고 공시하는 것을 의무화한 것은 증권거래법의 내용을 확대한 것이다.

정답 017 ① | 018 ④ | 019 ③ | 020 ③ | 021 ② | 022 ④ | 023 ①

024

증권신고서는 모집가액 또는 매출가액의 총액이 일정금액 이상인 경우에 제출해야 한다. 1년 누계액이 얼마 이상인 경우가 제출대상이 되는가?

① 5억 원　　　　　　　　② 10억 원
③ 50억 원　　　　　　　　④ 100억 원

025

투자자보호를 위해 자본시장법에 의해 규제받게 되는 펀드 관련 규제로 적절하지 <u>못한</u> 것은?

① 펀드운용업자와 투자자 간 이해상충이 발생할 가능성을 평가하고 투자자에게 이를 알려야 한다.
② 펀드운용업자는 증권회사와 달리 내부통제기준을 제정할 필요는 없다.
③ 펀드운용업자는 매 분기별로 펀드운용규모 등의 업무보고서를 금융위원회에 정기적으로 제출해야 한다.
④ 고유재산 관리부서와 펀드재산 관리부서 간 조직이 분리되어야 한다.

026

다음 중 주권상장법인의 주식의 증권신고서 효력발생기간은 얼마인가?

① 5일　　　　　　　　② 7일
③ 10일　　　　　　　④ 15일

종류	효력발생기간
자산유동화계획에 따라 발행되는 사채권	5일
담보부사채 신탁업에 따라 발행하는 담보부사채	5일
주주·제3자에게 배정하는 방식의 주식	7일
상장된 환매금지형 집합투자기구의 집합투자증권	10일
주권상장법인의 주식	10일
지분증권	15일

027

다음 투자설명서에 대한 설명이 바르지 못한 것은?

① 투자설명서는 증권의 모집 매출을 위해 발행인이 일반투자자에게 제공하는 투자권유문서이다.

② 투자설명서는 증권신고서의 효력이 발생한 후 사용한다.

③ 예비투자설명서는 증권신고서가 수리된 후 신고의 효력이 발생하기 전에 작성한 것으로 신고의 효력이 발생되지 않은 사실을 덧붙인다.

④ 증권을 모집함에 있어 청약의 권유를 하고자 하는 경우 반드시 투자설명서를 사용해야 하는 것은 아니다.

증권의 모집 · 매출함에 있어 청약의 권유를 하고자 하는 경우 반드시 투자설명서를 사용해야 한다.

028

다음 중 특수한 증권신고서의 일종인 일괄신고서를 이용하는 것이 가능한 증권이 아닌 것은?

① 주식관련사채 이외의 사채권　　② ELS

③ 파생결합증권　　④ 개방형 집합투자증권

ELS를 제외한 제시된 ①, ③, ④가 해당된다. 일괄신고서는 발행인이 당해 발행인의 실체와 증권발행내용에 관한 사항과 일정기간 동안의 모집 · 매출예정물량을 금융위원회에 일괄하여 사전에 신고하는 것을 말한다.

029

집합투자업자가 투자자에게 교부하는 자산운용보고서의 교부시기는 언제인가?

① 매월 1회　　② 자산운영의 변동이 발생한 즉시

③ 3개월마다 1회 이상　　④ 6개월마다 1회 이상

자산운용보고서를 작성하여 신탁업자의 확인을 받은 후 투자자에게 3개월마다 1회 이상 교부하여야 한다.

030

투자설명서의 교부의무 면제대상에 해당되지 않는 자는?

① 전문투자자　　② 회계법인

③ 해당회사 직원　　④ 발행인 사업내용을 잘 아는 연고자

투자설명서 교부의무 면제대상은 전문투자자와 모집 · 매출기준인 50인 산정대상에서 제외되는 자이다.

031

다음 중 정기공시에 해당하지 <u>않는</u> 것은?

① 사업보고서　　　　　② 투자설명서
③ 반기보고서　　　　　④ 연결재무제표와 결합재무제표

032

증권신고서의 제출대상을 바르게 설명하고 있는 것은?

① 모집가액의 총액이 1억 원 이상인 경우
② 모집가액의 총액이 3억 원 이상인 경우
③ 모집가액의 총액이 5억 원 이상인 경우
④ 모집가액의 총액이 10억 원 이상인 경우

033

투자설명서에 대한 설명이 바르지 <u>않은</u> 것은?

① 투자설명서란 증권의 모집 매출을 위하여 발행인이 일반투자자에게 제공하는 투자권유문서를 말한다.
② 증권신고서 효력이 발생한 후에 사용되는 것은 본투자설명서이다.
③ 중요한 사항만 발췌하여 사용하는 것은 예비투자설명서이다.
④ 전문투자자에게는 교부할 의무가 없다.

034

다음 중 사업보고서를 제출할 의무가 있는 법인은?

① 파산 법인　　　　　② 합병 예정인 법인
③ 해산사유가 발생한 법인　④ 상장폐지 예정 법인

035

A기업이 사업보고서의 중요사항에 관하여 거짓기재를 하였다면 A기업이 받게 될 제재에 대한 내용으로 가장 적절하지 **못한** 것은?

① 거래소로부터 불성실 공시법인으로 지정될 수 있다.

② 금융위원회로부터 과징금을 부과받을 수 있다.

③ A기업의 사업보고서 제출인도 손해배상책임을 질 수 있다.

④ 사업보고서의 제출의무 위반에 대해서는 거래소의 제재는 가능하나 형사처벌 대상은 아니다.

문제해설

사업보고서의 제출의무를 위반하면 1년 이하의 징역 또는 3천만 원 이하의 벌금에 처하는 형사처벌을 받을 수 있다.

036

공개매수에 대한 설명으로 가장 적절하지 **못한** 것은?

① 공개매수기간은 공개매수 신고서 제출일로부터 20일 이상 60일 이내의 기간이다.

② 공개매수자가 공개매수를 하는 경우 그 매수가격이 균일가격이어야 한다.

③ 응모주주는 공개매수기 간 중에는 응모를 취소할 수 없다.

④ 공개매수기간 중에는 별도의 매수가 금지된다.

문제해설

응모주주는 공개매수기간 중 언제든지 응모를 취소할 수 있다.

037

공개매수의 절차 중 **틀린** 것은 무엇인가?

① 공개매수기간은 최장 60일이다.

② 공개매수 시에는 균일가 매수가 원칙이다.

③ 공개매수는 전부매수가 원칙이다.

④ 6개월 이내에는 재공개매수가 금지된다.

문제해설

개정된 법에서는 6개월 이내 재공개매수 제한이 폐지되었다. 현재는 무제한으로 허용된다.

038

공개매수가 종료된 후 다시 공개매수가 가능한 기간은 얼마인가?

① 3개월   ② 6개월

③ 1년   ④ 제한 없다

문제해설

2005년까지는 공개매수 종료 후 6개월의 경과기간이 있었으나, 이후 개정된 법에 따라 무제한으로 허용되고 있다.

039

자본시장법의 5% Rule에 의하면 발행인의 경영권에 영향을 주기 위한 것으로 보고한 자는 보고한 날 이후 며칠까지 주식을 추가로 취득하거나 의결권을 행사할 수 없는가?

① 3일   ② 5일

③ 7일   ④ 15일

문제해설

냉각기간은 5일이다. 만일 보유목적을 위반하여 추가취득한 경우 추가취득분의 의결권 행사가 금지되며, 금융위원회는 6개월 이내의 기간을 정하여 추가취득분의 처분을 명할 수 있다.

040

다음 중 미공개정보의 공시효력 발생시점이 맞는 것은?

① 언론을 통한 보도 — 게재된 날의 다음 날 0시부터 6시간
② 전국을 가시청권으로 하는 방송 — 방송 후 24시간
③ 거래소에 신고 '공시방송망'으로 공시 — 24시간 경과 후
④ 서류에 있는 정보 — 공시자료실에 비치한 날로부터 1일 경과 후

문제해설

전국을 가시청권으로 하는 방송이 되고 6시간 경과 후이다.

> 더 알아보기
> • 법령에 따라 금융위원회 또는 거래소에 신고되거나 보고된 서류에 기재된 정보 : 비치된 날로부러 1일
> • 금융위원회 또는 거래소가 설치 · 운영하는 전자전달매체를 통하여 내용이 공개된 정보 : 공개된 때부터 3시간
> • 신문 등의 진흥에 관한 법률에 따른 일반일간신문 또는 경제분야의 특수일간신문 중 전국을 보급지역으로 하는 둘 이상의 신문에 내용이 게재된 정보 : 게재된 날의 다음날 0시부터 6시간(다만, 해당 법률에 따른 전자간행물의 형태로 게재된 경우에는 게재된 때부터 6시간)
> • 방송법에 따른 방송 중 전국을 가시청권으로 하는 지상파방송을 통하여 방송된 정보 : 방송된 때부터 6시간
> • 뉴스통신진흥에 관한 법률에 따른 연합뉴스사를 통하여 그 내용이 제공된 정보 : 제공된 때부터 6시간

041

A기업은 거래소가 설치한 전자전달매체를 통하여 미공개정보를 공개하였다. 미공개정보가 해제되는 시기는 언제인가?

① 공개된 때로부터 3시간
② 공개된 때로부터 6시간
③ 공개한 때로부터 12시간
④ 공개한 때로부터 24시간

거래소가 설치한 전자전달매체를 통하여 미공개정보를 공개하는 경우 공개된 때로부터 3시간 이후에 미공개정보가 해제된다.

042

금융투자업자의 임직원 주식거래에 대한 설명으로 가장 적절하지 <u>못한</u> 것은?

① 자본시장법에서는 증권회사 임직원의 주식매매 금지규정이 폐지되었다.
② 증권예탁증권과 파생 결합증권도 매매가 가능하다.
③ 매매명세를 월별로 소속 금융투자업자에게 통지해야 한다.
④ 자기의 명의로 매매해야 한다.

매매명세를 분기별로 소속 금융투자업자에게 통지해야 한다. 단, 투자권유자문인력과 조사분석인력 및 투자운용인력의 경우에는 월별로 통지해야 한다.

043

다음 설명 중 옳지 <u>않은</u> 것은?

① 적합성의 원칙은 일반투자자에게만 적용된다.
② 자본시장법에서는 모든 금융투자업자가 설명의무를 준수하도록 하였다.
③ 소비자보호를 위한 '계약해제제도(Cooling Off)'가 금융관련 계약에는 적용되지 않는다.
④ 투자권유가 특정 투자자를 상대로 매매를 권유하는 행위인데 반해, 불특정 투자자를 상대로 하는 것이 투자광고이다.

자본시장법에서는 투자자문계약의 경우에 한정적으로 계약해제제도를 도입하고 있다. 투자자문업자와 투자자문계약을 체결한 투자자는 계약서류를 교부받은 날로부터 7일 이내에 계약을 해제할 수 있다.

044

자본시장법에서 개선된 제도에 대한 설명으로 가장 적절하지 <u>않은</u> 것은?

① 일임매매제도를 폐지하고 금융투자회사가 투자일임업 등록을 할 경우에 일임매매를 할 수 있도록 하였다.
② 금융투자회사 임직원의 직접투자가 허용되었다.
③ 사업설명서의 명칭이 투자설명서로 변경되고, 교부가 의무화되었다.
④ 수시공시의 주관 기관이 금융위원회와 거래소로 이원화되었다.

수시공시의 주관 기관이 금융위원회와 거래소로 이원화되어 있었으나, 자본시장법에서 거래소로 일원화하였다.

045

자본시장법상의 '투자권유대행인제도'에 대한 설명으로 가장 적절하지 <u>못한</u> 것은?

① 투자권유대행인은 금융투자회사의 직원이 아니다.
② 투자권유대행인은 증권과 파생상품에 대한 투자권유를 할 수 있다.
③ 투자권유대행인이 투자자로부터 금전, 증권을 직접 수취하는 행위는 금지된다.
④ 투자권유대행인에게도 금융투자상품의 내용 및 위험에 대한 설명의무가 부과된다.

금융투사업자는 투자권유대행인에게 파생상품 등에 대한 투자권유는 위탁이 금지된다.

 투자권유대행인의 금지 행위
- 위탁한 금융투자업자를 대리하여 계약을 체결하는 행위
- 투자자로부터 금전·증권, 그 밖의 재산을 수취하는 행위
- 금융투자업자로부터 위탁받은 투자권유대행업무를 제3자에게 재위탁하는 행위
- 둘 이상의 금융투자업자와 투자권유 위탁계약을 체결하는 행위
- 보험설계사가 소속된 보험회사가 아닌 보험회사와 투자권유 위탁계약을 체결하는 행위 등

046

투자매매업자 및 투자중개업자의 영업행위 규칙으로 틀린 설명은?

① 투자매매업자가 증권시장을 통하여 거래를 하는 경우 자기 계약 금지 규정이 적용된다.
② 투자자로부터 매매에 관한 주문을 받은 경우 사전에 자기가 투자매매업자인지 투자중개업자인지를 밝혀야 한다.
③ 2013년 최선집행의무가 신설되었다.
④ 투자중개업자가 투자자로부터 증권시장에서의 매매 위탁을 받은 경우에는 반드시 증권시장을 통하여 거래를 실행해야 한다.

문제해설

투자매매업자나 투자중개업자가 증권시장이나 파생상품시장을 통하여 거래를 하는 경우에는 자기계약 금지규정이 적용되지 않는다. 시장을 통한 거래는 거래조작으로 투자자의 이익을 침해할 가능성이 낮기 때문이다.

047

자산운용보고서에 대한 설명으로 적절하지 못한 것을 고르시오.

① 집합투자업자는 자산운용보고서를 작성하여 신탁업자의 확인을 받아 3개월마다 1회 이상 투자자에게 교부해야 한다.
② 자산운용보고서는 자산운용에 대한 일종의 정기공시에 해당한다.
③ 투자매매업자·투자중개업자를 통하여 판매한 집합투자증권의 자산운용보고서도 집합투자업자가 반드시 투자자에게 직접 교부해야 한다.
④ 자산운용보고서의 서식 및 작성방법은 금융위가 정하여 고시한다.

문제해설

집합투자증권을 판매한 투자매매업자·투자중개업자를 통하여 기준일로부터 2개월 이내에 직접 또는 우편발송 등의 방법으로 제공하면 된다. 투자자가 전자우편을 통해 수령한다는 의사표시를 한 경우 전자우편도 가능하며, 자산운용보고서를 작성·제공하는 데 드는 비용은 집합투자업자가 부담한다.

048

집합투자업자의 자산운용상 제한에 대한 설명으로 **틀린** 것은 무엇인가?

① 각 집합투자기구 자산총액의 10%를 초과하여 동일종목에 투자하면 안 된다.
② 각 집합투자업자가 운용하는 전체 집합투자기구 자산총액으로 동일법인 등이 발행한 지분증권 총수의 10%를 초과하여 투자해서는 안 된다.
③ 각 집합투자기구 자산총액으로 동일법인 등이 발행한 지분증권 총수의 10%를 초과하여 투자해서는 안 된다.
④ 파생상품의 매매에 따른 위험평가액이 각 집합투자기구의 자산총액에서 부채총액을 뺀 가액의 100%를 초과하여 투자해서는 안 된다.

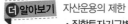 자산운용의 제한
- **집합투자기구별 동일종목 증권 투자제한** : 각 집합투자기구 자산총액의 10%를 초과하여 동일종목의 증권에 투자하는 행위
- **전체 집합투자기구 또는 집합투자기구별 동일 지분증권 투자제한** : 전체 집합투자기구에서 동일법인 등이 발행한 지분증권 총수의 10%를 초과하여 투자하는 행위
- **부동산 투자제한** : 취득 후 3년 이내에 처분하는 행위
- **집합투자증권 투자제한**
  - 각 집합투자기구 자산총액의 50%를 초과하여 동일 집합투자업자가 운용하는 집합투자증권에 투자하는 행위
  - 투자하는 날을 기준으로 동일 집합투자증권 발행총수익의 20%를 초과하여 투자하는 행위

각 집합투자업자가 운용하는 전체 집합투자기구 자산총액으로 동일법인 등이 발행한 지분증권 총수의 20%를 초과하여 투자해서는 안 된다.

049

전문투자자 중 일반투자자와 같은 대우를 받겠다는 의사를 표명하면 일반투자자로 전환이 가능한 경우가 있다. 이런 경우에 해당하는 것을 고르시오.

① 국가
② 지방자치단체
③ 신용협동조합중앙회
④ 금융투자업자

지방자치단체나 주권상장법인의 경우 금융투자업자에게 서면으로 전환의사를 통지하고 금융투자업자가 이에 동의하면 일반투자자로 취급된다.

050

자본시장법의 제정 배경을 설명한 것으로 가장 잘못된 것은?

① 자본시장을 통한 자금공급기능의 필요성이 확대되었다.
② 기존 법령에서 취급할 수 없는 다양한 신종 금융상품이 출현하였다.
③ 금융투자산업의 발전을 위해서 투자권유나 판매규제의 완화가 필요하였다.
④ 자본시장의 자금중개기능을 강화하고자 하였다.

문제해설

자본시장법의 가장 중요한 핵심은 투자자보호이다. 따라서 일반투자를 상대로 하는 투자권유나 판매와 관련한 규제는 강화되었다고 보아야 한다.

051

다음 중 자본시장법의 주요 내용으로 가장 옳지 않은 것은?

① 금융투자업자의 업무범위 확대 ② 포괄주의 규율체제
③ 기능별 규율체제 ④ 전문투자자 보호체제 강화

문제해설

전문투자자를 보호하지 않는 것은 아니지만 법규의 내용이 일반투자자 보호에 집중되어 있으므로 전문투자자 보호 강화라는 설명은 적절하지 않다.

052

자본시장법 제11조는 무인가 영업행위를 금지하고 있다. 이를 위반한 경우에 대한 제재로 옳지 않은 것은?

① 인가를 받지 아니하고 금융투자업을 영위한 자는 5년 이하의 징역 또는 2억 원 이하의 벌금에 처한다.
② 금융투자업자가 부정한 방법으로 인가를 받은 경우 금융감독원은 해당 금융투자업 인가를 취소할 수 있다.
③ 금융투자업 인가와 등록이 모두 취소된 금융투자업자는 해산된다.
④ 인가요건의 유지의무를 위반한 경우에도 금융투자업 인가가 취소될 수 있다.

문제해설

부정한 방법으로 인가를 받은 경우 인가를 취소할 수 있는 권한은 금융감독원이 아닌 금융위원회가 갖고 있다.

3과목 Ⅰ 직무윤리 및 법규

053

자본시장법의 분류상 금융투자상품에 포함되지 <u>않는</u> 것은?

① 보통예금
② 장내파생상품
③ 장외파생상품
④ 지분증권

문제해설

예금과 보험은 금융투자상품에 대한 일반적 정의에 해당하지 않는다.

054

한국증권금융은 자본시장법에 의거 증권금융업무를 인가 받은 주식회사이다. 한국증권금융의 업무에 해당하지 <u>않는</u> 것은?

① 증권의 발행과 관련하여 투자매매업자에게 필요한 자금을 대여하는 업무
② 증권을 담보로 하는 대출
③ 실질주주 의결권 대리행사
④ 집합투자재산의 보관업무

문제해설

실질주주 의결권 대리행사와 증권거래세 원천징수는 법령에서 정한 한국예탁결제원의 업무에 해당한다.

055

금융투자업의 인가와 관련하여 <u>잘못된</u> 설명은?

① 인가업무 단위는 금융투자업, 금융투자상품, 투자자라는 3가지 사항을 구성요소로 하는 금융기능을 중심으로 정해진다.
② 투자매매업 중에서 인수업만을 업무단위로 할 수는 없다.
③ 투자중개업 중에서 전자증권중개업무(ECN)를 하려면 주식회사로서 한국거래소의 회원이어야 한다.
④ 사업계획의 타당성과 건전성 요건은 감독당국자의 재량이 개입될 수 있는 여지를 허용하고 있다.

문제해설

투자매매업 중에서 인수업만을 업무단위로 할 수도 있다. 다른 인가요건들이 객관적인 기준이 제시되고 있는 데 비해 사업계획의 타당성은 명확한 기준이 없어 감독당국자의 재량이 개입될 수 있다.

056
파생상품 중 장래의 일정기간 동안 미리 정한 가격으로 기초자산이나 기초자산의 가격, 이자율 또는 이를 기초로 하는 지수 등에 의하여 산출된 금전 등을 교환할 것을 약정하는 계약으로 정의되는 것은?

① 파생결합증권   ② 선도

③ 옵션   ④ 스왑

스왑에 대한 설명이다. 자본시장법은 파생상품을 선도, 옵션, 스왑의 어느 하나에 해당하는 투자성 있는 것으로 정의하고 있으며, 파생결합증권은 파생상품으로 분류되지 않는다.

057
자본시장의 행정기관에 대한 설명이 바르게 연결되지 <u>않은</u> 것은?

① 금융위원회 — 공시규정의 제정
② 증권선물위원회 — 증권시장의 불공정거래조사
③ 금융감독원 — 은행 · 증권에 대한 검사기관
④ 한국거래소 — 상장규정 제정 · 운용

공시규정의 제정 · 운용은 한국거래소의 기능에 해당한다.

058
금융위원회의 구성에 대한 설명으로 <u>틀린</u> 것은?

① 위원은 9인으로 구성된다.
② 한국은행 부총재는 당연직 위원에 속한다.
③ 위원 중 3인은 추천기관의 추천을 받아 대통령이 임명한다.
④ 당연직 위원과 추천위원은 겸직이 허용된다.

위원장, 부위원장과 추천위원 중 상임위원은 겸직이 금지된다.

 금융위원회의 위원은 9인으로 위원장, 부위원장과 당연직 위원 4명, 추천위원 3명으로 구성된다. 당연직 위원에는 기획재정부 차관, 금융감독원 원장, 한국은행 부총재, 예금보험공사 사장이 포함된다. 추천위원에는 금융위원회 위원장이 추천하는 금융전문가 2인, 대한상공회의소 회장 추천 경제계 대표 1인인데 경제계 대표 1인은 비상임으로, 비상임위원을 제외하고는 겸직이 금지된다.

059
한국금융투자협회에 대한 설명으로 바르지 <u>못한</u> 것은?

① 채권평가회사는 협회의 회원이 될 수 없다.
② 투자광고의 자율심의에 관한 업무도 담당한다.
③ 영업행위와 관련한 분쟁의 자율조정을 담당한다.
④ 금융감독원의 검사를 받는다.

더 알아보기 협회의 회원이 될 수 있는 자
- 금융투자업자
- 금융투자업자와 관련된 업무를 영위하는 자로서 대통령령으로 정하는 자
  - 일반사무관리회사
  - 집합투자기구평가회사
  - 채권평가회사
  - 그 밖에 협회 정관에서 회원으로 정하는 자

문제해설
채권평기철사는 협회의 회원이 될
수 있다.

060
금융투자업의 인가 및 등록에 대한 설명으로 가장 <u>잘못된</u> 것은?

① 인가제와 등록제의 적용은 투자자가 노출되는 위험의 크기에 따라 구분된다.
② 금융투자업 중 신탁업은 인가제가 적용된다.
③ 일반투자자를 상대로 하는 금융투자업의 경우 전문투자자를 상대로 하는 경우보다 강화된 진입요건을 설정하였다.
④ 등록제에 비해 인가제는 객관적인 요건만을 요구한다.

더 알아보기 금융투자업의 인가요건
- 투자자의 보호가 가능하고 그 영위하고자 하는 금융투자업을 수행하기에 충분한 인력과 전산설비, 그 밖의 물적 설비를 갖출 것
- 대주가 충분한 출자능력, 건전한 재무상태 및 사회적 신용을 갖출 것
- 인가업무 단위별 필요 자기자본을 갖출 것

문제해설
인가제의 진입요건은 등록제에 비해 엄격하게 설정된다. 등록제의 요건이 모두 객관적인 요건만을 요구하는 데 비해 인가제는 사업계획의 타당성과 같은 감독당국의 재량적 판단을 허용하는 요건을 추가하였다.

061

투자중개업자의 최저 자기자본으로 옳은 것은?

① 15억 원   ② 20억 원

③ 30억 원   ④ 80억 원

 더알아보기 인가업무 단위별 필요 자기자본(인가 금융투자업 전부 영위할 경우 1,980억 원)
- **투자매매업** : 증권 500억 원, 장내파생상품 100억 원, 장외파생상품 900억 원
- **투자중개업** : 증권 30억 원, 장내파생상품 20억 원, 장외파생상품 100억 원
- **집합투자업** : 모든 펀드 80억 원, 증권펀드 및 MMF 40억 원
- **신탁업** : 모든 자산 250억 원, 금전신탁 130억 원

※ 위 자기자본은 일반투자자 및 전문투자자 대상일 경우의 기준이며, 전문투자자만을 대상으로 할 경우 1/2임

문제해설

투자중개업자의 최저 자기자본은 30억 원이다.

062

자본시장법상의 공시제도에 대한 설명으로 <u>틀린</u> 것은?

① 수시공시 조치권자는 금융위원회이다.
② 주요사항보고서는 금융위원회에 제출한다.
③ 수시공시는 거래소에 제출해야 한다.
④ 분기보고서는 금융위원회와 거래소에 제출해야 한다.

문제해설

수시공시 조치권자는 거래소이다.

더알아보기

구분	보고서	조치권자	제출처
정기공시	사업보고서 (반기, 분기보고서)	금융위원회	금융위원회, 거래소
비정기 공시	주요사항보고서	금융위원회	금융위원회
	수시공시	거래소	거래소

063
금융위원회에 제출하는 주요사항보고서의 제출대상이 <u>아닌</u> 경우는?

① 영업활동의 전부 또는 중요한 일부가 정지된 때
② 자기주식을 취득할 것을 결의할 때
③ 자본증가 또는 자본감소에 관한 이사회의 결의가 있은 때
④ 주권상장법인이 주식을 5% 이상 취득한 때

문제해설

5% Rule은 수시공시사항이다.

064
자본시장법상 불공정거래행위 규제에 대한 내용으로 <u>잘못된</u> 것은?

① 자본시장법상 금지되는 불공정거래행위 유형은 크게 미공개정보이용행위, 시세조종행위, 일반 사기적 부정행위로 분류된다.
② 내부자의 지위를 상실한지 1년이 경과되지 않은 자도 내부자의 범위에 포함된다.
③ 단기매매차익반환 대상증권의 발행회사는 당해 법인으로 한정된다.
④ 장내파생상품의 대량보유도 금융위원회와 거래소에 보고하여야 한다.

문제해설

단기매매차익반환 대상증권의 발행회사는 당해 법인으로 한정되지 않으며 증권을 기초자산으로 하는 금융투자상품 등 신종증권도 포함된다.

065

공개매수제도에 대한 설명으로 바른 것을 고르시오.

① 공개매수신고서 제출 후 3일이 경과하여야 공개매수를 할 수 있다.

② 공개매수신고서는 수리제도가 아니라 신고서 제출과 동시에 공개매수 금지가 자동적으로 해제되는 효과만 부여하고 있다.

③ 공개매수조건의 변경이 있는 경우 공개매수신고서를 제출한 후에는 정정할 수 없다.

④ 공개매수가 공고된 이후라도 공개매수자는 언제든지 철회할 수 있다.

 공개매수의 적용면제

• 소각을 목적으로 하는 주식 등의 매수 등
• 주식매수청구에 응한 주식의 매수
• 신주인수권이 표시된 것, 전환사채권, 신주인수권부사채권 또는 교환사채권의 권리행사에 따른 주식 등의 매수 등
• 파생결합증권의 권리행사에 따른 주식 등의 매수 등
• 특수관계인으로부터 주식 등의 매수 등
• 전자증권중개업무 방법에 따라 증권의 매매를 중개하는 방법에 의한 주식의 매수
• 그 밖에 다른 투자자의 이익을 해칠 염려가 없는 경우로서 금융위원회가 정하여 고시하는 주식 등의 매수 등

① 공개매수신고서 제출 후 3일이 경과해야 공개매수를 할 수 있도록 하던 제한은 폐지되었다.
③ 공개매수조건의 변경이 있는 경우 공개매수기간 종료일까지 정정신고서를 제출하면 된다.
④ 공개매수가 고된 이후에는 원칙적으로 철회가 금지된다.

066

투자권유대행인제도에 대한 내용이 <u>잘못</u> 설명된 것은?

① 자본시장법에서 도입된 제도이다.

② 판매권유자에 의한 불완전 판매를 방지하기 위한 투자권유 규제를 강화하기 위한 제도이다.

③ 금융투자업자는 투자권유대행인에게 파생상품에 대한 투자권유는 위탁이 금지된다.

④ 투자권유 시 자기명의 · 계산에 의한 판매를 명시하고 있다.

투자권유 시 자기명의 · 계산에 의한 판매를 금지하고 투자권유대행인을 투자자에게 고지하도록 하여 투자자의 피해를 방지하고자 하고 있다.

투자자산운용사 빈출 1000제

3장 금융위원회규정

001

금융위 규정의 의의와 법적 성격에 대한 설명이 가장 적절하지 못한 것은?

① 금융관련법령에서 금융위에 위임한 사항을 규정해 놓은 것이다.
② 감독원장이 제정한 것은 규정과 구분하여 규정시행세칙으로 지칭한다.
③ 금융위 규정은 법규명령보다 하위의 법에 속한다.
④ 금융위 규정은 대외적으로 법적 구속력을 가진다.

문제해설

법의 단계는 헌법-법률-명령-조례-규칙의 상하위단계가 있다. 금융위원회 규정은 자본시장법과 같은 금융관련 법률이 위임한 사항을 다루는 법규명령의 일종이다.

002

주권 비상장법인이 지분증권을 직접 모집하는 경우 모집가액의 적정성 등 증권의 가치를 평가하는 기관을 증권분석기관이라 한다. 다음 중 증권분석기관이 아닌 것은?

① 신용평가업자
② 회계법인
③ 채권평가회사
④ 신탁업자

문제해설

증권분석기관은 신용평가업자, 회계법인, 채권평가회사와 인수업무를 인가받은 자, 모집·매출의 주선업무를 인가받은 자를 말한다.

003

투자매매업자의 총 신용규모는 (A)의 범위 이내로 하여야 한다. 빈칸 A에 가장 적절한 것은?

① 자본금
② 자기자본
③ 총위험액
④ 부채비율

문제해설

투자매매업자의 총 신용규모는 자기자본의 범위 이내로 한다.

004

유가증권을 모집 매출하는 경우 청약권유대상자의 수에서 제외되는 자가 <u>아닌</u> 자는?

① 기관투자자
② 발행인이 설립중인 회사의 경우 발기인
③ 해당 기업의 직원
④ 임원

문제해설

임원 및 우리사주 조합원은 특별한 연고자로 제외되지만 직원은 해당되지 않는다.

005

다음 빈칸에 공통적으로 들어갈 숫자는?

- 투자매매업자는 증권의 모집 또는 매출의 청약기간의 종료일 전 (　　)일부터 그 청약기간의 종료일까지 증권의 가격을 안정시키는 안정조작을 할 수 있다.
- 안정조작 개시일 최초로 안정조작을 하는 경우 매수가격은 직전 거래가격과 안정조작 기간의 초일전 (　　)일 간의 평균거래가격 중 낮은 가격을 초과할 수 없다.

① 5 　　　　　　　　　② 10
③ 20 　　　　　　　　　④ 30

문제해설

안정조작 가능기간은 20일이다.

006

다음 중 공개매수의 면제사유에 해당하지 <u>않는</u> 것은?

① 경영권 방어를 위한 매수
② 소각 목적으로 매수
③ 특수관계인으로부터 주식매수
④ 파생결합증권 권리행사에 따른 주식매수

문제해설

그 외에도 주식매수청구에 응한 주식매수, 전환사채권 등의 권리행사에 따른 주식매수 등은 공개매수가 면제된다.

007

다음 빈칸에 들어갈 숫자가 바르게 연결된 것은?

> 공공적 법인이 발행한 주식은 그 주식이 상장된 당시에 (㉠)% 이상을 소유한 주주는 그 소유비율을 초과하여 소유할 수 없다. 그 주주 외의 자는 (㉡)% 이내에서 정관이 정하는 비율을 초과하여 소유할 수 없다.

	㉠	㉡		㉠	㉡
①	5	3	②	10	5
③	10	3	④	15	5

문제해설

공공적 법인이 발행한 주식을 취득하기 위해서는 위의 소유비율의 규제를 받으며, 공공적 법인의 발행주식을 취득하고자 하는 자는 대량주식 취득승인 신청서에 최대주주의 의견서를 첨부하여 금융위에 승인을 신청해야 한다.

008

증권신고서에 대한 설명으로 가장 적절하지 <u>못한</u> 것은?

① 증권신고서의 기재사항을 정정하고자 하는 경우 청약일 전일까지 정정신고서를 제출할 수 있다.
② 외국법인이 집합투자증권을 모집하는 경우에는 증권신고서에 예비투자설명서, 간이투자설명서 등을 첨부하여야 한다.
③ 소규모합병으로 피합병회사가 주권상장법인이 아닌 경우 기재사항 및 첨부서류의 일부를 생략한 신고서를 제출할 수 있다.
④ 일괄신고서를 제출한 자는 그 기간 중에 그 증권을 모집하거나 매출할 때마다 일괄신고추가서류를 제출할 필요가 없다.

문제해설

일괄신고서를 제출한 자는 그 기간 중에 그 증권을 모집하거나 매출할 때마다 일괄신고 추가서류를 제출해야 한다. 매번 증권신고서를 제출하는 것은 아니지만 추가서류는 제출해야 한다. 추가서류에는 모집 또는 매출되는 증권의 권리내용, 모집 또는 매출되는 증권의 취득에 따른 투자위험요소, 모집 또는 매출되는 증권의 기초자산에 관한 사항, 자금의 사용목적을 기재하여야 한다.

> **더알아보기** 유동화증권의 증권신고서의 첨부서류
> • 외부평가기관의 평가의견서
> • 자산실사보고서
> • 예비투자설명서
> • 간이투자설명서

009

증권신고서가 수리된 이후 효력이 발생하기 전에 증권의 모집을 위하여 청약의 권유를 하는 경우에 사용할 수 있는 것은?

① 본투자설명서
② 핵심설명서
③ 예비설명서
④ 간이투자설명서

문제해설

예비투자설명서에 대한 설명이다. 예비투자설명서의 본문에는 투자설명서와 같은 사항을 기재하여야 한다.

010

증권신고서가 수리된 이후 신문·방송 등을 이용한 광고를 통하여 청약의 권유를 하는 경우 사용할 수 있는 것은?

① 발행실적보고서　　　② 투자설명서
③ 예비설명서　　　　　④ 간이투자설명서

증권신고의 효력이 발생하기 전에 광고나 홍보전단을 통하여 청약의 권유를 할 때에는 간이투자설명서를 사용할 수 있다.

011

외국인의 주식취득한도 계산시의 기준으로 옳지 <u>않은</u> 설명은?

① 매수는 호가시점에서 취득한 것으로, 매도는 체결시점에서 처분한 것으로 본다.
② 내국민대우 외국인의 주식투자도 포함해야 한다.
③ 하나의 발행인이 발행한 권리내용이 다른 주식은 각각 하나의 종목으로 본다.
④ 외국인 간 대량매매는 체결시점에서 취득 및 처분한 것으로 본다.

내국민대우 외국인의 주식투자는 제외하여 계산한다.

012

공공적 법인 발행주식의 취득에 대한 설명으로 가장 적절하지 <u>못한</u> 것은?

① 상장된 당시에 5% 이상을 소유한 주주는 그 비율을 초과하여 소유할 수 없다.
② 상장된 당시 소유 주주를 제외한 주주는 3% 이내에서 정관이 정하는 비율을 초과하여 소유할 수 없다.
③ 유상증자로 인하여 공공적 법인의 소유비율한도를 초과하여 취득한 주식은 금융위의 승인을 얻어 이를 취득한 것으로 본다.
④ 금융위의 승인을 얻어 주식을 취득한 자는 취득기간의 종료일로부터 10일 이내에 금융위에 대량주식취득보고서와 주식취득의 사실을 확인할 수 있는 서류를 첨부하여 제출하여야 한다.

주식이 상장된 당시에 10% 이상을 소유한 주주에 대한 제한 요건이다.

013

주권상장법인의 자기주식 취득을 설명하는 것으로 잘못된 것은?

① 자기주식의 취득은 이사회 결의사항이다.
② 해당 취득기간 만료 후 3개월이 경과하여야 재의결을 할 수 있다.
③ 매수주문제출은 정규시장이 종료하기 30분 전까지 제출해야 한다.
④ 매수주문 위탁 투자중개업자는 1일 1사로 한정된다.

문제해설

해당 취득기간 만료 후 1개월이 경과하여야 새로운 이사회 결의를 할 수 있다.

014

주권상장법인의 자기주식 취득에 대한 설명으로 틀린 것은?

① 상법에서는 원칙적으로 금지되어 있다.
② 이사회 결의를 거쳐야한다.
③ 매수주문 위탁 중개업자는 1일 1사로 하여야 한다.
④ 시간외 대량매매를 이용한 매수는 어떠한 경우에도 허용되지 않는다.

문제해설

정부, 한국은행, 예금보험공사, 한국산업은행, 중소기업은행 등으로부터 자기주식을 취득하는 경우와 정부가 주권상장법인의 자기주식 취득과 관련하여 공기업 민영화 등 정책목적 달성을 위하여 금융위원회에 요청한 경우에는 시간외 대량매매로 자기주식을 취득할 수 있다.

015

주권상장법인의 자기주식 처분에 대한 설명으로 틀린 것은?

① 이사회 결의일 익일로부터 3월 이내 처분하여야 한다.
② 장 개시 전 매도주문을 하는 경우 그 가격은 전일 종가만 허용된다.
③ 장 중 매도주문은 매도주문 직전의 가격과 매도주문 시점의 최우선 매도호가 중 낮은 가격과 그 가격으로부터 10 호가가격 단위 높은 가격의 범위 이내로 하여야 한다.
④ 장 중 매도주문은 정규시장 종료하기 30분 전까지 제출하여야 한다.

문제해설

장 개시 전 매도주문의 가격은 전일의 종가와 전일의 종가를 기준으로 2호가 낮은 가격의 범위 이내로 한다.

016

제3자 배정 증자의 경우 할인율은 얼마 이내인가?

① 10%
② 20%
③ 30%
④ 자율

문제해설

제3자 배정 증자의 경우 기존 주주의 이익을 해칠 위험이 가장 크기 때문에 할인율은 10% 이내로 엄격히 규제하고 있다.

017

주권상장법인의 재무관리기준으로 옳지 <u>않은</u> 것은?

① 경영권 분쟁기간 중에는 전환사채를 발행할 수 없다.
② 주주우선공모증자방식으로 유상증자를 할 경우 발행가액이 확정되면 확정일로부터 2주 내에 공시하면 된다.
③ 일반공모증자의 할인율은 30% 이내이어야 한다.
④ 각 신주인수권부사채에 부여된 신주인수권의 행사로 인하여 발행할 주식의 발행가액의 합계액은 각 신주인수권부사채의 발행가액을 초과할 수 없다.

문제해설

주주우선공모증자방식으로 유상증자를 할 경우 발행가액이 확정되면 지체 없이 주주에게 통지하거나 정관에서 정한 신문에 공고하여야 한다.

018

다음 빈칸에 가장 적합한 것을 바르게 연결한 것은?

> 전환사채의 전환가격은 전환사채 발행을 위한 (㉠   )을 기산일로 하여 소급하여 산정한 1개월 평균종가, 1주일 평균종가 및 최근일 종가를 산술평균한 가액, 최근일 종가, 청약일 전 제3거래일 종가 중 (㉡   )(으)로 한다.

	㉠	㉡
①	이사회결의일 전일	높은 가액 이상
②	이사회결의일 전일	낮은 가액 이하
③	이사회결의일 당일	높은 가액 이상
④	이사회결의일 당일	낮은 가액 이하

문제해설

전환사채의 전환가격은 전환사채 발행을 위한 이사회결의일 전일을 기산일로 하여 소급하여 산정한 1개월 평균종가, 1주일 평균종가 및 최근일 종가를 산술평균한 가액, 최근일 종가, 청약일 전 제3거래일 종가 중 높은 가액 이상으로 한다.

019

주식 대량보유상황보고에 관한 특례가 인정되는 투자자에 해당하지 <u>않는</u> 것은?

① 한국자산관리공사
② 한국예탁결제원
③ 기술신용보증기금
④ 외환은행

문제해설

특례가 인정되는 전문투자자는 국가, 지방자치단체, 한국은행, 예금보험공사, 한국자산관리공사, 한국주택금융공사, 협회, 한국예탁결제원, 한국거래소, 금융감독원, 신용보증기금, 기술신용보증기금 등이다.

020

다음 빈칸에 적합한 수치가 바르게 연결된 것은?

> 해당 주식 등의 매수를 하는 날부터 과거 (㉠)개월간 (㉡)인 이상의 자로부터 매수를 하고자 하는 자는 본인과 특별관계자가 보유하게 되는 주식의 합계가 주식 총수의 100분의 (㉢) 이상이 되는 경우에는 공개매수를 하여야 한다.

	㉠	㉡	㉢		㉠	㉡	㉢
①	3	10	5	②	3	50	3
③	6	10	5	④	6	50	3

021

다음 빈칸에 공통적으로 들어갈 숫자는 무엇인가?

> 외부평가기관이 합병당사회사에 그 자본금의 100분의 (   ) 이상을 출자하고 있거나 합병당사회사가 그 외부평가기관에 100분의 (   ) 이상을 출자하고 있는 경우에는 해당 합병에 대한 평가를 할 수 없다.

① 1

② 3

③ 5

④ 10

022

금융투자 업자의 인가시 대주주가 금융기관이라면 자기자본이 출자금액의 얼마 이상이어야 하는가?

① 2배

② 3배

③ 4배

④ 5배

023

금융투자업 인가시 대주주의 요건으로 잘못된 설명은 무엇인가?

① 대주주가 개인인 경우 임원의 자격제한 요건에 해당하지 않아야 한다.
② 대주주가 내국법인일 경우 부채비율이 200% 이하이어야 한다.
③ 대주주가 금융기관일 경우 재무상태가 적기시정조치 기준을 상회하여
야 한다.
④ 대주주가 외국법인인 경우 자기자본이 출자금액의 2배 이상이면 된다.

대주주가 외국법인일 경우도 자기
자본은 출자금액의 4배 이상이어야
한다.

024

금융투자회사의 자산건전성에 대한 규정으로 옳지 않은 것은?

① 금융투자회사는 영업용순자본 비율을 100% 이상 유지해야 한다.
② 자산건전성 분류는 분기별로 실시한다.
③ '회수의문'으로 분류된 자산은 50%를 대손충당금으로 적립해야 한다.
④ 자산건전성 분류 결과 및 대손충당금 적립결과는 금융감독원장에게
보고해야 한다.

'회수의문' 분류자산의 75%를 적립
해야 한다.

025

**금융투자업자의 영업용순자본을 산정할 때 차감항목에 속하지 않는 것
은?**

① 유형자산
② 유동성 자산에 설정된 대손충당금
③ 채무보증금액
④ 임차보증금

유동성자산에 설정된 대손충당금,
후순위차입금, 금융리스부채, 자산
평가이익은 영업용순자본에 가산하
는 항목이다.

026

영업용순자본에 가산할 수 있는 후순위차입금 규모는 얼마 이내인가?

① 자기자본의 50%
② 자기자본의 100%
③ 순재산액의 50%
④ 순재산액의 100%

순재산액의 50% 이내로 하며, 잔존
기간이 5년 미만인 경우에는 연도
별로 20%씩 가산규모를 축소한다.
잔존기간이 1년 미만인 경우 가산하
지 아니한다.

027

적기시정조치 중 경영개선요구에 해당하는 사항이 <u>아닌</u> 것은?

① 6개월 이내의 영업정지
② 자산처분
③ 점포의 폐쇄
④ 임원진 교체 요구

더 알아보기 경영개선요구
- 고위험자산 보유제한 및 자산처분
- 점포의 폐쇄, 신설제한
- 조직의 축소
- 자회사 정리
- 임원진 교체 요구
- 영업 일부정지

문제해설

6개월 이내의 영업정지는 경영개선명령에 해당한다.

028

적기시정조치를 받은 금융투자업자는 일정한 기간 이내에 조치사항을 이행하여야 한다. 금융투자업자 A가 경영개선요구를 받았다면 이행기간은 얼마가 되는가?

① 적기시정조치일로부터 6개월 이내
② 적기시정조치일로부터 1년 이내
③ 경영개선계획 승인일로부터 6개월 이내
④ 경영개선계획 승인일로부터 1년 이내

문제해설

- **경영개선권고** : 경영개선계획 승인일로부터 6개월 이내
- **경영개선요구** : 경영개선계획 승인일로부터 1년 이내
- **경영개선명령** : 금융위원회가 결정

029

투자매매업자 또는 투자중개업자의 신용공여에 대한 설명으로 가장 적절하지 <u>못한</u> 것은?

① 투자자로부터 신용거래를 수탁받은 때에 기존 거래계좌가 있는 경우라면 별도의 신용거래계좌를 개설할 필요가 없다.
② 청약자금을 대출할 경우 청약하여 배정받은 증권을 담보로 징구하여야 한다.
③ 투자자의 신용상태를 고려하여 신용공여금액의 100분의 140 이상에 상당하는 담보를 징구하여야 한다.
④ 투자자와 사전에 합의한 경우 담보의 추가납부를 요구하지 아니하고 투자자의 계좌에 담보로 제공하지 아니한 현금 또는 증권을 추가담보로 징구할 수 있다.

문제해설

신용거래계좌를 설정하여야 하며, 계좌설정보증금으로 100만 원을 징구하여야 한다.

030

다음 설명 중 가장 적절하지 <u>못한</u> 것은?

① 투자자계좌의 순재산액이 100만 원에 미달하는 투자자는 신규로 신용거래를 하지 못한다.

② 투자중개업자는 거래가 있는 계좌에 대하여 매매내역을 다음 달 10일까지 투자자에게 통지하여야 한다.

③ 매매내역을 수시로 확인할 수 있는 통장으로 거래한 경우 매매내역을 통지한 것으로 본다.

④ 집합투자업자는 자산운용보고서를 작성하여 3개월마다 1회 이상 투자자에게 제공하여야 한다.

문제해설

투자해매업자 또는 투자중개업자는 거래가 있는 계좌에 대하여 월간 매매내역, 손익내역, 월말 잔액 등을 다음 달 20일까지 투자자에게 통지하여야 한다.

031

투자매매업자, 투자중개업자의 신용공여에 대한 설명이 <u>잘못된</u> 것은?

① 투자자 계좌의 순재산액이 100만 원에 미달하는 투자자는 신규 신용거래가 불가하다.

② ETF와 ELW도 신용거래가 가능하다.

③ 투자경고종목으로 지정되면 신용거래가 중단된다.

④ 신용거래계좌 설정 시 설정보증금 100만 원을 징구할 수 있다.

문제해설

ETF는 신용거래가 가능하나 ELW는 불가능하다.

032

다음 빈칸에 들어갈 알맞은 숫자는 무엇인가?

> 영업용순자본비율이 (　　)%에 미달하는 금융투자업자는 청약자예수금, 제세금예수금, 유통금융대주담보금, 거래소에 매매증거금으로 예치된 예수금, 투자전용 외화계정의 예수금을 제외한 모든 투자자예탁금의 합계액 이상을 예치기관에 예치하여야 한다.

① 90 ② 100
③ 120 ④ 150

문제해설

예탁자산의 관리에 대한 규정에서 재무상태가 부실한 금융투자업자의 기준은 영업용순자본 비율이 120% 미만인 경우이다.

033

투자일임업자에 대한 설명으로 옳지 <u>않은</u> 것은?

① 투자일임재산을 운용함에 있어서 투자일임업자의 고유재산과 거래할 수 없다.
② 투자일임업자가 투자운용인력을 교체하는 것은 고유업무이므로 고객의 동의를 요하지는 않는다.
③ 투자일임재산의 운용내역에 대한 투자자의 조회를 거부할 수 없다.
④ 투자일임보고서를 3개월마다 1회 이상 투자자에게 제공하여야 한다.

문제해설

투자자의 동의를 얻지 않고 투자운용인력을 교체하는 행위는 불건전 영업행위로 금지되고 있다.

034

외국인의 증권거래에 대한 설명으로 가장 적절하지 <u>못한</u> 것은?

① 주식옵션 및 주식워런트증권의 콜옵션 권리행사로 주식을 취득하는 경우에도 공공적 법인의 주식취득한도를 초과할 수 없다.
② 외국인에 대해서는 증권시장의 호가접수시간 전에 예비주문을 할 수 있도록 허용하고 있다.
③ 외국인은 취득한 증권을 예탁결제원, 외국환은행, 투자매매업자, 투자중개업자, 집합투자업자 또는 외국 보관기관에 보관하여야 한다.
④ 매매거래계좌를 개설할 때에는 증권의 종류별로 구분하여 개설하여야 한다.

문제해설

주식옵션 및 주식워런트증권의 콜옵션 권리행사 또는 풋옵션 권리행사 배정으로 주식을 취득하는 경우에는 공공적 법인의 주식취득한도를 초과할 수 있다. 이 경우 외국인은 한도초과분을 주식옵션 등 권리행사일 다음 날까지 처분하여야 한다.

035

투자자 예탁자산의 관리에서 별도예치금의 운용대상에 해당하지 <u>않는</u> 것은?

① 수익증권 매입   ② CD 매입
③ 한국은행 예치   ④ MMF 매수

문제해설

수익증권이나 예금보호대상이 아닌 예금 등은 운용대상에서 제외된다.

036

사모투자전문회사의 사원의 총수는 몇 명 이하로 규정하고 있는가?

① 10인   ② 20인
③ 30인   ④ 49인

 PEF(Private Equity Fund)라고 불리는 사모투자전문회사는 회사 재산을 주식 또는 지분 등에 투자해 경영권 참여, 사업구조 또는 지배구조의 개선 등의 방법으로 투자한 기업의 가치를 높인 후, 그 수익을 사원에게 배분하는 것을 목적으로 하는 회사를 말한다.

사모투자전문회사의 사원의 총수는 49인 이하로 한다.

037

증권금융회사가 유지해야 하는 위험가중자산에 대한 자기자본비율은 얼마인가?

① 100분의 5   ② 100분의 8
③ 100분의 10   ④ 100분의 15

증권금융회사는 위험가중자산에 대한 자기자본비율은 100분의 8 이상, 원화유동성부채에 대한 원화유동성자산 비율은 100분의 70 이상을 유지하여야 한다.

038

종합금융회사가 준수하여야 할 원화유동성 비율은 얼마인가?

① 100분의 50 이상   ② 100분의 70 이상
③ 100분의 80 이상   ④ 100분의 100 이상

종합금융회사는 3개월 이내 만기도래 원화자산, 부채비율(원화유동성비율)이 100분의 100 이상이어야 한다

4장 한국금융투자협회규정

001

투자권유의 적합성 확보에 대한 설명으로 옳지 <u>않은</u> 것은?

① 일반투자자의 경우 투자권유를 하기 전에 고객의 투자목적과 재산상황, 투자경험 등의 정보를 파악해야 한다.
② 확인한 투자자정보의 내용은 해당 일반투자자에게 제공해서는 안 된다.
③ 투자자정보를 제공하지 않은 일반투자자에게는 금융투자상품의 거래를 권유해서는 안 된다.
④ 일반투자자에게 파생상품을 판매하고자 하는 경우 '투자자정보확인서'를 작성하여야 한다.

002

파생상품에 대한 일반투자자 보호장치로 적절하지 <u>못한</u> 것은?

① 주식거래에서 전문투자자로 간주되는 주권상장법인은 별도의 절차 없이 장외파생상품 거래 시에도 전문투자자로 대우받는다.
② 금융투자업자는 파생상품의 투자권유 시 일반투자자 등급별로 차등화된 투자권유준칙을 마련하여야 한다.
③ 파생상품에 대해서는 투자권유대행 위탁을 불허한다.
④ 금융투자업자가 일반투자자와 장외파생상품 매매를 할 경우, 일반투자자가 위험회피 목적의 거래를 하는 경우로 한정된다.

003

다음 설명 중 가장 적절하지 못한 것은?

① 주식워런트증권(ELW)은 핵심설명서 교부는 불필요하나, 위험고지 대상상품에는 포함된다.
② 파생결합증권은 핵심설명서를 추가로 교부해야 한다.
③ 일반투자자가 시스템매매 프로그램에 의한 매매거래를 신청하는 경우 '시스템매매 위험고지서'를 교부하여야 한다.
④ 금융투자회사는 고객정보를 분석한 결과 해당 파생상품 등이 고객에게 적정하지 않다고 판단되면 부적합하다는 사실을 고지하여야 한다.

 문제해설

주석워런트증권은 핵심설명서 교부 의무도 없고, 위험고지 대상상품에도 포함되지 않는다.

004

금융투자업자의 펀드 판매시 금지행위에 해당하지 <u>않는</u> 것은?

① 펀드 판매의 대가로 다른 투자자보다 부당하게 높은 매매거래 수수료를 요구하는 행위
② 다른 회사보다 높은 예상수익률을 표시하는 행위
③ 회사가 받는 판매수수료가 높다는 이유로 특정 펀드의 판매에 차별적인 판매촉진노력을 하는 행위
④ 펀드 판매의 대가로 집합투자재산의 매매주문을 판매회사에게 배정하도록 집합투자업자에게 요구하는 행위

 문제해설

단순히 예상수익률을 표시하는 행위가 금지되는 것은 아니다. 예상수익률의 보장, 예상수익률의 확정적 단언 또는 이를 암시하는 표현이 금지된다.

> **더 알아보기** 펀드 판매시 금지행위
> • 판매보수가 높다는 이유로 특정 펀드 판매에 차별적 판매촉진노력을 하는 행위
> • 펀드 판매의 대가로 펀드의 매매주문을 배정하도록 요구하는 행위
> • 펀드 판매의 대가로 부당하게 높은 매매거래 수수료를 요구하는 행위
> • 예상수익률의 보장 또는 이를 암시하는 표현
> • 판매하는 펀드에 관한 정보를 회사 고유재산의 운용을 위하여 이용하는 행위
> • 집합투자증권의 판매와 관련하여 허위 사실을 유포하는 행위
> • 집합투자업자가 판매회사로부터 취득한 투자자에 관한 정보를 자기가 운용하는 펀드의 직접 판매에 이용하는 행위(다만, 집합투자회사가 판매회사의 금융자주회사인 경우 일부 정보를 이용할 수 있다.)
> • 일반투자자에게 계열회사등인 집합투자회사가 운용하는 집합투자기구의 집합투자 증권만을 투자권유하거나 안내하는 행위

3과목

I 직무윤리 및 법규

005

투자권유준칙에 대한 내용으로 바르게 설명된 것은?

① 고객이 정보를 제공하지 않았더라도 투자권유를 할 수 있다.

② 파생상품의 경우 정보제공이 없어도 상품의 가입을 할 수 있다.

③ 고객의 정보가 없더라도 고객의 확인하에 거래는 할 수 있다.

④ 금융투자회사가 분석한 고객의 투자성향 결과는 고객에게 제공할 필요가 없다.

더 알아보기 투자권유준칙

- 고객이 정보를 제공하지 않은 경우 금융투자회사는 고객에게 투자권유를 할 수 없다.
- 파생상품의 경우 정보제공이 없으면 투자권유는 물론 상품의 가입 또는 거래를 할 수 없다.
- 금융투자회사는 분석된 고객의 투자성향 결과에 대하여 고객의 확인을 받고 고객에게 제공하여야 한다.

문제해설

고객의 정보가 없더라도 고객의 확인하에 거래는 할 수 있다. 단 일반투자자로서 보호는 받지 못한다.

006

다음 빈칸에 가장 적합한 수치는 얼마인가?

> 금융상품 잔고가 (㉠)원 이상이고 금융투자업자에 계좌를 개설한 날부터 (㉡)이 지난 일반투자자로서 협회에서 전문투자자로 지정이 된 개인은 전문투자자로 전환된다.

	㉠	㉡
①	50억	6개월
②	50억	1년
③	100억	6개월
④	100억	1년

문제해설

일반투자자에서 전환된 전문투자자

- 금융투자상품 잔고가 100억 원 이상인 일반투자자로서 협회에서 전문투자자로 지정이 된 법인
- 금융투자상품 잔고가 50억 원 이상이고 금융투자업자에 계좌를 개설한 날부터 1년이 지난 일반투자자로서 협회에서 전문투자자로 지정이 된 개인

007

투자권유대행인에 대한 협회의 표준투자권유준칙에서 금지되는 행위가 아닌 것은?

① 투자권유대행인이 고객으로부터 매매주문을 수탁하는 행위
② 금융투자상품의 매매에 관한 정보를 관리하는 행위
③ 영업점에 투자권유대행인의 영업공간을 설치하는 행위
④ 금융투자회사의 임직원이 아닌 자를 투자권유대행인으로 임명하는 경우

투자권유대행인은 금융투자회사와의 계약에 의하여 투자권유업무를 위탁받은 개인을 말하는데, 투자권유대행인은 금융투자회사의 임직원이 아니다.

008

TV 홈쇼핑 광고 시 준수사항으로 옳은 것은?

① 녹화가 아닌 생방송으로 광고할 것
② 운용실적을 반드시 포함시킬 것
③ 금융투자상품의 설명은 해당 금융투자회사의 임직원이 직접 할 것
④ 홈쇼핑 광고에서는 위험고지사항을 포함시키지 말 것

녹화방송의 형태로 제작·집행하여야 하며, 상품설명을 반드시 해당 금융투자회사의 임직원이 직접 해야 한다. 운용실적이나 수익률 등에 관한 사항은 포함하지 말아야 하며, 위험고지 사항을 총 광고시간의 3분의 1 이상의 시간 동안 안내자막 또는 안내음성을 통해 고지하여야 한다.

009

MMF의 광고 시 유의할 사항으로 옳은 것은?

① TV 광고를 할 수 없다.
② 라디오 광고를 할 수 없다.
③ 다른 금융투자회사의 MMF와 운용실적에 관한 비교 광고를 할 수 없다.
④ 최근 6개월 이상의 실현수익률을 표시해야 한다.

MMF는 90일 이하의 단기 채권으로만 운용되므로, 6개월 이상의 수익률을 표시하는 경우 최근의 이자율 흐름을 정확히 반영하지 못하게 된다. 그런 이유로 MMF의 광고 시에는 기준일로부터 과거 1개월 수익률을 표시하도록 하고 있다.

010

투자광고 시 펀드 운용실적 표시에 대해 준수할 내용으로 가장 적절하지 못한 것은?

① 해당 집합투자기구가 설정일 또는 설립일로부터 1년 이상의 기간이 경과하고 기준일 현재 총 운용규모가 200억 원 이상일 것
② 기준일로부터 소급하여 3개월 이상의 기간누적수익률을 사용할 것
③ 집합투자기구의 유형, 기준일, 설정일, 누적수익률 산출기간, 운용실적의 세전·세후 여부를 표시할 것
④ 투자설명서상의 주된 운용대상자산의 비율 및 자산운용보고서상의 운용내역에 근거하여 벤치마크의 누적수익률을 객관적이고 공정하게 계산하여 병기할 것

문제해설

기준일로부터 과거 1개월 이상의 수익률을 사용하되, 기준일로부터 과거 6개월 및 1년 수익률을 함께 표시해야 한다. 또한 해당 집합투자기구가 설정일 또는 설립일로부터 3년 이상 경과한 경우 기준일로부터 과거 1년 및 3년 수익률과 설정일 또는 설립일로부터 기준일까지의 수익률을 함께 표시해야 한다. 단, MMF는 본 수익률 표시기준이 적용되지 않는다.

011

금융투자회사가 투자광고를 하기 위한 심의 절차로 가장 적절한 것은?

① 이사회결의를 거쳐 금융감독원에 심사를 청구한다.
② 이사회결의를 거쳐 협회에 심사를 청구한다.
③ 준법감시인의 사전승인을 거친 후 금융위에 심사를 청구한다.
④ 준법감시인의 사전승인을 거친 후 협회에 심사를 청구한다.

문제해설

투자광고는 준법감시인의 사전승인을 거친 후 협회에 심사를 청구해야 한다. 단, 단순한 이미지 광고나 지점 광고는 협회 심사 없이 준법감시인의 사전승인만으로 가능하다.

012

금융투자회사가 동일 거래상대방에게 제공할 수 있는 재산상 이익의 제공한도의 1회당 한도와 연간 한도가 바르게 연결된 것은?

① 3만 원, 20만 원
② 3만 원, 50만 원
③ 20만 원, 60만 원
④ 20만 원, 100만 원

문제해설

동일 거래상대방에게 제공할 수 있는 1회당 한도는 최대 20만 원, 연간 한도는 최대 100만 원으로 규정하고 있다. 그러나 대표이사 또는 준법감시인의 사전승인을 받은 경우에는 그 한도를 초과할 수 있다.

013

광고심사결과의 유효기간이 바르게 표시된 것은 무엇인가?

① 일반적 투자광고 : 1년
② MMF의 운용실적을 포함하는 광고 : 1개월
③ 펀드운용실적을 신문, 방송을 이용하여 시행하는 광고 : 6개월
④ 단순 이미지 광고 : 3개월

문제해설

단순 이미지 광고 등의 경우 유효기간은 별도로 있지 않으며, 펀드운용실적을 포함하고 있는 광고는 3개월, 기타 광고는 1년이다. 그러나 수익률 변동이 커지거나 펀드등급이 변동되는 등 중요 내용이 변경될 경우 재심사를 받아야 한다.

014

금융투자회사의 계좌 통합요건을 가장 바르게 설명한 것은?

① 예탁자산 평가액이 10만 원 이하이고, 최근 6개월간 거래가 발생하지 아니한 계좌
② 예탁자산 평가액이 10만 원 이하이거나, 최근 6개월간 거래가 발생하지 아니한 계좌
③ 계좌의 잔액·잔량이 0이 된 날로부터 6개월이 경과한 경우
④ 계좌의 잔액·잔량이 0이 된 날로부터 1년이 경과한 경우

문제해설

금융투자회사가 통합계좌로 별도 관리하기 위해서는 예탁자산 평가액이 10만 원 이하이고, 최근 6개월 간 매매거래 및 입출금·입출고가 발생하지 아니한 계좌이어야 한다. 통합계좌로 분류된 계좌에 대해서는 입출금, 입출고, 매매거래 정지 조치를 취하여야 한다.

015
금융투자회사의 계좌 폐쇄요건을 가장 바르게 설명한 것은?

① 예탁자산 평가액이 10만 원 이하이고, 최근 6개월간 거래가 발생하지 아니한 계좌
② 예탁자산 평가액이 10만 원 이하이거나, 최근 6개월간 거래가 발생하지 아니한 계좌
③ 제좌의 잔액ㆍ잔량이 0이 된 날로부터 6개월이 경과한 경우
④ 계좌의 잔액ㆍ잔량이 0이 된 날로부터 1년이 경과한 경우

문제해설

투자자가 계좌의 폐쇄를 요청하거나 계좌의 잔액ㆍ잔량이 0이 된 날부터 6개월이 경과한 경우에 해당 계좌를 폐쇄할 수 있으며 계좌가 폐쇄된 날부터 6개월이 경과한 때에는 해당 계좌의 게좌번호를 새로운 투자자에게 부여할 수 있다.

016
다음 중 고객예탁금 이용료를 지급하지 않아도 되는 것은 무엇인가?

① 위탁자예수금
② 집합투자증권투자자예수금
③ 장내파생상품거래예수금
④ 장내파생상품거래예수금 중 한국거래소의 "파생상품시장 업무규정"에 따른 현금예탁필요액

문제해설

장내파생상품거래예수금 중 한국거래소의 "파생상품시장 업무규정"에 따른 현금예탁필요액은 제외 가능하며, 거래소 규정상 필요한 현금예탁필요액을 초과하여 현금으로 위탁한 위탁증거금은 투자자 예탁금 이용료 지급대상이다.

017
금융투자회사 A가 중소기업창업투자조합의 지분을 10% 보유하고 있으며 해당 중소기업창업투자조합에서 발행회사의 주식을 20% 투자하고 있다면, A는 발행회사 주식의 몇 %를 보유한 것으로 계산되는가?

① 2%
② 5%
③ 10%
④ 20%

문제해설

양 지분을 곱하여 계산한다.
10% × 20% = 2%

018

다음 협회 규정에 대한 설명 중 가장 적절하지 <u>못한</u> 것은?

① 회사가 발행 주식 총수의 5% 이상의 주식 등을 보유하고 있는 법인에 대해서는 조사분석자료를 공표할 수 없다.

② TV 등 영상매체를 이용한 투자광고의 경우 투자광고 시간의 1/3 이상의 시간 동안 위험고지내용을 표시해야 한다.

③ 집합투자기구의 운용실적을 광고에 표시하고자 하는 경우 설정일로부터 6개월 이상의 기간이 경과해야 하고, 총 운용규모가 200억 원 이상이어야 한다.

④ MMF 운용실적은 TV나 라디오 등의 방송매체를 이용한 광고를 할 수 있다.

문제**해설**

집합투자기구의 운용실적을 광고에 표시하고자 하는 경우 현재 해당 집합투자기구가 설립일이나 설정일로부터 1년 이상의 기간이 경과해야 하고, 순자산총액(NAV)이 200억 원 이상이어야 한다.

019

유가증권 상장을 위한 기업공개의 경우 우리사주 조합원에게 배정되는 공모주식은 몇 %인가?

① 10% ② 15%

③ 20% ④ 자율

문제**해설**

유가증권시장에서는 20%를 배정하도록 하고 있고, 코스닥시장은 강제되어 있지는 않으나 20%를 배정하는 것이 가능하다.

020

대표주관회사가 발행회사와 초과배정옵션에 대한 계약을 체결하는 경우 초과배정수량은 공모주식 수량의 몇 % 이내에서 정하는가?

① 10% ② 15%

③ 20% ④ 30%

문제**해설**

초과배정옵션이란 기업공개 시 대표 주관회사가 당초 공모하기로 한 주식의 수량을 초과하여 청약자에게 배정하는 것을 조건으로 그 초과 배정 수량에 해당하는 신주를 발행회사로부터 미리 정한 가격으로 매수할 수 있는 권리를 말한다. 초과 배정수량은 공모주식 수량의 15% 이내에서 대표주관회사와 발행회사가 정한다.

CERTIFIED INVESTMENT MANAGER

투자자산운용사 빈출 1000제

3과목

Ⅱ 투자운용 및 전략 1

 투자자산운용사 빈출 1000제

1장 주식투자운용·투자전략

001

자산운용의 심리적 측면에서 자신이 선택에 관여함으로 사태가 조금이라도 개선되는 것이 아닌가 하는 **잘못된** 이미지를 품는 경향을 무엇이라 하는가?

① 통제할 수 있다는 착각
② 인지의 편향
③ 인지적 불협화
④ 의사결정 가중치 함수

자산운용은 개인투자자가 아닌 펀드매니저의 자산운용을 의미한다. 문제의 설명은 펀드매니저가 통제할 수 있다는 착각을 말한다. 예를 들면 자신이 이 종목에 대해서 이만큼 조사했으니 이 종목에 대해 다른 참가자보다 더 많이 알고 있다고 믿어 특정 종목에 커다란 비중을 두고 투자하는 경우이다.

002

주로 확률적 판단에 관한 인지의 편향 중 하나로 쉽게 생각나는 것이 발생하기 쉽다고 생각하는 판단 경향을 무엇이라 하는가?

① 대표성의 편향
② 이용편리의 편향
③ 투묘와 조정의 편향
④ 시뮬레이션의 편향성

이용편리의 편향은 쉽게 생각나는 것, 알기 쉬운 것 등이 발생하기 쉽다고 생각하는 판단 경향으로, 인지의 편향 중 가장 큰 영향을 미친다.

• **대표성의 편향** : 대표적인 사례가 일어나기 쉽다고 생각하는 경향
• **투묘와 조정의 편향** : 목표주가와 같이 처음 예상치에 집착하려는 사고습관
• **시뮬레이션의 편향성** : 조건 A가 주어져 B의 발생 확률에 대하여 판단할 때, A와 B를 잇는 시나리오의 그럴듯함이 B의 확률판단에 긍정적 영향을 미친다고 생각하는 경향

003

주가지수 상승쪽으로 포지션을 취한 경우 이를 지지하는 정보에는 민감하지만, 반대로 주가가 하락할 만한 악재성 뉴스는 무시하는 경우가 있는데 자산운용의 심리적 측면에서 이를 무엇이라 하는가?

① 대표성의 편향　　　　　　② 이용편리의 편향
③ 인지적 불협화　　　　　　④ 시뮬레이션의 편향

문제해설

인지적 불협화란 인간이 인식하는 두 가지 요소가 모순된 관계에 있는 상태를 말하며, 그 상태는 모순된 인지를 감소시키는 방향으로 행동하도록 동기를 부여하게 된다.

004

소형주 효과, 1월 효과 등과 같이 정상보다 수익을 더 많이 얻는 현상은?

① 추정이론　　　　　　　　② Winner-Loser 효과
③ 저β효과　　　　　　　　④ 이상현상

문제해설

이상현상은 '어떤 규칙에 의하면 시장평균보다 더 많은 수익을 올릴 수 있는가?'라는 투자기법을 가리킨다.

005

다음 중 시장에서 무시된 기업의 주식수익률이 높다는 현상을 무엇이라 하는가?

① 소형주 효과　　　　　　　② 1월 효과
③ 무시된 기업효과　　　　　④ 수익예상 수정효과

문제해설

무시된 기업효과에 대한 설명으로, 시가총액이 적은 소형주의 수익률이 높은 소형주 효과와 중복되는 부분이 있지만 무시된 기업이 반드시 소형주만을 의미하는 것이 아니므로 구분해서 알아두어야 한다.

006

자산배분전략의 특징으로 볼 수 <u>없는</u> 것은?

① 분산투자의 중요성 강조
② 포트폴리오 운용자로 하여금 투자목표를 계량적 용어로 정의하도록 유도
③ 운용성과를 측정할 수 있는 기준포트폴리오를 정확하게 규명
④ 투자전략의 수립과정에 사용될 여러 가지 변수들에 대한 예측 배제

문제해설

투자전략의 수립과정에 사용될 여러 가지 변수들에 대한 예측력의 강화를 요구한다.

007

자산배분전략의 도입목적에 해당하지 <u>않는</u> 것은?

① 과학적 자산운용전략 수립
② 상품개발과정의 체계화
③ 펀드 성향에 일치하는 투자자 모집
④ 투자성과의 체계적 관리평가

문제해설

투자자의 위험감수 정도를 적극적으로 수용하여 펀드를 관리함으로써 투자자의 특성별 펀드운용전략이 가능하게 한다.

008

펀드의 투자목표는 특정기간 동안 기대한 바를 달성하기 위하여 특정 투자대상에 대한 계량적 투자지침으로 표현되어야 하는데 다음 중 투자목표의 표현에 대한 설명으로 옳지 <u>못한</u> 것은?

① 기준포트폴리오를 밝혀야 함
② 구체적이고 측정 가능해야 함
③ 기금임무와 일치되어야함
④ 기금운용자의 위험허용도를 반영해야 함

문제해설

한 가지 이상의 기준포트폴리오를 반드시 밝히는 것은 투자목표의 표현이 아니라 외국펀드의 운용전략에 대한 설명이다.

009

다음 중 자산집단에 대한 설명으로 틀린 것은?

① 기본적 자산집단은 주식, 채권, 현금, 기타로 나눌 수 있다.
② 자산집단은 분산투자가 가능하도록 충분하게 많은 개별 증권이 존재해야 한다.
③ 자산집단은 다른 자산집단과 상관관계가 충분히 높아야 한다.
④ 자산집단은 독립성을 갖추어야 한다.

문제해설

하나의 자산집단은 다른 자산집단과 상관관계가 충분히 낮아야 분산투자 시 위험의 감소효과가 나타날 수 있다.

010

자산집단의 기대수익률 추정방법 중 계량적 방법에 해당되지 않는 것은?

① 회귀분석   ② 가치평가방법
③ CAPM   ④ APT

문제해설

계량적 방법은 과거 자료로 미래의 발생상황에 대한 기대치를 추가하여 수익률을 예측하는 방법으로 회귀분석, CAPM, APT 등이 있다.

> **더알아보기** 자산집단의 기대수익률 추정방법
> • 시나리오 분석법 : 거시경제의 예상 진로를 시나리오로 구성, 각각의 예상사건에 발생확률을 부여하여 추정
> • 시장공통예측치 사용방법 : 시장참여자들 간에 공통적으로 가지고 있는 미래수이율에 대한 추정치 이용

011

시장의 변화방향을 예상하여 사전적으로 자산구성을 변동시켜 나가는 전략으로 저평가된 자산을 매수하고 고평가된 자산을 매도함으로써 펀드의 투자성과를 높이고자 하는 전략은?

① 전술적 자산배분   ② 전략적 자산배분
③ 보험 자산배분전략   ④ 동적 자산배분전략

문제해설

전술적 자산배분은 시장이 비효율적임을 가정한다. 이에 비해 전략적 자산배분은 장기적으로는 펀드 내 자산구성비율을 중기적으로 개별자산이 취할 수 있는 투자비율의 한계를 결정하는 의사결정을 말한다.

012

전략적 자산배분 중 위험수익 최적화 방법에 대한 설명으로 옳은 것은?

① 투자자산들의 포트폴리오 내 구성 비중을 각 자산이 시장에서 차지하는 시가총액의 비율과 동일하게 포트폴리오를 구성하는 방법

② 기대수익과 위험 간의 관계를 고려하여 동일한 위험수준하에서 최대한 보상받을 수 있는 지배원리에 의하여 포트폴리오를 구성하는 방법

③ 운용기관의 위험, 최소요구수익률, 다른 자산들과의 잠재적 결합 등을 고려하여 수립하는 투자전략

④ 연기금, 생명보험, 투자신탁 등의 기관투자가들의 시장에서 실행하고 있는 자산배분을 모방하는 방법

 전략적 자산배분의 실행단계
• 투자자의 투자목적 및 투자제약조건의 파악
• 자산집단의 선택
• 자산종류별 기대수익, 위험, 상관관계의 추정
• 최적 자산구성의 선택

 문제해설

① 시장가치 접근방법
③ 투자자별 특수상황을 고려하는 방법
④ 다른 유사한 기관투자가의 자산배분을 모방

013

다음 중 동적 자산배분의 종류에 속하지 않는 것은?

① 이동평균
② stop loss
③ 포트폴리오 인슈런스
④ 지배원리

 동적 자산배분의 종류에는 이동평균, stop loss, 포트폴리오 인슈런스, 필터법칙하의 포트폴리오 인슈런스, 두 개의 위험자산을 가진 포트폴리오 인슈런스, 고정배합, 기본적 분석에 의한 운용전략 등이 있다.

 문제해설

동적 자산배분이란 중·단기적으로 자산집단 간의 상대적 가격착오를 이용해 고성과를 달성하고자 하는 전술적 자산배분과 초단기적으로 특정한 수익률을 달성하기 위해 운용하는 보험 자산배분을 모두 의미하기도 한다. FP시험에서는 동적 자산배분을 보험자산배분으로 이해한다.

014

동적 자산배분전략 중에서 손실방지를 전략목표로 하는 것이 아닌 것은?

① 이동평균
② 포트폴리오 인슈런스
③ 필터법칙하의 포트폴리오 인슈런스
④ stop loss

  문제해설

이동평균은 시장의 상승에 참여함을 전략목표로 한다.

015

자산가격은 단기적으로 빈번하게 균형가격 또는 적정가치에서 벗어날 수 있지만, 중장기적으로 균형가격으로 복귀한다는 가정을 이용하는 투자전략은?

① 보험 자산배분전략　　　② 전략적 자산배분
③ 전술적 자산배분　　　　④ 포트폴리오 인슈런스

문제해설

전술적 자산배분(TAA)은 시장이 비효율적이라는 가정에서 출발한다.

016

동적 자산배분의 종류 중 투자성과 곡선의 요철이 볼록한 것을 모두 고르면?

> ㉠ 이동평균　　　　　　㉡ 고정배합
> ㉢ stop loss　　　　　　㉣ 포트폴리오 인슈런스
> ㉤ 기본적 분석에 의한 운용전략

① ㉠, ㉡　　　　　　　② ㉠, ㉣
③ ㉡, ㉤　　　　　　　④ ㉢, ㉣

문제해설

투자곡선이 오목하다는 것은 주가가 하락할 때 주식투자 비중을 줄여서 시장하락으로부터 벗어나는 경우의 곡선 형태를 말한다. 반대로 투자곡선이 볼록하다는 것은 주식투자 비중을 늘려서 초과수익을 지향하는 것을 말한다. 즉, 오목은 방어적, 볼록은 공격적 투자이다. 고정배합과 기본적 분석에 의한 운용전략은 투자성과 곡선이 볼록이고, 나머지는 모두 오목이다.

017

주가지수선물을 이용한 포트폴리오 보험전략의 장점으로 옳지 <u>않은</u> 것은?

① 거래비용의 절감
② 선물시장의 뛰어난 유동성으로 신속한 거래 가능
③ 선물의 당일 결제제도로 자산들의 동시적 거래 가능
④ 베이시스 리스크 소멸

문제해설

선물과 포트폴리오의 베이시스 리스크가 존재하는 것이 단점이다.

3과목

Ⅱ 투자운용 및 전략 1

018

동적 자산배분의 종류 중 전략목표가 손실의 방지에 있지 <u>않은</u> 것은?

① stop loss

② 포트폴리오 인슈런스

③ 필터 법칙하의 포트폴리오 인슈런스

④ 두 개의 위험자산을 가진 포트폴리오 인슈런스

문제해설

stop loss는 손절매전략, 포트폴리오 인슈런스는 보험전략, 필터법칙하의 포트폴리오 인슈런스는 일정가격 이하 매도전략으로 모두 손실의 방지가 전략목표이다. 두 개의 위험자산을 가진 포트폴리오 인슈런스는 시장가격의 최고치 획득이 전략목표이다.

019

벤치마크의 조건으로 적절하지 <u>못한</u> 것은?

① 시장수익률과 같을 것

② 구체적인 내용이 운용하기 이전에 명확할 것

③ 벤치마크의 운용성과를 운용자가 추적하는 것이 가능할 것

④ 적용되는 자산의 바람직한 운용상을 표현하고 있을 것

문제해설

벤치마크는 운용성과를 평가할 때 기준이 되는 구체적인 포트폴리오이다. 벤치마크 = 시장수익률 = KOSPI 지수일 필요는 없다.

020

포트폴리오를 구성할 때 편입후보가 되는 종목군을 무엇이라 하는가?

① Active Risk

② Rebalance

③ Universe

④ 벤치마크

문제해설

편입후보 종목군을 Universe라고 한다.

 편입후보 종목군을 만드는 원칙

• 모든 개별종목에 대해 판단하고 주의를 기울일 것

• 확실히 부적당하지 않으면 종목군에서 제외시키지 말 것

021

포트폴리오 인슈런스 전략의 장점으로 볼 수 <u>없는</u> 것은?

① 투자 만기 시에 최소보장가치 이하의 투자성과가 나올 확률이 0이다.
② 거래비용이 절감된다.
③ 선물의 당일결제제도로 자산들의 동시적 거래가 가능하다.
④ 기초자산들의 운용을 수시로 변동하는 것이 가능하다.

 더 알아보기
- 옵션복제를 통한 포트폴리오 인슈런스의 경우 만기 시에는 일반적으로 주식이나 무위험자산의 종류를 100% 보유한다.
- 포트폴리오 인슈런스는 투자자의 자산가치가 커질수록 위험선호도가 커진다는 것을 가정하고 있다.
- 옵션복제를 통한 포트폴리오 인슈런스에서 변동성이 과대 추정된 경우 위험자산에 대한 투자비중은 감소하고, 변동성이 과소 추정된 경우 위험자산에 대한 투자비중은 증가한다.

 문제해설

주가지수 선물을 이용한 포트폴리오 보험 전략을 세울 경우 기초자산들의 운용을 변동 없이 유지하면서 주가지수 선물로 포지션 조정이 가능하다.

022

다음 설명 중 옳지 <u>않은</u> 것은?

① Active Risk의 크기는 원칙적으로 스폰서의 위험에 대한 태도와 펀드매니저의 능력에 따라 정해져야 하며 이를 바탕으로 현실적인 투자계획을 수립하는 것이 중요하다.
② 기대수익, 추정위험, 매매비용 등 각각의 정확한 수치를 구할 수 있다면 재조정 간격을 좁히면 좁힐수록 새로운 정보가 포트폴리오에 들어오면서 포트폴리오의 운용성과도 개선된다.
③ 일반적으로 평균적인 비용과 종목별 상세한 비용 등 매매비용은 매매회전율에 별다른 영향을 미치지 않는다.
④ 간편법에서는 1표준편차당 연율 1.5%를 곱해 기대수익으로 한다.

  문제해설

매매회전율에 영향을 미치는 주요 팩터
- 매매비용
- 수익에 관한 판단정보의 변화
- Active Risk의 크기
- 포트폴리오 위험의 변화

023

효율적 시장가설의 분류에서 과거정보 및 공개정보를 이용하여 초과수익을 얻는 것이 불가능한 것은 무엇인가?

① 약형
② 강형
③ 준강형
④ 준약형

- **약형** : 과거정보를 이용하여 초과수익을 얻는 것이 불가능
- **준강형** : 과거정보 및 공개정보를 이용하여 초파수익을 얻는 것이 불가능
- **강형** : 과거정보 및 공개정보는 물론이고 미공개정보를 이용하더라도 초과수익을 얻는 것이 불가능

024

자산배분전략의 변화과정에서 과거와 최근의 자산배분전략을 비교한 내용으로 가장 적절하지 <u>못한</u> 설명은?

① 과거에는 적극적 자산배분전략, 최근에는 적극적 인덱스투자전략이 주로 사용된다.
② 과거에는 장기투자가 기본이었으나 최근에는 단기투자가 기본을 이룬다.
③ 기존의 전략에서 펀드매니저는 목표수익률 달성을 위한 모든 권한을 발휘할 수 있었다.
④ 최근의 전략에서 펀드매니저는 정해진 스타일 내에서 투자하므로 종목 선택능력이 중요하게 되었다.

기존의 자산배분전략이 단기투자가 기본이었던 데 비해 최근의 전략은 장기투자가 기본이다.

025

자산배분전략에서 자산집단(asset class)의 조건으로 가장 적절하지 <u>못한</u> 것은?

① 분산 가능성이 높아야 한다.
② 독립성이 있어야 한다.
③ 다른 자산집단과 상관관계가 높아야 한다.
④ 많은 개별종목이 존재하여야 한다.

자산집단은 분산 가능성과 독립성이 있어야 한다.

- **분산 가능성** : 많은 개별종목이 존재해야 한다.
- **독립성** : 다른 자산집단과 상관관계가 낮아야 한다.

026

다음 설명 중 가장 적절하지 못한 것을 고르시오.

① 시가총액이 적은 주식이 수익률이 높은 경향을 소형주 효과라 한다.
② 먼저 추정 예상치를 설정하고 그것에 판단이 끌려가는 것을 투묘와 조정의 편향이라 한다.
③ '소형주 효과'나 '1월 효과'는 이상현상의 일종이다.
④ 거시경제적 접근방법은 예측 자체가 단순하여 쉽게 이용할 수 있다는 것이 장점이다.

문제해설

거시경제적 접근 방법은 예측이 대단히 어렵다.

> **더 알아보기** 이상현상의 그룹 분류
> • **정보 비효율 그룹** : 수익예상 수정효과, 수익예상 추세효과, 무시된 기업효과, 소형주 효과, 1월 효과
> • **상대적 저가주 효과 그룹** : 저 PER 효과, 저 PBR 효과
> • **수익률 역전 그룹** : 장기 Return Reversal / Winner-Loser 효과, 저β효과, 잔차수익를 역전현상, 고유수익률 역전현상

027

주식운용에 있어서 거시경제적 접근방법의 문제점을 지적한 내용 중 틀린 것은?

① 거시경제적 예측 자체가 대단히 어렵다.
② 타인의 예측을 정확히 관찰하기가 어렵다.
③ 통제할 수 있다는 착각의 영향은 그다지 받지 않는다.
④ 업종이나 종목의 수익률과 거시적 변수와의 상관관계는 불안정하다.

문제해설

거시경제적 접근방법의 세 가지 문제점

• 거시경제적 예측 자체가 대단히 어렵다.
• 타인의 예측을 정확히 관찰하기가 어렵다.
• 업종이나 종목의 수익률과 거시적 변수와의 상관관계는 불안정하다.

028

스타일투자전략에 대한 설명으로 옳지 않은 것은?

① 자산집단 전체가 아니라 특성에 따라 구분되는 일부분에 대해서 투자하는 것을 말한다.
② 벤처전용펀드도 스타일투자의 투자목표가 될 수 있다.
③ 펀드매니저의 전문분야를 알 수 있다.
④ 자산집단에 대한 분산투자가 곤란하다는 단점이 있다.

스타일투자전략
• 펀드매니저의 전문분야를 알 수 있다.
• 펀드매니저의 성과에 대해 사후적으로 평가기준을 명확하게 할 수 있다.
• 자산집단에 대한 분산투자를 효과적으로 달성할 수 있다.
• 자산배분과정에 대한 통제권을 향상시킬 수 있다.

029

다음에서 설명하는 용어의 개념에 대한 설명이 잘못된 것은?

① 증권선택이란 주어진 자산 구성비 내에서의 종목의 변화를 말한다.
② 전략적 자산배분이란 장기적으로 투자목적에 맞는 포트폴리오를 구성하는 것이다.
③ 전술적 자산배분이란 중단기적으로 시장에 대응하기 위한 것이다.
④ 전술적 자산배분은 소극적 자산배분에 속한다.

전술적 자산배분은 중단기적 시장대응을 위한 적극적 자산배분에 속한다.

030

자산배분전략을 위한 입력자료를 마련하는 원칙으로 가장 적절하지 못한 것은?

① 정확성을 기해야 한다.
② 장기적 예측치보다는 단기적 시장상황에 따라야 한다.
③ 지체하지 않고 자료를 갱신하는 시기적절성을 기해야 한다.
④ 자료에 대해 이해 가능해야 한다.

자료 작성의 일관성이 있어야 한다. 장기적인 예측치가 반영되도록 하여야 하므로 지나치게 단기적으로 시장상황에 따라 급변하는 것은 오히려 방지해야 한다.

031

과거 자료로 미래의 발생상황에 대한 기대치를 추가하여 수익률을 예측하는 계량적 방법에 속하지 <u>않는</u> 것은?

① 시나리오분석　　　　　② 회귀분석

③ CAPM　　　　　　　④ APT

문제해설

시나리오분석은 거시경제변수의 예상 진로를 시나리오로 구성하여 예상사건에 발생확률을 부여하여 기대수익을 추정하는 방법이다.

032

기관투자가의 자산운용과정이 바르게 배열된 것은?

① 스타일배분 → 증권선택 → 자산배분

② 스타일배분 → 자산배분 → 증권선택

③ 자산배분 → 스타일배분 → 증권선택

④ 자산배분 → 증권선택 → 스타일배분

문제해설

자산배분 → 스타일배분 → 증권선택의 단계로 결정한다.

033

전략적 자산배분의 실행과정 중 두 번째 단계에 해당하는 것은?

① 투자목적 및 투자제약조건 파악

② 최적자산구성의 선택

③ 자산종류별 기대수익, 위험 추정

④ 자산집단의 선택

문제해설

전략적 자신배분은 4가지 단계를 거쳐 실행된다.
투자자의 투자목적 및 투자제약조건 파악 → 자산집단선택 → 자산종류별 기대수익과 위험 추정 → 최적자산구성의 선택

034

전략적 자산배분에 대한 설명으로 가장 적절하지 못한 것은?

① 자본시장이 계속 변화된다는 전제에서 출발한다.
② 투자자의 위험허용도가 변하지 않는다고 가정한다.
③ 전술적 자산배분에 비해 장기적이고 정적인 의사결정이다.
④ 시장가치접근법이 실행방법이 될 수 있다.

문제해설

전략적 자산배분의 기본 가정은 자본시장과 투자자의 위험허용도가 불변이라는 것이다.

035

다음 중 전략적 자산배분의 실행방법으로 볼 수 없는 것은?

① 시장가치 접근방법
② 위험수익 최적화방법
③ 보험 자산배분전략
④ 투자자별 특수상황을 고려하는 방법

문제해설

전략적 자산배분은 4가지 방법을 적용할 수 있다.
• 시장가치 접근방법
• 위험수익 최적화방법
• 투자자별 특수상황을 고려하는 방법
• 다른 유사한 기관투자가의 자산배분을 모방

036

자산배분을 초단기적으로 변경하는 전략으로 가능한 한 미래에 대한 예측치를 사용하지 않고 시장의 변동상황을 최대한 수용하고자 하는 전략을 무엇이라 하는가?

① 보험 자산배분전략
② CAPM
③ 전술적 자산배분
④ 전략적 자산배분

문제해설

보험 자산배분이란 투자자가 원하는 특정한 투자성과를 만들어 내기 위해 펀드의 자산구성비율을 동적으로 변동시켜 나가는 전략을 말한다. 일반적으로 펀드매니저나 자산운용회사의 미래에 대한 전망치는 활용하지 않는다.

037

보험 자산배분의 가장 대표적인 기법으로 미리 설정한 최소한의 투자수익을 달성하면서 동시에 주가상승을 획득할 수 있도록 주식, 채권 등의 투자비율을 변동시켜 나가는 투자방법은 무엇인가?

① 포트폴리오 인슈런스
② 고정배합
③ 위험수익 최적화방법
④ 시나리오 분석법

문제해설

포트폴리오 인슈런스에 대한 설명이다. 보험 자산배분을 일반적으로 포트폴리오 인슈런스라고도 한다.

038

포트폴리오 보험에 대한 설명으로 가장 적절하지 못한 것은?

① 포트폴리오 보험을 선호하는 투자자는 일반적인 투자자들보다 하락위험을 더 싫어한다.
② 주가 상승 시 고수익을 원하는 일반투자자에게는 불만을 초래할 가능성이 높다.
③ 1987년 미국증시 대폭락 이후 급격하게 퇴조하였다.
④ 높은 안정성으로 마케팅 전략이 매우 용이하다는 장점이 있다.

문제해설

마케팅 전략상의 한계가 있다. 포트폴리오 보험상품은 일반적인 투자자를 대상으로 하는 것이 아니라 위험회피도가 높은 일부 투자자를 대상으로 하므로 주력상품으로 마케팅하는 것에는 한계가 있다.

039

주가지수 선물을 이용한 포트폴리오 보험전략에 대한 장단점으로 가장 적절하지 못한 것은?

① 거래비용이 절감된다.
② 선물과 포트폴리오의 베이시스 리스크가 존재한다.
③ 기초자산들의 운용을 수시로 변동해야 한다.
④ 선물의 매일결제에 응하기 위해 주식이나 채권을 팔아야 할 가능성이 존재한다.

문제해설

기초자산들의 운용의 변동 없이 유지할 수 있다는 것이 장점이다

040

전략적 자산배분 방법 중 기대수익과 위험 간의 관계를 고려하여 동일한 위험수준하에서 최대한으로 보상받을 수 있는 지배원리에 의하여 포트폴리오를 구성하는 것은 무엇인가?

① 시장가치 접근방법
② 위험수익 최적화방법
③ 투자자별 특수상황을 고려하는 방법
④ 다른 유사한 기관투자가의 자산배분을 모방하는 방법

위험수익 최적화방법에 대한 설명이다. 기대수익과 위험을 각각의 축으로 하여 효율적 투자곡선을 도출하고, 효율적 투자곡선과 투자자의 효용함수가 접하는 점을 최적 포트폴리오라고 하며, 이를 전략적 자산배분으로 간주하는 방법이다.

041

수정평균 PER가 45이고 1표준편차가 15배인 경우 PER 30배인 종목 A가 있다고 가정할 때 기대수익에 대한 간편법의 해석으로 가장 적절한 것은?

① A는 평균보다 연율 1.5% 기대수익이 높다.
② A는 평균보다 연율 1.5% 기대수익이 낮다.
③ A는 평균보다 연율 2.0% 기대수익이 높다.
④ A는 평균보다 연율 2.0% 기대수익이 낮다.

기대수익에 대한 간편법은 평가를 정규화한 후 1표준편차당 연율 1.5%를 곱해 기대수익으로 한다. A는 평균보다 1표준편차가 낮으므로 기대수익은 연율 1.5% 높다고 생각하면 된다. PER가 평균보다 낮으므로 기대수익은 높아진다.

042

위험자산과 무위험자산 간에 투자자금을 할당하는 방식으로 이루어지며, 주식이 상승할 때 주식을 매수하고, 하락할 때 매도하는 시장순응전략을 사용하는 것은?

① 보험 자산배분전략
② 전략적 자산배분
③ 전술적 자산배분
④ 스타일 배분

고가매수, 저가매도의 시장순응전략은 보험 자산배분전략의 특징이다.

043

자산배분전략을 비교한 설명으로 가장 적절하지 못한 것은?

① 전략적 자산배분이 가장 장기간이다.
② 전술적 자산배분과 보험 자산배분전략은 동적 운용방법이다.
③ 전술적 자산배분은 고가매수, 저가매도의 운용방법을 택할 것이다.
④ 보험 자산배분전략은 투자자위험 허용도가 변동된다고 가정한다.

- **전술적 자산배분** : 저가매수, 고가 매도
- **보험 자산배분전략** : 고가매수, 저 가매도

044

다음 설명 중 틀린 것을 고르시오.

① 포트폴리오 인슈런스는 시장폭락에 대처하지 못하여 퇴조하였다.
② 포트폴리오 인슈런스는 극단적 위험회피자에 적합하다.
③ 전술적 자산배분은 자본시장이 불변하다는 전제가 중요하다.
④ 전략적 자산배분은 투자자의 위험허용도가 불변이라는 가정에서 출발한다.

전술적 자산배분은 자본시장이 변동하기 때문에 예측활동이 필요하다는 적극적 전략이다.

045

이미 정해진 자산배분을 운용담당자의 자산가격에 대한 예측을 바탕으로 투자비중을 적극적으로 변경하는 전략은 무엇인가?

① 보험 자산배분전략   ② 전략적 자산배분
③ 전술적 자산배분   ④ 스타일 배분

전술적 자산배분(TAA)에 대한 설명이다. 시장변화방향을 예상하여 사전적으로 자산구성을 변동시켜 나가는 전략이다.

046

상장지수펀드(ETF)는 주식포트폴리오 운용전략 중 어디에 가장 근접한 전략으로 볼 수 있는가?

① 액티브 운용
② 패시브 운용
③ 리밸런싱
④ 업그레이딩

 더알아보기 액티브 운용
- 주식형 펀드(시장지수 대상) : 가장 대표적인 펀드로 평균적인 주식편입비가 90% 내외로 적극적인 자산배분보다는 종목선정을 통해 초과수익을 올리는 펀드
- 자산배분형 펀드(시장지수 대상) : 일반적으로 주식비중을 60% 이상 유지
- 주식형 펀드(특정 산업이나 섹터 대상) : 기본적으로 액티브 위험이 높다.

 문제해설

패시브 운용은 초과수익을 추구하지 않는 안정적 전략을 말한다. 상장지수펀드는 기준 지수를 따라가도록 설정된 것이므로 패시브 운용의 대표적 상품이라 할 수 있다.

047

다음 중 인덱스 펀드의 장점을 살리면서 초과수익을 달성하려는 목적의 펀드는 무엇인가?

① 보완 펀드
② 스타일 펀드
③ 인핸스드 인덱스 펀드
④ 액티브 펀드

 문제해설

흔히 '인덱스 + 알파펀드'라고도 부르는 인핸스드 인덱스 펀드에 대한 설명이다.

048

주식포트폴리오를 구성하는 방법 중 종목선정보다 산업의 선정을 강조하는 방법은 무엇인가?

① 하향식 방법
② 상향식 방법
③ 혼합식 방법
④ 계량분석 방법

 문제해설

산업을 우선 선정하고 선정된 산업에 적합한 종목을 선택하는 방법은 하향식 방법이다.

049

과거 데이터에서 최적의 전략을 찾을 수 있다는 가정에서 출발하며 해당 전략이 과거에 꽤 성공적이었고 미래에도 성공적일 것이라는 논리적 접근을 시도하는 것은 무엇인가?

① 하향식 방법
② 상향식 방법
③ 혼합식 방법
④ 계량분석 방법

계량분석 방법에 대한 설명이다. 과거자료를 이용한 계량적인 시뮬레이션 분석을 통해 최적의 운용전략에 따라 운용하는 방식이다.

050

액티브 운용전략에 대한 설명으로 가장 적절하지 못한 것은?

① 성과가 일관성을 가지지 않는다는 문제점이 있다.
② 여전히 주식운용방식의 주류를 이룬다.
③ 인덱스 펀드가 대표적인 방법이다.
④ 특정 스타일을 가진 펀드매니저를 평가하기 위해서는 성과요인분석이 중요하다.

인덱스 펀드는 패시브 운용전략에 속한다.

051

고정비율 포트폴리오 인슈런스에 대한 설명으로 틀린 것은?

① 포트폴리오가치는 정해진 하한 이하로 하락하지 않는다.
② 투자기간이 사전에 정의되어야 한다.
③ 블랙-숄즈 옵션모형이나 변동성의 추정이 필요 없다.
④ 하한은 무위험이자율만큼 매일 증가한다.

고정비율 포트폴리오 인슈런스의 장점은 단순성과 유연성이다. 투자기간이 사전에 정의될 필요는 없다.

2장 채권투자운용·투자전략

001

다음 중 채권의 본질에 해당하지 <u>않는</u> 성질은?

① 금리연동부 증권　　② 기한부 증권

③ 이자지급증권　　　④ 장기증권

002

다음 중 채권의 장점으로 볼 수 <u>없는</u> 것은?

① 수익성　　　　　② 유동성

③ 변동성　　　　　④ 안전성

003

주식과 채권의 비교에 대한 설명이 <u>잘못된</u> 것은?

	구분	주식	채권
①	자본조달의 성격	타인자본	자기자본
②	투자자의 지위	주주	채권자
③	이익배당 여부	배당가능이익한도 내	확정이자의 배당
④	발행절차	전액 납입	분할납입 허용

004

다음 중 채권에 대한 설명으로 옳은 것은?

① 통화증권은 국채이다.
② 금융채는 정부가 원리금의 지급을 보증한다.
③ 서울특별시 지하철 공채는 특수채이다.
④ 외평채는 국채에 속한다.

① 통화안정증권은 금융채이다.
② 금융채는 일반금융기관의 채권으로 정부가 지급을 보증하지 않는다.
③ 서울특별시 지하철 공채는 지방채이다.

005

국채 종류별 발행방법에 대한 설명으로 틀린 것은?

① 제1종 국민주택채권은 경쟁입찰로 발행한다.
② 제2종 국민주택채권의 만기는 20년이다.
③ 재정증권의 만기는 1년 이내이다.
④ 외평채권은 경쟁입찰의 방법으로 발행한다.

제1종 국민주택채권과 제2종 국민주택채권은 첨가소화방식으로 발행한다. 첨가소화방식은 법률에 의해서 강제되는 것을 말한다.

006

발행기업이 미래 일정기간 동안에 정해진 Call 가격으로 채권을 상환할 수 있는 권리를 가진 채권을 무엇이라 하는가?

① 수의상환청구채권　　　　② 수의상환채권
③ 거치분할상환채　　　　　④ Dutch Auction

수의상환채권에 대한 설명이다. 시장이자율이 하락하면 채권발행기업은 수의상환권을 행사하여 채권을 콜가격에 매입하고 낮은 이자율로 다시 채권을 발행할 수 있다. 이에 비해 수의상환청구채권은 채권보유자가 일정기간 동안 정해진 가격(put price)으로 원금의 상환을 청구할 수 있는 권리를 가진 채권이다.

정답 001 ① | 002 ③ | 003 ① | 004 ④ | 005 ① | 006 ②

007

다음 채권 중 할인채에 속하는 채권은?

① 서울도시철도채권　　② 재정증권
③ 전력공사채권　　④ 통화안정증권

문제해설

통화안정증권, 산업금융채권 등은 할인채로 발행된다. 서울도시철도채권은 거치분할 상환채이다.

008

다음 채권이 단기채에서 장기채의 순서로 바르게 나열된 것은?

① 회사채 – 금융채 – 국민주택 1종
② 통화안정증권 – 지역개발공채 – 서울시도시철도공채
③ 지역개발공채 – 회사채 – 국민주택 2종
④ 회사채 – 국민주택 2종 – 통화안정증권

문제해설

통화안정증권은 단기채, 지역개발공채는 중기채, 서울시도시철도공채는 장기채이다.

 더 알아보기

단기채	1년 이하	통화안정증권, 금융채 1년 만기
중기채	1~5년	국민주택 1종, 지역개발공채, 금융채, 회사채
장기채	5년 이상	국민주택 2종, 서울시도시철도공채

009

다음 중 합성채권에 대한 설명으로 옳지 않은 것은?

① 전환사채의 전환비율은 100% 전환이 일반적이다.
② 신주인수권부사채는 전환사채와 달리 사채권이 존속한다.
③ 교환사채의 발행은 비상장법 인도 가능하다.
④ 콜옵션부채권은 채권발행자가 일정한 기간이 경과한 후에 일정한 상환가격으로 채권만기일 이전에 채권소지자의 의사에 관계없이 일방적으로 상환할 수 있는 권리를 갖는 채권을 말한다.

문제해설

교환사채는 사채의 소지인에게 일정기간 내에 사전에 합의된 조건하에서 당해 발행회사 소유의 상장주식으로 직접 교환청구를 할 수 있는 권리가 부여된 채권을 말한다. 교환사채 발행회사의 요건은 상장(협회등록)법인이다.

010

전환사채에 대한 다음 설명 중 <u>틀린</u> 것은?

① 전환주수 = 액면금액 / 전환가격

② 전환가치(패리티 가치) = 주식의 시장가격 × 전환주수

③ 패리티(%) = (전환가격 / 주가) × 100

④ 괴리율(%) = (괴리 / 패리티가치) × 100

문제해설

패리티(%) = $\dfrac{주가}{전환가격}$ × 100이다.

 더알아보기 현재 8,000원 하는 주식 2주로 전환이 가능한 전환사채(액면 10,000원) 가격이 12,000원 한다고 가정하면

- 전환주수 = 2주
- 전환가격 = $\dfrac{10,000}{2주}$ = 5,000원
- 전환가치 = 주가 × 전환주수 = 8,000원 × 2주 = 16,000원
- 괴리 = 사채가격 − 전환가치 = 12,000원 − 16,000원 = (−)4,000원
- 패리티(%) = $\dfrac{주가}{전환가격}$ × 100 = $\dfrac{8,000}{5,000}$ × 100 = 160(%)

011

자산유동화증권(ABS)의 종류 중 유동화자산을 유동화 증권기관에 매각하면 유동화 중개기관이 이를 집합화하여 신탁을 설정한 후 이 신탁에 대해서 지분권을 나타내는 일종의 주식 형태로 발행하는 증권은?

① 유통시장 CBO

② Pass—through Security

③ Pay—through Bond

④ 발행시장 CLO

문제해설

Pass—through Security(지분 이전 증권)에 대한 설명이다. 이에 비해 유동화 자산집합에서 발행되는 현금흐름을 이용하여 증권화하되 그 현금흐름을 균등하게 배분하는 단일증권이 아니라 상환 우선순위가 다른 채권을 발행하는 방식을 Pay—through Bond라고 한다.

012

다음 중 실질적인 만기와 명목만기가 반드시 같은 채권은?

① 순수할인채권

② 수의상환채권

③ 분할상환채권

④ 이표채

문제해설

순수할인채권은 만기와 듀레이션이 같다.

013

다음 중 채권의 발행방법에 대한 설명으로 <u>틀린</u> 것은?

① 사모발행은 공모채권보다 발행이율이 낮고 만기가 상대적으로 긴 것
   이 일반적이다.
② 공모발행은 직접발행과 간접발행 방식으로 나누어진다.
③ 직접발행은 매출발행과 공모입찰발행으로 나누어진다.
④ 간접발행은 위탁모집과 인수모집으로 나누어진다.

사모발행은 채권발행자가 직접 소수의 투자자와 사적 교섭을 통하여 채권을 매각하는 방법이다. 사모발행은 공모채권보다 발행이율이 높고 만기가 상대적으로 짧은 것이 일반적이다.

014

내정수익률 이하에서 각 응찰수익률을 낮은 수익률순으로 배열하여 최저 수익률부터 발행예정액에 달할 때까지 순차적으로 결정하되 제시한 수익률로 적용되므로 복수낙찰가격이 발생되는 방식은?

① 잔액인수방식
② 총액인수방식
③ Dutch Auction
④ Conventional Auction

복수낙찰가격이 발생된다고 하였으므로 복수가격수익률 경매방식인 Conventional Auction에 대한 설명이다. 이에 비해 Dutch Auction은 내정수익률 이하에서 낮은 수익률 응찰분부터 발행예정액에 달하기까지 순차적으로 결정하되 가장 높은 수익률로 통일 적용되어 단일가격으로 발행이 이루어지는 것이다.

015

어떤 채권의 약정수익률이 14%, 기대수익률이 12%이고, 동일한 만기를 가지고 있는 무위험채권의 수익률은 8%라고 할 때, 이 채권의 수익률 스프레드는 얼마인가?

① 5%
② 6%
③ 7%
④ 8%

수익률 스프레드 : 약정수익률 – 무위험수익률
그러므로 14% – 8% = 6%

016

무위험 채권의 수익률이 4%일 때 갑 채권의 약정수익률이 10%, 기대수익률이 8%이다. 갑 채권의 수익률 스프레드와 위험 프리미엄은 얼마인가?

① 6%, 4%
② 4%, 2%
③ 6%, 2%
④ 2%, 2%

• 수익률 스프레드 약정수익률 – 무위험수익률 = 10 – 4 = 6%
• 위험프리미엄 = 기대수익률 – 무위험수익률 = 8 – 4 = 4%
• 지급불능 프리미엄 = 약정수익률 – 기대수익률 = 10 – 8 = 2%

017

향후 금리의 상승이 예상될 때 기업가치를 가장 크게 하는 방법으로 적절한 것은?

① 부채의 듀레이션을 짧게 한다.
② 자산의 듀레이션을 길게 한다.
③ 부채의 원리금을 조기에 상환한다.
④ 장기자산을 단기자산으로 대체한다.

금리상승이 예상되면 자산의 듀레이션을 짧게 해야 하고, 부채의 듀레이션을 길게 하는 것이 유리하다. 따라서 부채의 원리금도 천천히 상환하는 것이 바람직하다.

018

만기가 없는 무보증사채를 연 5%로 발행하였다. 이 채권에 대한 요구수익률이 10%인 투자자는 이 영구채권의 가치를 얼마로 평가할 것인지 계산하면? (액면가는 10만 원이고, 이자는 1년에 한 번씩 지급한다고 가정한다.)

① 30,000원　　　　　② 40,000원
③ 50,000원　　　　　④ 100,000원

이자 : 100,000 × 0.05 = 5,000원, 요구수익률이 10%이므로 채권가격 $P = 5,000$원 $/ 0.10 = 50,000$원

019

불편기대이론이 성립하기 위한 가정에 해당하지 <u>않는</u> 것은?

① 모든 투자자는 위험중립형이다.
② 단기채권과 장기채권이 완전대체관계에 있다.
③ 미래의 이자율은 정확하게 예측할 수 없다.
④ 단기채권과 장기채권 시장 간에 차익거래가 성립한다.

미래의 이자율을 정확하게 예상할 수 있다고 가정한다. 장기채권의 수익률은 미래의 단기이자율의 기하평균이므로 미래의 이자율을 예상할 수 없을 경우 장기채권수익률도 알 수 없다.

3과목

Ⅱ 투자운용 및 전략 1

020

말킬의 채권가격정리로 옳지 <u>않은</u> 것은?

① 채권가격은 수익률과 반대 방향으로 움직인다.
② 채권의 잔존기간이 길수록 동일한 수익률 변동에 대한 가격변동률은 작아진다.
③ 채권의 잔존기간이 길어짐으로써 발생하는 가격변동률은 체감한다.
④ 표면이율이 높을수록 동일한 크기의 수익률 변동에 대한 가격변동률은 작아진다.

채권의 잔존기간이 길수록 동일한 수익률 변동에 대한 가격변동률은 커진다.

021

다음 중 듀레이션에 대한 설명으로 틀린 것은?

① 듀레이션이란 채권에 투자된 원금의 평균회수기간을 말한다.
② 만기가 길면 듀레이션도 증가한다.
③ 듀레이션과 시장수익률은 역의 관계를 가진다.
④ 듀레이션은 채권의 표면이자율과 정의 관계를 가진다.

듀레이션은 채권의 표면이자율과 역의 관계를 가진다. 높은 표면이자율의 채권은 상대적으로 듀레이션의 계산 시 비중이 적게 반영되는 초기 현금유입이 많기 때문이다.

더 알아보기 듀레이션의 특징
- 듀레이션은 일련의 현금흐름의 현재 가치들의 무게중심 역할을 하는 균형점이다.
- 무액면금리채권의 만기는 바로 듀레이션이다.
- 액면금리가 낮을수록 듀레이션은 길어진다.
- 만기가 길어질수록 듀레이션 역시 길어진다.

022

수정듀레이션이 3.0이고 만기수익률이 8.00%에서 8.10%로 10 베이시스 포인트가 상승한다면 채권가격 변동률은 얼마인가?

① 0.3%   ② −0.3%
③ 3.0%   ④ −3.0%

채권가격 변동률
= −(수정듀레이션) × 만기수익률의 변동률 × 100
= −3.0 × 0.001 × 100

023

이자율이 어떻게 변동하더라도 만기수익률을 정확히 실현수익률이 되도록 하는 전략으로 채권보유기간을 듀레이션과 일치시킴으로써 가능한 전략을 무엇이라 하는가?

① 듀레이션전략　　　　② 볼록성전략
③ 채권면역전략　　　　④ 수정듀레이션

문제해설

듀레이션을 이용한 채권면역전략에 대한 설명으로 채권면역화라고도 한다.

024

다음 중 볼록성의 특성으로 옳지 <u>않은</u> 것은?

① 수익률이 하락할수록 채권의 볼록성은 감소한다.
② 일정한 수익률과 만기에서 표면이자율이 낮을수록 채권의 볼록성은 커진다.
③ 채권의 볼록성은 듀레이션이 증가함에 따라 가속도로 증가한다.
④ 동일한 듀레이션에서 볼록성이 큰 채권은 작은 채권보다 수익률의 상승이나 하락에 관계없이 항상 높은 가격을 지닌다.

문제해설

수익률이 하락할수록 채권의 볼록성은 증가한다. 볼록성의 특징은 듀레이션 결정요인과 동일하다고 보면 된다.

025

다음 중 듀레이션의 결정요인으로 볼 수 <u>없는</u> 것은?

① 채권수익률　　　　② 채권가격
③ 만기　　　　　　　④ 표면이자율

문제해설

듀레이션 = f(채권수익률, 만기, 표면이자율)

026

잔존기간 3년인 이표채가 수익률 10%에서의 단가가 9,500.55이다. 수익률이 10bp 상승하면 가격이 9,480.65이고, 수익률이 10bp 하락하면 가격이 9,525.00이라고 할 때 이 채권의 듀레이션은 얼마인가?

① 3.4562
② 3.7893
③ 2.4671
④ 2.3341

실효듀레이션
$$= \frac{9{,}525.00 - 9{,}480.65}{2 \times 9{,}500.55 \times 0.001}$$
$$= 2.3341$$

027

A와 B는 영구채권이다. A채권의 쿠폰이 6%이고, B채권의 쿠폰이 8%일 때 시장에서 두 채권이 동일한 만기수익률 10%로 거래된다면 두 채권의 듀레이션을 바르게 설명한 것은?

① A채권의 듀레이션이 더 크다.
② B채권의 듀레이션이 더 크다.
③ A채권과 B채권의 듀레이션은 같다.
④ 주어진 자료로는 알 수 없다.

영구채권이란 매기 일정한 액면이자(쿠폰)만 영구히 지급되는 채권으로 만기 및 액면가액은 없다. 영구채권의 듀레이션은 쿠폰에 영향을 받지 않고 만기수익률(i)에 영향을 받는다.
이자율이 i%인 영구채권의 듀레이션
$$= \frac{(1+i)}{i}$$

028

다음 중 채권의 매매 전략에 대한 설명으로 틀린 것은?

① 롤링(rolling)효과는 잔존기간이 단축됨에 따라 수익률이 하락(가격이 상승)하는 효과이다.
② 스프레드 확대 예상 시에는 수익률이 높은 채권을 매입하고 수익률이 낮은 채권을 매도하여야 이익이다.
③ 미래 이자율 상승 예상시에는 듀레이션을 감소시키는 방향으로 포트폴리오를 재구성한다.
④ 경기가 불황일수록 채권 간 스프레드는 확대된다.

스프레드 확대 예상 시에는 수익률이 낮은 국채를 매입하고 수익률이 높은 회사채를 매도한다.

029

목표기간 중 시장수익률의 변동에 관계없이 채권 매입 당시에 설정하였던 최선의 수익률을 목표기간 말에 큰 차이 없이 실현하도록 하는 전략을 무엇이라 하는가?

① 채권인덱스전략　　　　② 사다리형 만기구성전략
③ 면역전략　　　　　　　④ 만기보유전략

채권수익률의 상승은 채권가격의 하락을 초래하지만, 이자수입의 재투자 수입은 증가하며, 채권수익률 하락시에는 그 반대의 효과가 발생한다는 점을 이용함으로써 면역이 가능해진다. 즉, 채권의 투자수익률은 채권가격변동에 의한 매매손익과 재투자 수익의 상충적 성격을 이용하여 일정 수준 이상으로 유지될 수 있다는 것이 면역전략이다.

030

다음 채권투자운용전략 중 소극적 투자전략으로 볼 수 <u>없는</u> 것은?

① 만기보유전략　　　　　② 채권인덱스전략
③ 면역전략　　　　　　　④ 수익률 곡선타기전략

• 적극적 투자전략 : 수익률 예측전략, 채권비교평가전략, 수익률 곡선타기전략
• 소극적 투자전략 : 만기보유전략, 채권인덱스전략, 사다리형 만기구성전략, 면역전략

031

10년 만기의 채권이 1년이 경과하여 잔존기간이 9년으로 단축되면 금리수준은 변화가 없더라도 수익률이 떨어진다. 이와 같이 잔존기간이 단축됨에 따라 수익률이 하락하는 효과를 무엇이라 하는가?

① 인덱싱효과　　　　　　② 롤링효과
③ 숄더효과　　　　　　　④ 면역효과

롤링효과에 대한 설명이다. 이에 비해 단기채에서 볼 수 있는 극단적 수익률 하락을 수익률 곡선상의 숄더효과라고 한다.

032

어느 채권의 수익률이 6%일 때 가격은 100이다. 수익률이 1bp 상승하면 가격이 99.96이 되고, 수익률이 1bp 하락하면 가격이 100.04가 된다고 가정할 때 이 채권의 듀레이션을 구하면?

① 2.5　　　　　　　　　② 3.0
③ 4.0　　　　　　　　　④ 4.5

실효듀레이션으로 구해야 한다. 실효듀레이션이란 실제 수익률 변화에 대한 실제 채권가격의 변화를 이용하여 채권의 가격민감도를 나타낸 것이다.

$$실효듀레이션 = \frac{(P_-) - (P_+)}{2 \times P_0 \times \Delta r}$$

• P_- : 수익률 하락시 상승한 가격
• P_+ : 수익률 상승시 하락한 가격
• P_0 : 기준수익률에 따른 가격

실효듀레이션
$$= \frac{100.04-99.96}{2 \times 100 \times 0.0001} = 4.0$$

033

면역전략 중 은행의 자산과 부채의 듀레이션을 일치시켜 은행의 순듀레이션은 0이 되고 순자산가치는 이자율 변동과 관계없이 일정하게 되는 전략은?

① 상황대응적 면역전략
② 목표시기 면역전략
③ 순자산가치 면역전략
④ 전통적 면역전략

문제해설

순자산가치 면역전략은 자산부채의 종합관리에 유리하다.

034

포트폴리오 전체를 각 잔존기간별로 채권보유량을 동일하게 유지하여 이자율 변동시의 위험을 평준화시키는 전략은?

① 채권인덱스전략
② 수익률 곡선전략
③ 나비형 투자전략
④ 사다리형 만기구성전략

문제해설

사다리형 만기구성전략은 관리가 용이하고, 이자율 예측이 별도로 필요하지 않으며, 평균수익률도 비교적 높다.

035

다음 내용 중 옳지 <u>않은</u> 것을 모두 고르면?

> ㉠ 현금흐름일치전략은 부채의 흐름에 상응하여 현금흐름을 갖는 채권포트폴리오를 구성하는 전략이다.
> ㉡ 수익률 예측전략은 소극적 채권투자전략에 속한다.
> ㉢ 유동성 프리미엄 가설에 따르면 금리수준이 변하지 않더라도 수익률 곡선은 상승형이 된다.
> ㉣ 장래에 금리가 하락할 것으로 예측되면 수익률 곡선은 상승형 곡선이 된다.

① ㉠, ㉡
② ㉠, ㉢
③ ㉡, ㉣
④ ㉢, ㉣

문제해설

㉡ 수익률 예측전략은 적극적 채권투자전략이다.
㉣ 장래에 금리가 하락할 것으로 예측되면 수익률 곡선은 단기채의 수익률은 높고 장기채의 수익률은 낮은 하강형 곡선이 된다.

036

잔존기간이 3년, 표면이율 4%인 연단위 후급 이자지급 이표채의 만기수 익률이 10%일 때 채권의 듀레이션은 얼마인가?

① 2.34

② 2.56

③ 2.88

④ 2.94

문제해설

$$듀레이션 = \frac{가중현재가치}{현재가치}$$

> **더 알아보기** 듀레이션의 결정요인
> • 만기가 길면 듀레이션도 증가한다.
> • 듀레이션과 시장수익률은 역의 관계를 가진다.
> • 듀레이션은 채권의 표면이자율과 역의 관계를 가진다.

037

다음 표는 수익률 예측전략에 관한 것이다. 빈칸 ㉠, ㉡에 들어갈 알맞은 말은?

문제해설

빈칸에는 차례대로 장기화, 하향 조정이 들어간다.

구분	만기	표면금리
수익률 하락 예상시	㉠	㉡

	㉠	㉡
①	장기화	상향 조정
②	장기화	하향 조정
③	단기화	상향 조정
④	단기화	하향 조정

> **더 알아보기** 수익률 예측전략
>
> | 구분 | 만기 | 표면금리 | 듀레이션 |
> |---|---|---|---|
> | 수익률 하락 예상시 | 장기화 | 하향 조정 | 장기화 |
> | 수익률 상승 예상시 | 단기화 | 상향 조정 | 단기화 |

3과목

II 투자운용 및 전략 1

038

잔존기간이 3년, 표면이율이 8%인 연단위 후급 이자지급 이표채의 만기
수익률이 15%일 때 채권의 듀레이션은 얼마인가?

① 2.34
② 2.76
③ 2.88
④ 2.94

 더 알아보기 듀레이션

$$\frac{\dfrac{800}{(1 + 0.15)} \times 1 + \dfrac{800}{(1 + 0.15)^2} \times 2 + \dfrac{10,800}{(1 + 0.15)^3} \times 3}{\dfrac{800}{(1 + 0.15)} + \dfrac{800}{(1 + 0.15)^2} + \dfrac{10,800}{(1 + 0.15)^3}}$$

듀레이션은 현금흐름의 시기, 발생
금액비율 및 시간가치를 고려하는
개념으로서 만기, 채권수익률 및 표
면 이자율의 크기에 의해 결정된다.

039

다음 중 불편기대이론이 성립하기 위한 가정으로 바른 것은?

① 모든 투자자는 위험선호형이다.
② 단기채권과 장기채권은 완전대체관계에 있다.
③ 투자자는 예상할 수 있는 위험에 대한 보상을 요구한다.
④ 미래의 이자율은 정확히 예상할 수 없다.

단기채권과 장기채권시장 간에 차익
거래가 성립한다는 것을 의미한다.
① 모든 투자자는 위험중립형이다.
③ 투자자는 위험중립형이므로 위
 험에 대한 보상을 요구하지 않고
 오직 기대수익만을 극대화한다
 는 것이다.
④ 미래의 이자율을 정확하게 예상
 할 수 있다는 가정이다.

040

어떤 채권의 반기수익률이 4.5%일 때 실효연수익률은 얼마인가?

① 9.00%
② 9.10%
③ 9.15%
④ 9.20%

실효수익률
$= (1 + \text{단위기간이자율})^n - 1$
 (n : 연간 이자지급 횟수)
$= (1 + 0.045)^2 - 1 = 9.20\%$

041

기간구조이론에 대한 설명으로 옳지 <u>않은</u> 것은?

① 불편기대이론은 투자자들이 미래이자율에 대하여 정확한 동질적 기대를 가지며 수익률구조는 이러한 기대수익률에 따라 결정된다는 것이다.
② 불편기대가설이 주는 중요한 의미는 수익률의 곡선 형태가 미래의 단기이자율에 대한 투자자의 기대에 의하여 결정된다는 것이다.
③ 유동성 선호이론에 따르면 장기채권수익률은 기대현물이자율에 유동성 프리미엄을 가산한 값의 기하평균과 같다는 것이다.
④ 낙타형 모습의 수익률 곡선을 잘 설명할 수 있는 것은 시장분할이론이다.

문제해설

낙타형 모습의 수익률 곡선을 잘 설명할 수 있는 것은 편중기대이론이다. 낙타형 모습의 곡선은 만기가 길어질수록 처음에는 이자율이 상승하나 최고점에 도달한 후에는 하락하는 형태이다.

더 알아보기 시장분할이론
• 채권시장이 몇 가지 중요한 경직성으로 인하여 몇 개의 하위시장으로 세분되어 있다는 가정 위에 성립한다.
• 수익률곡선은 만기별로 체계적인 관련성을 갖지 않는다.
• 각 하위시장에서의 채권에 대한 수요와 공급의 상태에 따라 단기채권의 수익률이 장기채권의 수익률보다 높을 수도 있고 낮을 수도 있다.

042

수익률의 위험구조에 대한 설명으로 <u>틀린</u> 것은?

① 채권의 위험이 달라짐에 따라 나타나는 채권수익률의 체계적 차이를 채권수익률의 위험구조라 한다.
② 채권수익률은 채무불이행의 위험의 크기에 따라 감소하게 된다.
③ 수의상환위험은 채권의 발행자가 만기 이전에 시장가격 또는 일정금액으로 채권을 매입 · 소각할 수 있는 권리를 가질 때 나타나는 위험이다.
④ 실현수익률이란 실제로 실현되리라고 예상되는 이자 및 원금상환액의 현재가치와 채권의 시장가격을 일치시켜주는 할인율을 말한다.

문제해설

채권수익률은 채무불이행 위험의 크기에 따라 증가하게 된다.

043

주택저당대출유동화증권(MBS)에 대한 설명으로 틀린 것은?

① 주택저당채권을 기초로 발행된 ABS이다.
② 주택저당채권을 가진 금융기관은 MBS를 발행할 수 있다.
③ 통상 장기로 발행된다.
④ 채권구조가 복잡하고 현금흐름이 불확실하기 때문에 국채나 회사채보다 수익률이 높다.

문제해설

한국주택저당채권유동화 회사 (KoMoCo)가 주택저당채권을 가진 금융기관으로부터 이 채권을 양도받아 자신의 신탁계정에 신탁하고 신용을 보강한 다음 주택저당증권을 발행한다.

044

기대인플레이션과 명목금리가 1 : 1 대응관계를 가져 기대인플레이션의 1% 상승이 명목금리의 1% 상승을 초래하는 것을 무엇이라 하는가?

① 기대효과
② 숄더효과
③ 피셔효과
④ 명목효과

문제해설

피셔효과에 대한 설명으로, 인플레이션의 최고점과 금리의 최고점의 시차가 불규칙할 뿐만 아니라 단기에 있어 양자에 미치는 제 요인이 상이하므로, 양자의 상관관계는 매우 부정확하게 나타난다.

045

채권의 장내시장과 장외시장을 비교한 설명으로 잘못된 것은?

① 장내거래는 상장채권, 장외거래는 비상장채권을 대상으로 한다.
② 장외거래는 개별상대매매이다.
③ 장내거래는 액면 10만 원을 기준으로 한다.
④ 장내거래의 호가단위는 수익률 기준이지만 장외거래는 제한이 없다.

문제해설

장내거래의 대상채권은 상장채권이지만, 장외거래는 상장 및 비상장채권을 대상으로 한다.

046

다음 중 채권의 매매수량 단위가 틀린 것은?

① 일반채권 : 10만 원   ② 주식관련채권 : 10만 원

③ 소액채권 : 1만 원   ④ 외화표시채권 : 10,000포인트

문제해설

소액 채권의 매매수량단위는 1,000원이다.

047

다음 중 채권발행시장에서 발행기관에 포함되지 않는 것은?

① 간사회사   ② 인수기관

③ 청약기관   ④ 판매기관

문제해설

발행기관은 간사회사, 인수기관, 청약기관으로 분류된다.

048

채권시장에 대한 설명으로 옳지 않은 것은?

① 발행시장을 1차 시장, 유통시장을 2차 시장이라 한다.
② 국채시장의 활성화를 위해 국채통합발행제도가 시행되고 있다.
③ 국채딜러 간 경쟁매매시장은 기관투자가는 누구나 참가할 수 있다.
④ 일반채권시장에서는 주로 주식관련사채와 소액첨가소화국공채가 거래된다.

문제해설

국채딜러 간 경쟁매매시장은 국채 자기매매업을 허가받은 기관투자가인 국채딜러만이 참가할 수 있다.

049

다음 중 채권유통시장의 유형에 속하지 않는 것은?

① 직접탐색시장
② 파생시장
③ 브로커 시장
④ 딜러시장

문제 해설

채권유통시장의 유형에는 직접탐색 시장, 브로커 시장, 딜러시장, 경매 시장 등이 있다.

050

국채전문딜러제도의 도입목적으로 보기 힘든 것은?

① 시장참가자들의 국채입찰 참여를 극대화한다.
② 과열경쟁을 차단한다.
③ 시장조성을 통해 유통시장의 유동성을 증대시킨다.
④ 간접적으로 발행시장을 활성화시 킨다.

문제 해설

발행시장을 활성화시켜 경쟁을 촉 진한다.

051

채권의 장내거래에 대한 설명으로 틀린 것은?

① 매매시간은 09 : 00 ~ 15:10이다.
② 가격제한폭이 없다.
③ 액면 1,000원당 가격으로 환산하여 매매를 체결한다.
④ 위탁수수료는 각 증권회사마다 자율로 결정한다.

문제 해설

채권 장내거래 매매시간은 09:00 ~ 15:00이며, 공휴일과 토요일은 제외된다.

052

현재 우리나라 채권시장에 대한 설명으로 옳지 <u>않은</u> 것은?

① 소액투자자를 보호하기 위하여 소액채권집중거래제도를 시행하고 있다.

② Dutch 방식에 의한 발행은 직접모집방식이다.

③ IDB(Inter Dealer Broker)는 장내거래이다.

④ IDM(Inter Dealer Market)은 국채딜러 간 경쟁매매시장이다.

문제해설

IDB는 장외거래이다.

더 알아보기 장외시장
- 채권은 주식과 달리 거액으로 발행되어 개인투자자가 소화하기가 극히 어려워 대부분의 금융기관이나 법인 등 기관 간 대량매매되고, 개별경쟁 매매보다는 상대매매에 의해 거래되므로 장내거래보다 장외거래가 대부분을 차지한다.
- 장외시장의 조직화를 위하여 금융투자 협회는 대표수익률과 최종호가수 익률을 산정하여 발표하고 있다.

053

기간구조이론에 대한 설명이 가장 <u>잘못된</u> 것은?

① 불편기대이론은 모든 투자자가 위험회피형임을 전제로 한다.

② 유동성 프리미엄이론은 유동성 프리미엄이 만기가 증가함에 따라 체감하면서 증가한다고 설명한다.

③ 시장분할이론에서 수익률 곡선은 불연속적이다.

④ 편중기대이론은 불편기대이론과 유동성 프리미엄이론이 결합된 형태이다.

문제해설

불편기대이론의 전제
- 미래의 이자율을 정확하게 예측하는 것이 가능하다.
- 모든 투자자는 위험중립형이다.
- 단기채와 장기채는 완전한 대체관계에 있다.

더 알아보기 유동성 프리미엄이론
- 장기채권수익률은 기대현물이자율에 유동성 프리미엄을 가산한 값의 기하평균과 같다.
- 매기의 유동성 프리미엄은 만기까지의 기간이 길어질수록 체감적으로 증가한다.
- 미래의 이자율이 일정할 것으로 예상하더라도 수익률곡선은 유동성 프리미엄의 영향으로 인하여 우상향하는 형태를 가진다.

3장 파생상품투자운용·투자전략

001

다음 설명 중 옳지 <u>않은</u> 것은?

① 금리스왑은 장외파생상품이다.
② 옵션에는 장내옵션과 장외옵션이 있다.
③ 선물환은 장내파생상품이다.
④ 만기일 이전에 아무 때나 한 번 쓸 수 있는 권리를 미국식 옵션이라 한다.

선물환은 장외파생상품이다.

002

다음 중 선물거래의 경제적 기능이 <u>아닌</u> 것은?

① 가격발견기능
② 위험전가기능
③ 거래비용의 절약
④ 형평성의 증대

형평성이 아니라 효율성의 증대이다. 선물시장의 존재는 현물시장만이 존재하는 경우에 비해 양 시장을 모두 효율적으로 만들면서 시장에서 형성되는 가격이 모든 정보를 정확하게 반영하도록 하는 효과를 가져오게 된다.

003

풋옵션 매수, 콜옵션 매도포지션과 기초자산 매수포지션을 합성하여 무위험 차익을 창출하는 전략은?

① 컨버전
② 리버설
③ 불스프레드
④ 베어스프레드

컨버전은 옵션과 기초자산과의 가격 불균형을 이용하여 수익을 창출하는 일종의 무위험 차익거래 전략이다.

004
선물거래의 경제적 기능에 대한 설명으로 옳은 것은?

① 선물시장은 독점력을 감소시켜 자원배분기능이 효율적으로 이루어지게 한다.
② 헤지거래를 통해 가격변동위험을 소멸시킨다.
③ 거래 위험이 매우 크기 때문에 금융상품거래를 위축시킬 가능성이 있다.
④ 투기자는 투기적 거래로 선물시장을 혼란시킬 뿐 긍정적 역할은 없다.

문제해설
② 가격변동위험이 헤저로부터 투기거래자로 전가되는 것이며, 위험자체가 소멸되는 것은 아니다.
③ 거래 위험은 높지만 다양한 투자상품을 제공해서 유동성을 높이게 된다.
④ 투기자는 헤저로부터 위험을 인수하여 시장을 활성화시키는 긍정적 기능도 수행한다.

005
옵션거래에 대한 설명으로 틀린 것은?

① 주가지수옵션은 기초자산 인수도 없이 현금으로만 결제가 된다.
② 달러에 대한 콜옵션이 있다고 할 때 만기시점의 달러가격이 행사가격보다 높을 경우 이익이 발생한다.
③ 옵션가격 결정이론에는 이항모형가격결정과 블랙숄즈모형이 있다.
④ 스트랭글은 옵션을 이용한 차익거래 전략이다.

문제해설
스트랭글은 옵션을 이용한 스프레드 전략이다.

06
옵션거래의 특징에 대한 설명으로 옳지 않은 것은?

① 옵션매입자의 손실위험이 제한적이다.
② 주식거래보다 일반적으로 큰 이익기회를 제공한다.
③ 옵션거래는 비대칭의 손익구조를 갖는다.
④ 옵션거래자는 권리와 의무를 동시에 포함하게 된다.

문제해설
선물포지션이 권리와 의무를 동시에 포함하는 데 비해 옵션거래에서는 권리와 의무가 분리된다. 옵션매입자는 권리만 있고, 옵션매도자는 의무만 갖게 된다.

007

선물거래와 옵션거래에 대한 설명으로 틀린 것은?

① 선물거래자가 권리와 의무를 모두 갖는 데 비해 옵션거래자는 권리 또는 의무만을 갖는다.
② 선물거래는 계약에 대한 대가를 지불할 필요가 없지만, 옵션매입자는 매도자에게 권리에 대한 프리미엄을 지급한다.
③ 선물거래와 옵션거래자 모두 매입자와 매도자에게 위탁증거금이 부과된다.
④ 옵션거래의 일일정산은 선물거래와 달리 매도자만 이루어지고 매입자는 필요 없다.

문제해설

옵션거래의 위탁증거금은 매입자는 없으며, 매도자에게만 부과된다.

008

옵션의 내재가치에 대한 설명으로 틀린 것은?

① 옵션의 가치는 내재가치와 시간가치의 합이다.
② 내가격 상태에 있을 때 내가격의 크기가 내재가치가 된다.
③ 옵션이 외가격 상태에 있을 때 내재가치는 0이다.
④ 풋옵션의 내재가치는 기초물의 현재가격에서 옵션의 행사가격을 뺀 값이다.

문제해설

풋옵션의 내재가치는 옵션의 행사가격에서 기초물의 현재가격을 뺀 값이다.

009

옵션의 유용성에 해당하지 않는 것은?

① 다양한 투자수단 제공
② 저렴한 투자수단 제공
③ 가격변동위험 관리수단의 제공
④ 단일한 손익구조의 투자상품 제공

문제해설

옵션은 다양한 형태의 손익구조를 지닌 투자상품을 제공해 줄 수 있다.

010

옵션의 시간가치에 대한 설명으로 옳지 <u>않은</u> 것은?

① 시간가치는 옵션가격에서 내재가치를 뺀 값이다.
② 만기가 되면 옵션의 시간가치는 소멸된다.
③ 옵션의 시간가치는 외가격옵션에서 최대가 된다.
④ 시간가치는 만기일까지의 잔존기간, 기초자산의 가격변동성 등에 의해 결정된다.

시간가치는 등가격옵션에서 최대가 된다.

011

다음 중 주가지수선물 결정변수와 지수선물의 방향을 <u>잘못</u> 설명한 것은?

① 현물가격이 상승하면 선물이론가격도 상승한다.
② 배당수익률이 상승하면 선물이론가격도 상승한다.
③ 잔존일수가 증가하면 선물이론가격도 상승한다.
④ 이자율이 상승하면 선물이론가격도 상승한다.

배당수익률과 선물이론가격은 반대 방향으로 움직인다.

012

KOSPI200지수는 200pt이며, 이자율은 10%, 배당수익률은 5%일 때, 만기가 6개월 남아 있는 KOSPI200지수선물의 이론가격은 얼마인가?

① 202pt ② 203pt
③ 204pt ④ 205pt

$F = S + S(r - d) \times t/365$
(F : 주가지수선물 이론가격, S : 현물주가지수, r : 무위험이자율, d : 배당수익률, t : 잔존일수)
$F = 200 + 200(0.1 - 0.05) \times (6/12)$
 $= 205pt$

013

KOSPI200지수는 100pt이며, 이자율은 8%, 배당수익률은 6%일 때, 만기가 9개월 남아 있는 KOSPI200지수선물의 이론가격은 얼마인가?

① 100.10pt
② 100.50pt
③ 101.00pt
④ 101.50pt

문제해설

$F = S + S(r - d) \times t/365$
(F : 주가지수선물 이론가격, S : 현물주가지수, r : 무위험이자율, d : 배당수익률, t : 잔존일수)
$F = 100 + 100(0.08 - 0.06) \times (9/12) = 101.50pt$

014

다음 중 베이시스에 대한 설명으로 옳은 것은?

① 현물가격이 선물가격보다 높은 시장을 콘탱고 상태라고 한다.
② 시장선물가격과 현물가격 간의 차이를 이론베이시스라고 한다.
③ 선물가격은 보유비용 때문에 현물가격보다 낮게 형성되는 것이 정상이다.
④ 선물가격과 현물가격의 변동폭이 동일하다면 일정한 베이시스 폭을 유지할 수 있다.

문제해설

① 현물가격이 선물가격보다 높은 시장을 백워데이션 상태라고 한다.
② 시장선물가격과 현물가격 간의 차이를 시장베이시스라 한다.
③ 선물가격은 보유비용 때문에 현물가격보다 높게 형성되는 것이 정상이다.

015

스프레드 거래에 대한 설명으로 틀린 것은?

① 스프레드는 2개의 상이한 선물계약 간의 가격 차이를 말한다.
② 스프레드 거래란 하나의 선물을 사고 동시에 다른 선물을 매도하는 거래이다.
③ 상대적으로 저가인 선물을 매수하고 고가인 선물을 매도한다.
④ 스프레드 거래가 성립되려면 가격 움직임이 상반된 두 개의 선물을 선택해야 한다.

문제해설

스프레트 거래는 가격 움직임이 비슷한 두 개의 선물을 대상으로 한다. 가격 움직임은 비슷하면서 상대적으로 저가인 선물을 매수하고 상대적으로 고가인 선물을 매도하는 것이다.

016

장중에 211.50포인트에 선물 2계약, 213.10포인트에 선물 2계약을 매수하였다. 당일 선물종가는 213.00포인트, KOSPI200 종가는 213.47이었다. 거래비용을 무시한다면 금일 정산금액은 얼마인가?

① +1,400,000
② +1,500,000
③ +1,970,000
④ +2,340,000

문제해설

(213.00 − 211.50) × 500,000 × 2
계약 = 1,500,000
(213.00 − 213.10) × 500,000 × 2
계약 = −100,000

017

주가지수선물의 헤지거래에 대한 설명으로 옳은 것은?

① 헤지거래는 현물과 선물시장에서 같은 포지션을 취하는 것이다.
② 헤지거래는 현물에 대응하는 선물의 존재 여부에 따라 완전헤지와 부분헤지로 분류된다.
③ 헤지거래는 선물의 매매방향에 따라 직접헤지와 교차헤지로 분류된다.
④ 헤지거래는 가격변동에 따른 위험을 축소 또는 회피하기 위한 거래이다.

문제해설

① 서로 반대되는 포지션을 취한다.
② 현물에 대응하는 선물의 존재 여부는 직접헤지와 교차헤지의 분류이다.
③ 선물의 매매방향에 따른 분류는 매도헤지와 매수헤지이다.

018

KOSPI200 주가지수 선물가격이 90포인트이고 보유현물이 450억 원 가치의 포트폴리오인 경우 위험을 헤지하려면 대략 몇 개의 계약으로 매도포지션을 구성하는 것이 바람직한가?

① 1,000계약
② 500계약
③ 100계약
④ 50계약

문제해설

450억 원 / (90포인트 × 50만 원)
= 1,000계약

019

다음의 상황에 알맞은 헤지방법은?

> • ABC 주식회사는 어떤 주식을 1,000주 보유하고 있다.
> • 이 주식의 현재가가 70만 원이고 12월물 콜옵션의 델타가 0.6이다.

① 콜옵션 1,667계약 매수 ② 콜옵션 1,667계약 매도

③ 콜옵션 660계약 매수 ④ 콜옵션 660계약 매도

문제해설

헤지비율 = = 1.667
∴ 콜옵션매도 계약수 = 1.667 × 1,000 = 1,667계약

020

다음 옵션거래 전략 중 차익거래전략에 해당하는 것은?

① 프로텍티브 풋매수 ② 리버설

③ 시간 스프레드 ④ 스트랭글

문제해설

차익거래전략은 컨버전, 리버설, 크레디트박스, 데빗박스 등이 있다.

021

변동성 감소 예상 시 행사가격이 낮은 콜과 높은 콜은 매수하고 중간콜은 매도하여 포지션을 구성하는 전략은 무엇인가?

① 버터플라이 매수 ② 버터플라이 매도

③ 스트랭글 매수 ④ 스트랭글 매도

문제해설

버터플라이 매수 = 콜(X1)매수 + 콜(X2)매도 × 2 + 콜(X3)매수
만기일이 동일하고 X1, X2, X3의 간격이 일정해야 한다.

| 022~024 | 다음 표를 보고 물음에 답하시오.

KOSPI200	220.68
202409	218.90
이론가	221.33

022
2024년 9월물 선물의 시장베이시스는 얼마인가?

① −1.78　　　　② 1.78
③ −2.43　　　　④ 2.43

시장베이시스
= 시장선물가격 − 현물가격
= 218.90 − 220.68 = −1.78

023
9월물 선물의 이론베이시스를 계산하면?

① 0.65　　　　② −0.65
③ 2.43　　　　④ −2.43

이론베이시스
= 이론선물가격 − 현물가격
= 221.33 − 220.68 = 0.65

024
위 조건에서 괴리율을 계산하면?

① 1.10%　　　　② −1.10%
③ 0.97%　　　　④ −0.97%

괴리율
= (선물시장가격 − 선물이론가격) /
　선물이론가격 × 100
= (218.90 − 221.33) / 221.33 ×
　100 = −1.10(%)

025
KOSPI200 행사가격 220.00pt의 콜옵션을 1.5pt로 2계약 매도한 후 만기까지 보유하였다. 만기일의 KOSPI200지수는 222.00pt로 마감되었을 때 이 투자자의 손익을 계산하면? (단, 수수료는 무시한다.)

① 100,000원 손실　　　　② 400,000원 손실
③ 300,000원 이익　　　　④ 400,000원 이익

콜옵션매도자는 지수가 예상대로 하락할 경우에는 수취한 프리미엄으로 이익이 한정되고, 예상과 반대로 상승할 경우 상승분만큼 손실이 발생한다. 행사가격보다 2pt 상승했으므로 2pt × 100,000 × 2계약 = 400,000원의 손실이 발생한다. 콜옵션매도자는 프리미엄을 수취했으므로 받은 프리미엄은 손실에서 차감한다. 즉, 매도 당시에 1.5pt × 100,000 × 2 = 300,000원은 이미 받은 돈이므로 손실은 100,000원이다.

정답 019 ② | 020 ② | 021 ① | 022 ① | 023 ① | 024 ② | 025 ①

026

KOSPI200 행사가격 210.00pt의 콜옵션을 0.5pt 5계약 매수한 후 만기까지 보유하였다. 만기일의 KOSPI200지수는 210.00pt로 마감되었다. 이 투자자의 손익을 계산하면? (단, 수수료는 무시한다.)

① 손익0

② 25만 원 손실

③ 100만 원 손실

④ 500만 원 손실

문제해설

행사가격과 같은 가격으로 마감된 경우 콜옵션의 가치는 0이 되므로 지불한 프리미엄만큼 손실이 된다. 0.5pt × 100,000원 × 5계약 = 250,000원

027

다음에서 설명하는 것은?

> 주가 변화에 대한 옵션의 가격변화를 나타낸다. 예를 들어 '이것=1'의 의미는 기준물 가격이 1포인트 변화할 때 옵션가격 역시 1포인트 변화함을 의미한다.

① 델타

② 감마

③ 세타

④ 베가

문제해설

옵션의 델타는 주가의 변화에 따른 옵션의 가격변화를 나타낸다. 예를 들어 델타가 0.5라면 기준물 가격이 1포인트 변할 때 옵션가격이 0.5포인트 변화함을 의미한다.

028

옵션의 민감도 분석 중 무위험이자율의 변화에 따른 옵션가격의 변화분은 무엇인가?

① 세타

② 로우

③ 베가

④ 감마

문제해설

로우는 무위험이자율의 변화에 따른 옵션가격의 변화분이다. 옵션가격결정에서 이자율은 영향력이 적기 때문에 민감도 분석에서 로우는 가장 활용도가 낮다.

029

잔존기간의 변화에 따라 옵션의 가치가 변화하는 정도를 의미하며, 본래 양수이나 실무적으로 음수로 나타내는 것은?

① 델타

② 감마

③ 세타

④ 베가

문제해설

$$세타 = \frac{옵션가치의\ 변화}{옵션만기\ 기간의\ 변화}$$

030

다음에서 설명하는 것은?

> 주가지수가 1단위 변동할 때 옵션의 델타값이 변화하는 정도를 의미한다. 수학적으로 델타가 옵션가격과 기초자산가격 간 곡선의 한 시점에서의 기울기를 의미한다면, 이것은 기울기의 변화속도를 의미한다.

① 세타 ② 로우
③ 베가 ④ 감마

더 알아보기 감마
- 콜옵션이나 풋옵션의 경우 프리미엄구조가 기초자산변화에 대해 아래로 볼록하므로 감마값은 양수가 된다.
- 감마는 기초자산의 변화에 따른 옵션프리미엄 변화의 가속도로 해석할 수 있다.
- 감마의 값은 ATM에서 가장 크고 OTM, ITM으로 갈수록 작아진다.

문제해설

감마는 기초자산의 변화에 따른 델타값의 변화비율이다.

$$감마 = \frac{델타의\ 변화}{대상물\ 가격의\ 변화}$$

031

세타에 대한 설명으로 **틀린** 것은?

① 세타 = 옵션가격의 변화 / 시간의 변화분
② 세타의 가치는 시간 가치의 감소(time decay)로, 대체로 음수(−)값을 가진다.
③ 세타는 ATM일 때 가장 크고 ITM이나 OTM으로 갈수록 작아진다.
④ 세타와 감마는 대칭적 동반관계를 가지고 있다.

문제해설

세타와 감마는 대칭적 상반관계를 가지고 있어 서로 반대의 부호를 가지고 절대값은 같이 움직인다.

032

옵션의 민감도를 분석하는 변수 중 옵션을 헤징할 때 헤지비율로 사용되는 것은?

① 델타 ② 감마
③ 세타 ④ 베가

문제해설

델타는 기초자산으로 옵션을 헤징할 때 헤지비율로 사용된다. 현재의 델타 수준에서 델타가 0의 값을 갖게 하기 위해 기초자산이 얼마가 되어야 하는지를 보여준다. 예를 들어 델타가 0.5인 옵션의 경우 델타를 0으로 만들기 위해 −0.5의 델타값을 갖는 기초자산을 매매해야 한다.

033

델타포지션이 양(+)의 방향을 갖는다면 이것이 의미하는 것은?

① 주가지수가 상승하기를 원함
② 주가지수가 방향과는 무관하게 급변하기를 원함
③ 옵션의 만기가 빨리 오기를 원함(매도자)
④ 변동성이 높아지기를 원함

- **양(+)의 방향** : 주가지수가 상승하기를 원함
- **음(-)의 방향** : 주가지수가 하락하기를 원함

034

감마포지션이 음(-)의 방향을 갖는다면 이것이 의미하는 것은?

① 주가지수가 하락하기를 원함
② 변동성이 낮아지기를 원함
③ 주가지수가 방향과는 무관하게 횡보하기를 원함
④ 옵션의 만기가 늦게 오기를 원함(매수자)

- **양(+)의 방향** : 주가지수가 방향과는 무관하게 급변하기를 원함
- **음(-)의 방향** : 주가지수가 방향과는 무관하게 횡보하기를 원함

035

세타포지션이 양(+)의 방향을 갖는다면 이것이 의미하는 것은?

① 변동성이 높아지기를 원함
② 변동성이 낮아지기를 원함
③ 옵션의 만기가 빨리 오기를 원함(매도자)
④ 옵션의 만기가 늦게 오기를 원함(매수자)

- **양(+)의 방향** : 옵션의 만기가 빨리 오기를 원함(매도자)
- **음(-)의 방향** : 옵션의 만기가 늦게 오기를 원함(매수자)

 더 알아보기

- 세타시간의 경과에 따른 옵션가치의 변화분
- 세타값은 옵션의 시간가치감소를 나타내는데, 일반적으로 콜옵션이나 풋옵션 보유 투자자는 별 큰 변화 없이 시간만 경과할 경우 옵션의 시간가치가 감소함에 따라 손실을 봄
- 세타의 절대치 $|\theta|$와 감마의 절대치 $|\gamma|$의 크기는 정의 관계를 가지므로 부호는 반대이지만 절대치는 비례하게 됨

036

베가포지션이 음(−)의 방향을 갖는다면 이것이 의미하는 것은?

① 변동성이 낮아지기를 원함

② 변동성이 높아지기를 원함

③ 주가지수가 상승하기를 원함

④ 주가지수가 하락하기를 원함

문제해설

• **양(+)의 방향** : 변동성이 높아지기를 원함
• **음(−)의 방향** : 변동성이 낮아지기를 원함

037

KOSPI200이 행사가격 X1과 X2 사이에 있고, KOSPI200이 양방향 중 어느 방향이든지 크게 움직일 것으로 예상될 때 가장 적절한 옵션투자전략은?

① 수직적 강세 콜옵션 스프레드

② 스트랭글 매수

③ 스트래들 매도

④ 버터플라이 매수

문제해설

스트랭글 매수가 적절하며, 풋(X1) 매수와 콜(X2) 매수로 구성된다.

038

다음 중 지수 상승 시 이익이 무제한으로 증가하지 <u>않는</u> 전략은?

① 콜 매수   ② 수직적 강세 콜스프레드

③ 스트래들 매수   ④ 스트랭글 매수

문제해설

수직적 강세 콜스프레드는 이익과 손실이 모두 제한되는 구조를 갖는다.

 더 알아보기   지수 상승 시 이익이 무제한 증가
콜 매수, 스트래들 매수, 스트랭글 매수

039

다음 옵션 거래전략 중 손실이 무제한인 전략이 <u>아닌</u> 것은?

① 풋 매도
② 콜매도
③ 스트래들 매도
④ 스트랭글 매수

 손실 무제한
풋 매도, 콜 매도, 스트래들 매도, 스트랭글 매도

스트랭글 매수는 이익은 무제한, 손실은 제한되는 구조이다.

040

다음 설명 중 옳은 것은?

① 세타는 헤지비율로 사용된다.
② 기초자산가격이 상승할수록 콜옵션의 델타값은 상승하지만, 풋옵션의 델타값은 하락한다.
③ 감마는 매수 포지션일 경우 내가격에서 가장 높다.
④ 세타는 잔존기간의 변화에 따라 옵션의 가치가 변화하는 정도이다.

① 헤지비율로 사용되는 것은 델타이다.
② 기초자산가격이 상승할수록 콜, 풋옵션의 델타값은 모두 상승한다.
③ 감마는 매수 포지션일 경우 등가격에서 가장 높다.

041

옵션가격에 영향을 주는 요인을 내재가치와 시간가치로 바르게 분류한 것은?

① 내재가치 : 행사가격, 잔존기간
② 내재가치 : 변동성, 이자율
③ 시간가치 : 잔존기간, 이자율
④ 시간가치 : 행사가격, 변동성

• 내재가치 : 기초자산가격, 행사가격
• 시간가치 : 변동성, 잔존기간, 이자율

042

다음에서 설명하는 모형은?

> CER 모형이라고도 하며, 1978년 콕스, 로스, 루빈수타인이 발표한
> 옵션가격결정모형이다. 이 모형은 직관적으로 가격형성 과정을 살펴
> 볼 수 있을 뿐 아니라, 비현실적 가정을 줄일 수 있어 실제로도 많이
> 이용된다.

① 시뮬레이션 모형   ② X-ARIMA 모형
③ 블랙-숄즈모형   ④ 이항모형

이항모형은 많은 횟수의 반복계산 과정을 통하여 계산되기 때문에 시간이 걸리기는 하지만 최근 컴퓨터 성능이 좋아지면서 효용성이 높아지고 있다.

043

KOSPI200지수가 236.00pt이며, 91일물 CD수익률이 4.3%이다. 배당수익률이 0.8%이고, 만기까지 잔존일수가 30일이라면 KOSPI200지수선물의 이론가격은 얼마인가?

① 236.54   ② 236.62
③ 236.68   ④ 236.71

$F = 236.00 + 236.00 \times (0.043 - 0.008) \times (30/365)$
$= 236.68$

044

금리선물은 IMM 방식으로 가격을 표시하는데, 표시방법이 바르게 설명된 것은?

① 100 + 금리   ② 100 - 금리
③ 금리 × 100   ④ 금리 ÷ 100

예를 들어 91일물 CD의 유통수익률이 4%라면 CD금리선물가격은 100 - 4.00 = 96.00으로 표시한다.

045

현재 90일 만기 이자율이 8%, 270일 만기 이자율은 8.50%이다. 90일 후에 시작하여 270일째 되는 날까지의 내재선도금리는 얼마인가? (단, 1년은 360으로 한다.)

① 8.28%

② 8.38%

③ 8.58%

④ 8.68%

문제해설

$d_1 = 90$, $d_2 = 270$, $d_3 = 180$일로 표시하면 선도금리의 식은 다음과 같다.

$1 + R(d_2) \times d_2/360$
$= [1 + R(d_1) \times d_1/360][1 + IFR(d_3, d_1) \times d_3/360]$

$(1 + 0.085 \times 270/360)$
$= (1 + 0.08 \times 90/360)(1 + F(90, 270) \times 180/360)$

$F(90, 270)$

$= \dfrac{(1 + 0.085 \times 270/360)}{(1+0.08 \times 90/360) \times (180/360)}$
$\quad - \dfrac{1}{(180/360)}$

$= 0.08578$

046

금리선물의 매도헤지거래에 대한 설명으로 옳지 <u>않은</u> 것은?

① 매도헤지란 미래의 금리상승에 따른 손실을 보전하기 위해 현물을 매도하고 금리선물을 매수하는 것이다.

② 채권 투자자들이 금리상승으로 채권가격이 하락할 위험에 노출되어 있는 경우 유용하다.

③ 향후 자금조달이 예정되어 있는 기업이 금리 상승시에 대비하기 위해 사용한다.

④ 금리스왑에서 고정금리수취포지션을 보유하고 있어 금리 상승시 손실이 발생하는 경우 사용한다.

문제해설

매도헤지란 미래의 금리상승에 따른 손실을 보전하기 위해 금리선물을 매도하는 것이다.

더 알아보기 헤지포지션에의 응용
- **매입헤지(Long Hedge)** : 유로달러선물을 매입함으로써 향후 금리하락에 대한 본래의 위험노출을 커버하는 것
- **매도헤지(Short Hedge)** : 미래의 금리상승으로 인한 손실을 보전받기 위하여 유로달러선물을 매도하는 것

047

90일 만기 이자율이 7%, 270일 만기 이자율이 6.80%라고 할 때, 90일에 시작하는 180일 만기의 내재선도금리는 얼마인가?

① 6.58%　　　　　　　② 6.68%

③ 6.85%　　　　　　　④ 6.95%

문제해설

$(1 + 0.068 \times 270/360)$
$= (1 + 0.07 \times 90/360)$
$(1 + F(90, 270) \times 180/360)$

$F(90, 270)$

$= \dfrac{(1 + 0.068 \times 270/360)}{(1 + 0.07 \times 90/360) \times (180/360)}$

$- \dfrac{1}{(180/360)}$

$= 0.06584$

048

다음의 ㉠, ㉡ 안에 들어갈 알맞은 말은?

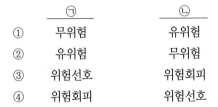

차익거래와 스프레드 거래의 가장 큰 차이점은 차익거래가 (㉠) 투자인 데 비해, 스프레드 거래는 (㉡) 투자라는 점이다.

	㉠	㉡
①	무위험	유위험
②	유위험	무위험
③	위험선호	위험회피
④	위험회피	위험선호

문제해설

차익거래는 현물과 선물 간 가격차이를 이용하는 무위험 거래이고, 스프레드 거래는 만기 또는 종목이 서로 다른 두 개의 선물계약을 대상으로 한쪽 계약을 매수하는 동시에 다른 쪽 계약은 매도하는 전략이다. 스프레드 거래는 다른 전략에 비해 위험이 적지만 기본적으로 유위험 투자전략이다.

3과목

Ⅱ 투자운용 및 전략 1

049

90일 만기 이자율이 6%, 180일 만기 이자율이 7%일 때 90일 후에 시작하여 180일째 되는 날까지의 내재선도금리는 얼마인가?

① 6.45%
② 6.89%
③ 7.42%
④ 7.88%

문제해설

$F(90, 180)$

$$= \frac{(1 + 0.07 \times 180/360)}{(1+0.06 \times 90/360) \times (90/360)}$$

$$- \frac{1}{(90/360)}$$

$= 0.0788$

050

90일째 되는 날이 유로달러 금리선물계약의 만기일이라면 현재시점에서 금리선물의 균형가격은 얼마인가?

① 92.12
② 92.58
③ 93.11
④ 93.55

문제해설

IMM 지수방식으로 가격은 100 − R로 표시한다.
$100 - 7.88 = 92.12$

051

현재 실제 선물가격이 93.00이라면 가장 적절한 거래전략은 무엇인가?

① 매도차익거래
② 매수차익거래
③ 스프레드거래
④ 헤지거래

문제해설

현물이 92.12, 선물이 93.00으로 선물이 고평가되어 있으므로 선물을 매도하고 현물을 매수하는 매수차익거래가 가장 적절하다.

| 052~054 | 아래 표는 2024년 KOSPI200선물 6월물의 데이터이다. 이 자료를 보고, 다음 물음에 답하시오. (단, 거래비용은 무시한다.)

024. 6. 11 시세	시가	고가	저가	종가
KOSPI200 선물지수	227.20	228.30	224.55	227.75

052

甲이 6월물 선물 한 계약을 시가에 매도하고 종가에 매수했을 경우 손익은 얼마인가?

① 275,000원 이익

② 275,000원 손실

③ 550,000원 이익

④ 550,000원 손실

문제 해설

KOSR200지수선물의 거래단위승수는 500,000원이다.
매도한 가격보다 높은 가격으로 환매수했으므로 손실이 발생한다.
$(227.20 - 227.75) \times 500,000$
$= -275,000$원

053

乙이 6월물 선물 한 계약을 당일 저가에 매수하고 미결제 약정으로 계속 보유하고 있다면 6월 11일의 일일정산금액은 얼마인가? (6월 12일 시가는 226.60이다.)

① -1,325,000

② 1,025,000

③ 1,600,000

④ 1,875,000

문제 해설

일일정산은 당일 종가로 이루어지므로,
$(227.75 - 224.55) \times 500,000$
$= 1,600,000$
을의 선물계좌에 1,600,000원이 입금된다.

054

6월 12일이 6월물 만기일이다. 6월물 종가가 227.80, 9월물 종가가 228.10, KOSPI200 종가가 227.930이라고 가정할 때 乙의 만기일 결제 금액은 얼마인가?

① 25,000원이 입금된다.

② 90,000원이 입금된다.

③ 175,000원이 입금된다.

④ 1,625,000원이 입금된다.

문제해설

만기일이므로 선물 종가가 아니라 KOSPI200 종가로 정산된다. 선물은 일일결제로 어제 이익은 이미 정산되었으므로 만기일에는 전일 종가와 KOSPI200 종가로 정산이 이루어진다.

$(227.93 - 227.75) \times 500,000$
$= 90,000$원

055

다음 설명 중 옳지 않은 것은?

① KDSPI200지수는 산정방식 분류에 있어서 시가총액식이다.

② 베이시스가 음수인 시장이 백워데이션이다.

③ KOSPI200 선물가격이 60.00이고 현물지수가 61.00이라면 선물시장은 콘탱고 상태이다.

④ 만기일 날 베이시스는 제로이다.

문제해설

현물이 선물보다 고평가되고 있으므로 백워데이션 상태이다.

056

갑은 선물거래에서 근월물을 매입하고 원월물을 매도하는 전략을 사용하였다. 갑이 이런 전략을 사용한 것에 대한 설명으로 옳지 않은 것은?

① 이 전략을 강세스프레드라고 한다.

② 강세장을 예상하는 전략이다.

③ 근월물이 상대적으로 강세를 보일 것으로 예상하는 것이다.

④ 근월물과 원월물의 가격 차이가 더 확대될 것으로 예상하는 것이다.

문제해설

일반적으로 원월물의 가격이 근월물보다 높으므로 근월물의 가격이 원월물보다 더 많이 상승한다면 가격 차이는 작아질 것으로 예상하는 것이다.

057

다음과 같은 손익구조의 그래프를 갖는 옵션전략은 무엇인가?

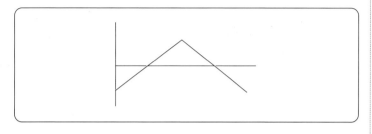

① 스트래들 매도　　② 스트래들 매수

③ 스트랭글 매도　　④ 스트랭글 매수

 문제해설

스트래들 매도의 그래프이다. 행사가격이 같은 콜옵션과 풋옵션을 같은 수량으로 매도하여 구성한다. 주가가 현재 수준에서 횡보할 때 이익이 발생하며, 큰 폭으로 상승하거나 하락할 경우 손실이 크게 발생한다. 이와는 반대로 변동성이 커질 것으로 예상될 때 사용하는 것이 스트래들 매수이다.

058

다음과 같은 손익구조의 그래프를 갖는 옵션전략은 무엇인가?

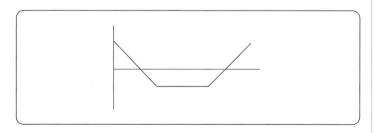

① 버터플라이 매도　　② 버터플라이 매수

③ 스트랭글 매도　　④ 스트랭글 매수

  문제해설

스트랭글 매수는 주가의 급등이나 급락이 예상될 때 외가격 콜옵션과 외가격 풋옵션을 동시에 같은 수량으로 매수하여 구성한다. 외가격옵션은 가격이 싸서 구성비용이 적게 든다.

059

다음과 같은 손익구조의 그래프를 가진 옵션전략은 무엇인가?

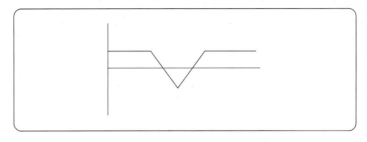

① 버터플라이 매수
② 버터플라이 매도
③ 스트랩 매수
④ 스트랩 매도

문제해설

주가의 변동성이 클 것으로 예상될 때 행사가격이 다른 3개의 풋옵션을 이용하여 만든다. 행사가격이 낮은 풋옵션과 높은 풋옵션을 1개씩 매도하고 행사가격이 중간인 풋옵션을 2개 매수하여 구성한다.

060

불 스프레드에 대한 설명으로 옳지 않은 것은?

① 기초자산가격이 오를 경우에 이익을 보게 된다.
② 기초자산가격이 하락할 경우 손실은 무한대이다.
③ 행사가격이 낮은 콜옵션을 매수하고 높은 콜옵션을 매도한다.
④ 주가폭등 시의 큰 이익은 포기해야 한다.

더알아보기 불 스프레드
- 콜불 스프레드
  - 낮은 콜옵션 매입 + 높은 콜옵션 매도
  - **최대손실** : − 프리미엄 차이
  - **최대이익** : 행사가격 차이 − 프리미엄 차이
- 풋불 스프레드
  - 낮은 풋옵션 매입 + 높은 풋옵션 매도
  - **최대손실** : 행사가격 차이 − 프리미엄 차이
  - **최대이익** : 프리미엄 차이

문제해설

주가폭등 시 큰 이익은 포기하는 대신 손실이 한정된다.

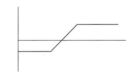

061
콜옵션을 이용하여 베어 스프레드를 구성한 것으로 옳은 것은?

① 행사가격이 낮은 콜옵션 매도, 높은 콜옵션 매수
② 행사가격이 낮은 콜옵션 매수, 높은 콜옵션 매도
③ 행사가격이 낮은 콜옵션 매도, 높은 콜옵션 매도
④ 행사가격이 낮은 콜옵션 매수, 높은 콜옵션 매수

 베어 스프레드
- 콜베어 스프레드
  - 낮은 콜옵션 매도 + 높은 콜옵션 매입
  - **최대손실** : 행사가격 차이 − 프리미엄 차이
  - **최대이익** : 프리미엄 차이
- 풋베어 스프레드
  - 낮은 풋옵션 매도 + 높은 풋옵션 매입
  - **최대손실** : 프리미엄 차이
  - **최대이익** : 행사가격 차이 − 프리미엄 차이

베어 스프레드는 행사가격이 낮은 콜옵션, 즉 비싼 콜을 매도함으로써 두 옵션이 프리미엄 차이만큼 현금 유입이 발생하는 것이 특징이다.

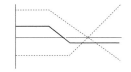

062
다음 중 스프레드 거래에 대한 설명으로 **틀린** 것은?

① 만기가 다른 두 개의 옵션을 가지고 포지션을 구축하는 것이 수평 스프레드이다.
② 행사가격이 다른 두 개의 옵션을 가지고 포지션을 구축하는 것이 수직 스프레드이다.
③ 만기도 다르고 행사가격도 다른 두 개 이상의 옵션을 가지고 포지션을 구축하는 경우를 나비 스프레드라 한다.
④ 비율수직 스프레드(Ratio Vertical Spread)는 행사가격이 높은 콜옵션과 낮은 콜옵션을 매수하 고 매도할 때 그 비율을 다르게 하는 포지션이다.

③은 대각 스프레드에 대한 설명이다.

063

행사가격이 200인 콜옵션을 1계약 매수하고 행사가격이 200인 풋옵션을 1계약 매수하여 포지션으로 만들 수 있는 전략은?

① 불 스프레드
② 스트랭글
③ 스트래들
④ 스트랩

스트래들 매수전략은 주가의 향후 방향성은 모르지만, 변동성이 크게 나타날 것으로 예상될 때 사용한다.

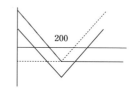

064

행사가격이 200인 콜옵션을 한 계약 매도하고 동시에 행사가격이 205인 콜옵션을 매수하여 포지션을 구성하였다. 이는 무슨 전략에 해당하는가?

① 불 스프레드
② 베어 스프레드
③ 버터플라이 스프레드
④ 수평 스프레드

주가하락을 예상하여 콜옵션을 이용하여 주가하락 시 일정한 프리미엄을 이익으로 취할 수 있는 전략은 베어 스프레드이다.

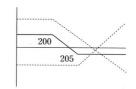

065

다음 설명 중 옳지 않은 것은?

① 수직 스프레드는 가격 스프레드이다.
② 나비형 스프레드는 변동성 변화를 이용한 전략이다.
③ 수평 스프레드는 시간 스프레드이다.
④ 스트랭글은 옵션을 이용한 차익거래이다.

스트랭글은 변동성을 이용한 전략이나 손실이 발생할 수 있는 유위험 전략이고, 무위험 차익거래는 컨버전과 리버설이다.

066

만기가 동일하고 기초자산의 가격과 행사가격이 110일 때 유럽형 풋옵션의 가격이 2라면 유럽형 콜옵션의 가격은 얼마인가? (무위험 이자율은 연 12%, 잔존기간 1개월 기초자산에 대한 배당금은 없다.)

① 2   ② 3
③ 4   ④ 5

풋─콜 패리티 정리에 의하면,

$$C = P + S - \frac{X}{1+r}$$
$$= 2 + 110 - \frac{110}{1 + 0.12 \times 1/12}$$
$$\fallingdotseq 3$$

067

甲은 금리가 하락할 것으로 예상하고 있다. 이에 따라 채권을 매입보다 적은 비용으로 투자수익을 올리기 위하여 국채선물에 투자하기로 하였다. 국채선물 지수 107.50에 5계약 매수한 후 107.70에 전량 매도하였다면 손익은 얼마인가?

① 10만 원 이익   ② 20만 원 이익
③ 50만 원 이익   ④ 100만 원 이익

투자이익 : (107.70 − 107.50) × 5계약 = 100만 원(0.01포인트당 1만 원)

068

乙은 기초자산이 국채선물이고 행사가격이 107.50인 국채선물 콜옵션을 0.15포인트의 프리미엄을 지급하고 3계약을 매수하였다. 프리미엄으로 지급한 비용은 얼마인가?

① 450,000   ② 300,000
③ 150,000   ④ 30,000

지불비용 : 3 × 15 × 10,000 = 450,000(0.01포인트당 1만 원)

069

68번 문제에서 乙이 향후 보유한 국채선물 콜옵션을 0.50의 프리미엄에 3계약 매도하였다면 손익은 얼마인가?

① 450,000원 이익　　　　　② 900,000원 이익

③ 1,050,000원 이익　　　　④ 1,200,000원 이익

문제해설

$(50 - 15) \times 3$계약 $\times 10,000 =$ 1,050,000원

070

KOSPI200 주가지수선물가격이 200포인트이고, 보유현물의 포트폴리오가 100억이라 가정할 때 포트폴리오 위험을 모두 헤지하려면 필요한 선물계약수는 얼마인가?

① 50계약 매도　　　　　② 50계약 매수

③ 100계약 매도　　　　④ 100계약 매수

문제해설

$$\frac{100억}{200p \times 50만원} = 100(계약)$$

071

다음 중 3년 국채선물의 상품명세로 옳지 <u>않은</u> 것은?

① 표면금리 5%, 6개월 단위 이자지급방식의 3년 만기 국고채가 대상이다.

② 거래단위는 액면 5,000만 원이다.

③ 최소가격 변동폭은 0.01이다.

④ 결제방법은 실물인수도가 아닌 현금결제이다.

문제해설

3년 국채선물과 5년 국채선물의 거래단위는 액면 1억 원이다. 10년 국채선물의 거래단위도 액면 1억 원이다.

072

금리선물에서 장기금리 선물과 단기금리 선물을 구분하는 기준은 얼마인가?

① 6개월　　　　　　　② 1년
③ 2년　　　　　　　　④ 3년

금리선물은 만기 1년을 기준으로 한다.

073

옵션프리미엄을 그래프로 표시할 경우 기초자산에 대한 볼록도를 나타내는 지표는?

① 델타　　　　　　　　② 베가
③ 감마　　　　　　　　④ 세타

감마는 기초자산의 변화에 따른 델타값의 변화비율을 나타낸다. 감마는 옵션프리미엄의 기초자산가격에 대한 이차미분치로 정의되는데, 어떤 함수의 이차미분치는 그래프상에서 곡률로 나타나므로 감마가 볼록도를 나타내는 지표가 된다.

3과목

Ⅱ 투자운용 및 전략 1

074

옵션프리미엄의 기초자산에 대한 기울기를 나타내는 지표는?

① 델타　　　　　　　　② 베가
③ 감마　　　　　　　　④ 세타

기초자산에 대한 기울기는 델타이다.

4장 투자운용 결과분석

투자자산운용사 빈출 1000제

001

자산운용 결과분석에 대한 설명으로 옳지 <u>않은</u> 것은?

① 자산운용 결과분석은 투자전략수립, 투자실행, 측정이라는 자산운용 과정의 마지막 단계를 완성하는 행위이다.

② 원칙적으로 주식과 채권을 비롯한 개별투자자산, 펀드 등 금융자산에 한정되고, 부동산과 같은 실물자산은 별도로 분석되어야 한다.

③ 성과를 평가하는 것은 다른 펀드들과의 비교를 통해 성과의 우열 여부를 비교 확인하려는 것이다.

④ 운용결과분석에서는 특히 객관성의 유지가 필요하다.

문제해설

원칙적으로 부동산과 같은 실물자산을 포함한다.

002

금액가중수익률에 대한 다음 설명 중 옳지 <u>않은</u> 것은?

① 금액가중수익률은 내부수익률이라고도 한다.

② 금액가중수익률은 펀드 내로 유입된 현금흐름의 현재가치와 펀드 외부로 유출된 현금흐름을 일치시키는 할인율로 측정하는 방법이다.

③ 금액가중수익률은 기초 및 기말의 현금흐름과 기중자금의 유출입 시기에 의해 수익률이 달리 측정된다는 단점을 갖고 있다.

④ 운용 도중 매 시점별로 시장수익률 등과 같은 기준수익률과 비교하기가 용이하기 때문에 펀드평가에 필요한 수익률로 적절하다.

문제해설

운용 도중 매 시점별로 시장수익률 등과 같은 기준수익률과 비교하기가 어렵기 때문에 펀드평가에 필요한 수익률로 적절하지 못하며, 직접투자를 행하는 일반 계좌평가에 적합하다.

003

자산운용 결과분석에서 단순수익률평가 방법에 해당하지 <u>않은</u> 것은?

① 절대평가
② 벤치마크 대비 평가
③ 성과요인 분석
④ 동일유형 대비 평가

단순수익률 평가방법에는 절대평가, 동일유형 대비 평가, 벤치마크 대비 평가가 있다.

004

운용결과에 대한 성과평가 방법 중 위험도에 따른 수익률 평가방법이 아닌 것은?

① 벤치마크 대비 평가
② 샤프지수
③ 모닝스타
④ 트레이너지수

성과평가 방법
- 단순수익률 평가 : 절대평가, 동일유형 대비 평가, 벤치마크 대비 평가
- 위험조정 후 평가 : 샤프지수, 트레이너지수, 젠센지수, 모닝스타, Rating 등
- 스타일 분석
- 성과요인 분석

005

시간가중수익률에 대한 설명으로 적절하지 <u>못한</u> 것은?

① 펀드매니저의 성과를 측정하는 가장 표준적인 방법이다.
② 투자기간 중의 자금 유출입 시점에 대한 영향을 고려한다.
③ 금액가중수익률의 왜곡된 면을 방지해 줄 수는 없다.
④ 미숙 투자분석가 협회(AIMR)가 권고하는 계산규칙에서는 반드시 시간가중수익률을 사용하도록 하고 있다.

시간가중수익률은 금액가중수익률의 왜곡된 면을 방지해 주는 공정한 방법이다.

006

기준수익률에 대한 설명으로 옳지 <u>않은</u> 것은?

① 기준수익률이란 성과평가의 기준이 되는 수익률을 말한다.
② 주식형 펀드의 경우 종합주가지수 수익률이 주로 사용된다.
③ 채권형 펀드의 경우 해당 채권지수 수익률이 주로 사용된다.
④ 유동성 자산인 경우 MSCI world 지수가 주로 사용된다.

유동성 자산의 경우 보통예금 이자율, 콜금리, CD금리 등이 이용되며, 해외주식의 경우 MSCI world, MSCI emerging market 등의 지수가 이용된다.

007

미국 투자분석가 협회(AIMR)가 권고한 수익률 계산규칙에 해당하지 않는 것은?

① 미실현수익을 제외하고 실현수익률만을 평가에 사용해야 한다.
② 반드시 시간가중수익률을 사용해야 한다.
③ 포트폴리오는 적어도 월별로 평가해야 하며, 기간별 수익률은 기하적으로 연결되어야 한다.
④ 펀드의 현금자산 및 현금 유사자산도 수익률 계산에 포함시켜야 한다.

문제해설

실현수익률뿐만 아니라 미실현수익을 포함하는 총수익률을 평가에 사용해야 한다.

008

AIMR의 수익률 계산규칙에 대한 설명으로 틀린 것은?

① 실현수익률뿐만 아니라 미실현수익을 포함하는 총수익률을 평가에 사용한다.
② 반드시 금액가중수익률을 사용한다.
③ 투자성과는 각종 거래비용을 차감하여 계산한다.
④ 펀드유형별 기준수익률은 자산을 가중하여 산출한다.

문제해설

금액가중수익률이 아닌 시간가중수익률을 사용한다.

009

수익률 관련 고려사항에 대한 설명으로 옳지 않은 것을 모두 고르면?

> ㉠ 과거수익률 측정에는 산술평균이 더 유용하다.
> ㉡ 미래성과에 대해서는 기하평균이 더 유용하다.
> ㉢ 자본소득과 이자소득에 대한 재투자는 포트폴리오 가치에 영향을 미치지 못한다.
> ㉣ 성과측정은 근본적으로 다양한 투자 스타일 때문에 장기적 관점에서 살펴보아야 한다.

① ㉠, ㉡
② ㉢
③ ㉢, ㉣
④ ㉠, ㉡, ㉢

문제해설

㉠ 과거수익률 측정에는 기하평균이 더 유용하다.
㉡ 미래성과에 대해서는 산술평균이 더 유용하다.
㉢ 자본소득과 이자소득에 대한 재투자는 여러 기간에 걸쳐 포트폴리오 가치에 영향을 미친다.

010

물가상승률이 연평균 3.5%, 명목이자율이 12%라고 할 때 실질이자율을 계산하면?

① 8.15% ② 8.21%

③ 8.37% ④ 8.64%

문제해설

실질이자율

$$= \frac{\text{명목이자율} - \text{물가상승률}}{1 + \text{물가상승률}}$$

$$= \frac{0.12 - 0.035}{1 + 0.035} = 8.21(\%)$$

011

다음 중 위험에 대한 설명으로 옳지 <u>않은</u> 것은?

① 위험은 기대수익의 불확실성이라고 볼 수 있다.
② 불확실성은 일반적으로 분산과 일치하며, 투자자들은 분산이 높을수록 더 높은 수익을 요구한다.
③ 분산과 표준편차를 총위험이라고 한다.
④ 분산과 표준편차는 대표적인 상대적 위험척도이다.

문제해설

분산과 표준편차는 절대적 위험척도이며, 베타는 상대적 위험척도이다.

012

다음에서 설명하는 위험측정 방법은?

> 근본적으로 '주어진 기간에 주어진 확률을 가지고 포트폴리오의 가치가 얼마나 떨어질 수 있느냐?'라는, 즉 최대손실가능금액에 대한 답을 말해준다.

① VaR ② 표준편차

③ 분산 ④ 베타

문제해설

VaR은 최다손실가능금액을 예측 가능하게 한다.

013

샤프지수에 대한 설명으로 적절하지 못한 것은?

① 샤프지수는 총위험 한 단위당 어느 정도의 보상을 받았는가 하는 위험 보상률을 의미한다.
② 일정투자 기간 동안에 있어 위험의 1단위당 무위험이자율을 초과 달성한 포트폴리오 수익률의 정도를 말한다.
③ 샤프지수의 비율이 높으면 위험조정 후 성과가 낮음을 의미한다.
④ 전체 자산을 잘 분산투자하지 않고 있는 투자자의 경우 적합한 펀드평가 방법으로 간주된다.

 샤프지수를 통한 펀드평가 시 유의사항
• 반드시 평가기간과 유형이 동일한 펀드들 간에만 비교 가능하다.
• 수익률에 따라 상이한 평가결과 도출이 가능하다.

샤프지수의 비율이 높으면 위험조정 후 성과가 좋음을 의미하고, 비율이 낮으면 성과가 낮음을 의미한다.

014

샤프지수와 트레이너지수와의 관계에 대한 설명으로 옳은 것은?

① 샤프지수는 분산투자가 잘 되어 있는 펀드들을 대상으로 하는 것이 적합하다.
② 분산투자가 잘 되어 있는 펀드일수록 샤프지수와 트레이너 지수의 평가가 유사하다.
③ 평가기간이 같고 동일한 유형의 펀드를 샤프지수와 트레이너지수로 평가해서는 안 된다.
④ 장기간 주가하락 국면에서 샤프와 트레이너지수를 이용할 경우 양 (+)의 수치가 발생하여 상승국면에서 더욱 유용하다.

① 샤프지수는 분산투자가 되지 않는 펀드들을 대상으로 하는 것이 적합하다.
③ 여러 펀드 간의 비교 시 Sp나 Tp 둘 다 유형과 평가기간이 같은 펀드들을 대상으로 해야 한다.
④ 장기간 주가하락 국면에서 샤프와 트레이너지수를 이용할 경우 음(–)의 수치가 발생함으로써 해석상의 문제와 함께 유용성 면에서 한계점을 내포하고 있다.

015

젠센지수에 대한 설명으로 옳지 않은 것은?

① 젠센지수는 베타를 위험의 측정치로 사용하여 특정한 위험을 가진 펀드의 적정수익률을 계산하고, 이렇게 계산된 적정수익률과 실현수익률과의 차이를 나타낸다.
② 젠센의 알파지수는 포트폴리오의 성과가 위험을 고려한 절대적인 성과분석에 기인한다는 가정 아래 측정된다.
③ 젠센의 알파가 양(+)이면 펀드가 위험에 해당하는 적정수익률보다 높은 수익률을 기록했다는 것을 의미하며, 음(−)이면 펀드가 위험에 해당하는 적정수익률에도 미치지 못하는 성과를 달성했음을 의미한다.
④ 위험도를 고려한 기준수익률은 체계적 위험 한 단위당 초과수익률을 펀드의 성과지표로 사용한다.

문제 해설

젠센의 알파지수는 CAPM에 의한 적정수익률과 실제수익률의 차이를 펀드의 성과지표로 사용한다.

016

다음 중 트레이너지수에 대한 설명으로 옳지 않은 것은?

① 트레이너 지수는 펀드의 위험측정치로 표준편차를 사용한다.
② 트레이너지수는 체계적 위험 1단위당 실현된 위험 프리미엄을 의미한다.
③ 트레이너지수의 값이 클수록 포트폴리오 성과가 우월한 것으로 평가된다.
④ 전체 자산을 잘 분산투자하고 있는 투자자의 경우 적합한 펀드평가방법으로 간주된다.

문제 해설

트레이너지수는 펀드의 위험측정치로 표준편차 대신 체계적 위험수치인 베타계수를 사용한다.

더 알아보기 샤프비율과 트레이너비율의 비교
• 여러 펀드 간의 비교 시 샤프비율이나 트레이너비율 둘 다 유형과 평가기간이 같은 펀드들을 대상으로 해야 한다.
• 샤프비율은 분산투자가 되지 않는 펀드들을 대상으로 하는 것이 적합하다.
• 트레이너비율은 분산투자가 잘 되어 있는 펀드들을 대상으로 하는 것이 적합하다.
• 분산투자가 잘 되어 있는 펀드일수록 샤프비율과 트레이너비율의 평가가 유사하다.

정답 013 ③ | 014 ② | 015 ④ | 016 ①

017

다음의 ㉠, ㉡에 들어갈 용어가 바르게 나열된 것은?

> (㉠)나 (㉡)는 모두 시장위험을 나타내는 베타를 위험의 측정치로 사용한다는 공통점이 있으나, (㉠)는 CAPM에 의한 적정수익률과 실제수익률의 차이를 펀드의 성과지표로 사용하는 반면, (㉡)는 체계적 위험 한 단위당 초과 수익률을 펀드의 성과지표로 사용한다는 차이점이 있다.

	㉠	㉡
①	젠센지수	샤프지수
②	트레이지수	샤프지수
③	젠센지수	트레이너지수
④	샤프지수	젠센지수

문제해설

젠센의 알파지수는 CAPM에 의한 적정수익률과 실제수익률의 차이를 펀드의 성과지표로 사용하는 반면, 트레이너지수는 체계적 위험 한 단위당 초과수익률을 펀드의 성과지표로 사용한다는 차이점이 있다.

018

성과평가 방법에 대한 설명으로 옳지 않은 것은?

① 채권형 펀드의 위험을 측정하기 위해서는 듀레이션을 주로 사용한다.
② 성과요인분석을 통해 종목선택 능력, 시장타이밍 능력, 투자스타일 능력 등을 측정할 수 있다.
③ 성과요인을 분석하는 모형에는 트레이너지수, 샤프지수, 젠센지수 등이 있다.
④ 주식위탁계좌의 성과분석에는 수익률 분석, 승패율 분석, 당일매매 분석, 매매시점 분석 등이 있다.

문제해설

성과요인을 분석하는 모형에는 트레이너–마주이 모형, 헨릭슨–머튼 모형, DGTW 모형 등이 있다.

019

스타일 투자의 효과에 대한 설명으로 틀린 것은?

① 펀드매니저의 성과에 대해 사후적으로 평가기준을 명확하게 할 수 있다.
② 자산군에 대한 분산투자가 효과적으로 달성 가능하다.
③ 자산배분과정에 대한 통제권을 향상시킬 수 있다.
④ VaR을 가지고 펀드매니저를 객관적으로 평가할 수 있다.

문제해설

VaR을 가지고 펀드매니저를 평가하는 데 사용되는 방법은 RAROC이다.

020

다음에서 밑줄 친 이것을 설명하는 용어는?

> 펀드매니저 갑과 을이 동일한 수익을 얻었는데 펀드매니저 갑의 VaR이 펀드매니저 을의 VaR보다 작다. 이때 이것에 의하면 펀드매니저 갑의 성과가 을의 성과보다 크다.

① 모닝스타 Rating
② RAROC
③ 젠센지수
④ 샤프지수

문제해설

RAROC에 의하면 VaR이 작을수록 펀드성과가 크다.

021

젠센의 알파지수를 이용한 펀드평가 시 유와사항으로 적절하지 못한 것은?

① 펀드평가시 무위험 수익률에 대한 선정이 중요하다.
② 무위험 수익률은 파산 가능성이 없고 이자율 위험이 극히 작은 증권의 수익률을 의미한다.
③ 적정한 기준수익률이 사용되어야 한다.
④ 무위험 수익률은 국내의 경우 콜금리가 주로 사용된다.

문제해설

무위험 수익률은 파산 가능성이 없어야 하므로 국내의 경우 국고채수익률, 통안증권수익률 등을 사용할 수 있다.

022

성과평가지표 중에서 포트폴리오의 성과를 위험을 고려한 절대적 성과 분석에 기인한다는 가정 아래 측정하며, 위험을 고려한 기준수익률은 CAPM을 이용하여 측정하는 것은?

① 젠센지수　　　　　　　② 샤프지수
③ 트레이너지수　　　　　④ 모닝스타 Rating

문제해설

젠센의 알파지수는 포트폴리오의 성과가 위험을 고려한 절대적인 성과분석에 기인한다는 가정 아래 측정되며, 위험도를 고려한 기준수익률은 CAPM에 의거한다.

023

다음에서 설명하는 위험 측정방법은?

> 예를 들어 벤치마크보다 성과 미달 시 다음과 같이 성과 미달치를 측정할 수 있다.
> ㉠ 펀드가 손실이 발생함으로써 무위험 수익률보다 성과가 미달할 경우, 즉 초과수익이 음(-)일 때만을 고려한다.
> ㉡ 이 음(-)인 초과수익률을 더한다.
> ㉢ 이 합계를 측정대상 기간의 단위수로 나누어 준다.

① 베타　　　　　　　　　② 표준편차
③ 하락위험　　　　　　　④ VaR

문제해설

하락위험에 대한 설명으로, 일반적으로 투자자들은 손실을 싫어하고 기대하지 않았던 수익은 매우 좋아한다. 이것을 충족시키려면 이득이 났을 때가 아니라 손실이 났을 때만을 고려해야 한다.

024

펀드가 부담한 위험수준에 따라서 요구되는 수익률보다 얼마나 더 높은 수익률을 달성하였는가를 나타내는 값으로 펀드매니저의 능력을 측정하는 데 사용할 수 있는 것은?

① 젠센의 알파　　　　　　② 효용함수
③ 샤프비율　　　　　　　④ 정보비율

문제해설

젠센의 알파에 대한 설명이다. 젠센은 각 포트폴리오의 성과분석 시 수익률을 위험과 함께 고려해야 한다고 주장하였다. 위험을 고려한 절대적 성과의 분석이 중요함을 강조하였다.

025

위험조정 성과지표 중 단위위험당 초과수익률에 해당하지 <u>않는</u> 것은?

① 샤프비율
② 트레이너비율
③ 정보비율
④ 효용함수

 • **단위위험당 초과수익률** : 샤프비율, 트레이너비율, 정보비율
• **위험조정수익률** : 젠센의 알파, 효용함수, 샤프의 알파

수익률과 위험요소를 동시에 고려하여 성과를 측정하는 지표를 '위험조정 성과지표'라고 하며, 위험을 고려하는 방식에 따라 단위위험당 초과수익률과 위험조정수익률로 구분할 수 있다.

026

젠센의 알파를 사용할 때의 주의할 사항으로 가장 적절하지 <u>못한</u> 것은?

① 수익률 추정구간은 월간수익률을 사용하는 것이 바람직하다.
② 기간이 길어지지 않도록 10개 미만의 수익률을 대상으로 해야 한다.
③ 기준포트폴리오는 펀드의 투자목적에 부합되는 것을 선택해야 한다.
④ 무위험수익률로 우리나라에서는 91일물 CD수익률이 많이 사용된다.

효과적인 결과를 도출하기 위해서는 30개 이상의 수익률을 대상으로 해야 한다. 월간 수익률이 바람직하므로 30개월 이상의 관측기간을 필요로 한다.

027

성과를 측정하기 위한 기준지표의 속성으로 옳지 <u>않은</u> 것은?

① 명확성
② 측정가능성
③ 투자의견을 반영
④ 사후적으로 결정

기준지표의 바람직한 특성
• 명확성
• 투자 가능성
• 측정 가능성
• 적합성
• 투자의견을 반영
• 사전적으로 결정

028

다음 평가지표들 중 투자자 개개인에서 나타나는 특성을 가장 잘 반영할 수 있는 것은?

① 젠센의 알파
② 샤프비율
③ 효용함수
④ 트레이너비율

문제해설

대부분의 평가지표들은 투자자의 선호도를 반영하지 않고 기준지표에 내재된 평균적인 선호도만을 반영하여 평가한다. 효용함수는 사후적으로 나타난 수익률에 내재된 선호도를 이용하지 않고, 투자계획단계에서 파악한 투자자의 위험선호도를 반영한 평가방법이다.

029

위험조정 성과지표에 대한 다음 설명 중 가장 적절하지 <u>못한</u> 것은?

① 단위위험당 초과수익률 = 초과수익률 / 위험
② 샤프비율은 증권시장선을 이용한다.
③ 샤프비율이 높을수록 위험 조정 후 성과가 좋음을 의미한다.
④ 트레이너 비율이 높을수록 성과가 좋음을 의미한다.

문제해설

샤프비율은 자본시장선을, 트레이너비율은 증권시장선을 이용한다.

030

샤프비율을 변형한 평가지표로 '수익률 대 나쁜 변동성'의 비율을 측정한 것은?

① 회귀분석
② 소티노 비율
③ RAROC
④ 젠센의 알파

문제해설

샤프비율에서 이용되는 변동성(표준편차) 대신에 하락위험을 이용하는 평가지표가 개발되고 있는데 소티노 비율과 RAROC 등이 있다. 소티노 비율은 최소 수용가능 수익률을 초과하는 수익률을 하락위험으로 나눈 비율을 의미한다. 소티노 비율이 높다는 것은 큰 손실이 발생할 가능성은 낮다고 볼 수 있다.

031

다음 중 위험을 측정하는 지표로 가장 적절하지 않은 것은?

① 벤치마크 대비 수익률　　② 베타
③ VaR　　　　　　　　　④ 표준변차

벤치마크 대비 수익률은 위험이 아니라 수익률을 측정하는 지표이다.

032

비슷한 특성과 성과패턴을 보이는 일정한 증권군에 대한 투자행위를 설명하는 용어는 무엇인가?

① 시장선 접근방법　　　② 전략적 자산구성
③ 스타일 투자　　　　　④ 트레이너–마주이 모형

스타일 투자에 대한 설명이다.

033

투자 가능한 종목만으로 포트폴리오를 구성하며, 채권형 기준지표로 많이 활용되는 기준지표는?

① 섹터/스타일 지수　　　② 합성지수
③ 맞춤포트폴리오　　　　④ 정상포트폴리오

정상포트폴리오 : 투자 가능한 종목만으로 포트폴리오 구성

더 알아보기 기준지표의 종류
- **시장지수** : 자산유형에 소속된 모든 종목을 포함
- **섹터/스타일지수** : 특정 분야나 특정한 성격을 지니는 대상만 포함
- **합성지수** : 2개 이상의 시장지수나 섹터지수를 합성
- **맞춤포트폴리오** : 특정 펀드의 운용과 평가를 위한 포트폴리

3과목

Ⅲ 거시경제 및 분산투자

1장 거시경제

2장 분산투자기법

1장 거시경제

001

다음 설명 중 옳은 것은?

① 케인즈는 세이의 법칙에 입각하여 적극적으로 유효수요를 증대시켜야 한다고 판단했다.

② 합리적 기대가설을 수용하면서도 임금과 가격의 경직성을 근거로 정책개입의 정당성을 주장한 학파를 신고전학파라 한다.

③ 물가지수 중 명목 GDP를 실질 GDP로 나눈 값으로 구해지는 것을 가중물가지수라 한다.

④ 고전학파는 노동시장에서의 임금의 신축성을 근거로 물가의 신축성을 주장했다.

문제해설

① 세이의 법칙은 '공급이 수요를 창출한다'는 공급을 강조하는 이론으로 수요를 강조한 케인즈의 이론과 대립된다.

② 새 케인지안에 대한 설명이다.

③ GDP 디플레이터에 대한 설명이다.

002

거시경제분석의 기본 원리에서 국내 경제는 재화시장, 화폐시장, 노동시장, 채권시장으로 구성된다. 경제 전체가 균형을 이루고 있고 재화시장, 화폐시장, 노동시장이 균형을 이루고 있다면, 자본시장도 반드시 균형이 된다는 이론은?

① 왈라스 법칙   ② 세이의 법칙

③ 피구효과   ④ 가속도이론

문제해설

왈라스 법칙에 의하면 국내 경제의 분석은 재화시장, 화폐시장, 노동시장에 대한 분석만으로 충분하며, 채권시장(자본시장)은 따로 분석하지 않는다.

003

재화시장에서 국민소득의 수요측면인 소비, 투자, 정부지출의 크기를 결정하는 요인으로 옳지 <u>않은</u> 것은?

① 소비는 소득에서 세금을 제한 가처분 소득의 크기에 의해 결정된다.
② 경제 전체적으로 가처분 소득이 증가하면 소비가 증가한다.
③ 투자는 세금과 가처분 소득에 의해 결정된다.
④ 정부지출과 조세는 정부가 그 크기를 외생적으로 결정한다고 가정한다.

 문제해설

투자는 이자율에 의해 결정된다. 이자율은 투자를 위한 자금차입 시 지급하는 비용으로, 이자율이 하락하면 기업의 부담이 감소하여 기업은 투자를 증가시킨다.

004

재화시장에서 가처분 소득이 증가하면 소비가 증가한다. 가처분 소득이 1단위 증가할 때 소비가 증가하는 정도를 무엇이라 하는가?

① 화폐수요식
② 한계소비성향
③ IS 곡선
④ LM 곡선

 문제해설

한계소비성향(MPC)에 대한 설명으로, 예를 들어 MPC가 0.8이라면 가처분 소득이 1단위 증가할 때 소비가 0.8만큼 증가한다는 의미이다.

005

재화시장에 대한 다음 내용을 보고, 빈칸에 들어갈 알맞은 말을 순서대로 나열하면?

> 최초의 균형이 깨졌을 때 새로운 균형을 회복하는 과정에서 국민소득과 이자율은 (　　) 방향으로 움직이고, 국민소득과 정부지출은 (　　) 방향으로 움직이며, 국민소득과 조세는 (　　) 방향으로 움직인다.

① 반대, 같은, 반대
② 같은, 반대, 같은
③ 반대, 같은, 같은
④ 같은, 반대, 반대

  문제해설

재화시장의 균형식 Y = C(Y − T) + I(r) + G(국민소득 Y, 이자율 r, 정부지출 G, 조세 T)
이자율 r이 높아지면 투자 I는 감소하므로 국민소득과 반대 방향으로 움직인다.

| 006~007 | 다음은 재화시장에 대한 IS곡선을 나타낸 것이다. 다음 물음의 빈칸에 들어갈 알맞은 말을 순서대로 나열하시오.

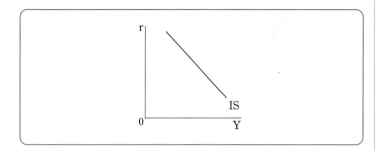

006

국민소득과 이자율은 모형의 (   )이므로 두 변수 간의 관계는 IS (   )한다.

① 내생변수, 곡선 자체가 이동
② 내생변수, 곡선의 기울기를 결정
③ 외생변수, 곡선 자체가 이동
④ 외생변수, 곡선의 기울기를 결정

국민소득과 이자율은 모형의 내생변수이므로 두 변수 간의 관계는 IS 곡선의 기울기를 결정하고, 한 변수가 변화할 때 다른 변수의 변화는 IS 곡선상에서 이루어진다.

007

정부지출(G)과 조세(T)는 모형의 (   )이므로 두 변수가 변화하면 IS (   )한다.

① 내생변수, 곡선 자체가 이동
② 내생변수, 곡선의 기울기를 결정
③ 외생변수, 곡선 자체가 이동
④ 외생변수, 곡선의 기울기를 결정

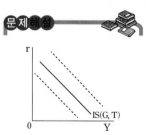

008

화폐시장에서 LM곡선을 바르게 나타낸 것은?

①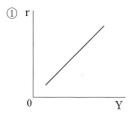

②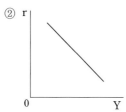

③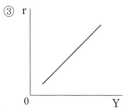

④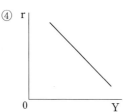

문제해설

LM 곡선은 화폐시장의 균형을 이루게 하는 국민소득(Y)과 이자율이의 조합이며, 우상향하는 형태이다.

009

케인즈학파의 노동시장에 대한 설명으로 옳지 <u>않은</u> 것은?

① 명목임금의 경직성을 가정함으로써 임금이 노동시장에서 수요와 공급을 균형으로 만드는 조정기능을 수행할 수 없다고 본다.

② 노동시장의 균형을 주장하여 실업의 발생을 예상하지 못했다.

③ 노동수요곡선이 기업의 이윤극대화의 조건으로부터 도출되는 것은 고전학파 모형과 동일하다.

④ 노동시장에서 실제 고용되는 노동량은 경직적인 명목임금과 물가에 따라 주어지는 실질임금하에서 이에 상응하는 노동수요에 의해 결정된다.

문제해설

케인즈학파는 노동시장을 불균형 상태로 보았고 그로 인한 실업의 발생을 일반적인 현상으로 인식하였다.

010

노동시장에 대한 고전학파의 이론을 바르게 설명한 것은?

① 명목임금이 경직적이어서 수요와 공급에 따라 임금이 즉각적으로 조정되지 않는다.
② 실질임금의 하방경직성 때문에 노동공급은 노동수요와 균형을 이루지 못한다.
③ 노동투입량이 증가할수록 노동의 한계생산성은 점점 늘어난다.
④ 노동의 수요와 공급이 일치하도록 임금이 신축적으로 조정된다.

문제해설

고전학파는 가격의 완전신축성을 가정하기 때문에 노동시장에서 임금의 완전신축성을 가정한다.
① 케인즈학파의 주장이다.
③ 노동투입량이 증가할수록 노동의 한계생산성은 점점 줄어든다.

011

고전학파 모형에서 재정정책 시행시 정부지출의 증가는 이자율의 상승을 가져와 민간투자를 감소시키는데, 민간투자의 감소효과가 정부지출의 증가를 완전히 상쇄하게 되는 것을 무엇이라 하는가?

① 피구효과
② 구축효과
③ 유동성 함정
④ 톱니효과

문제해설

구축효과에 대한 설명이다. 정부지출의 증가는 이자율의 상승을 가져와 민간투자의 감소효과가 정부지출의 증가를 상쇄하는 완전 구축효과가 발생한다.
④ 톱니효과란 소득이 떨어질 때에는 과거의 생활수준을 유지하려 하고, 소득이 증가할 때에는 증가소득의 일부만을 소비하는 것을 말한다.

012

고전학파와 케인즈학파에 대한 설명으로 옳지 <u>않은</u> 것은?

① 고전학파는 재정정책에 비해 통화정책의 효과가 우월하다고 주장한다.
② 케인즈학파는 통화정책에 비해 재정정책의 효과가 우월하다고 주장한다.
③ 고전학파는 실질잔고효과와 피구효과를 주장한다.
④ 케인즈학파는 부의 효과를 주장한다.

문제해설

케인즈학파는 유동성 함정을, 고전학파는 부의 효과를 주장한다. 부의 효과(wealth effect)에는 실질잔고효과와 피구효과가 있다.

013

다음 중 총수요관리정책에 대한 설명으로 옳지 <u>않은</u> 것은?

① 완전한 구축효과는 고전학파의 주장이다.
② 고전학파의 거시경제모형에서도 총수요관리정책의 효과가 있다는 것에 동의한다.
③ 케인즈학파는 정부지출의 증가가 불완전 구축효과만 야기함으로써 총수요 관리정책은 효과가 있다고 주장한다.
④ 케인즈학파의 모형하에서는 확장적 재정정책 수행시 IS곡선의 우측 이동으로 국민소득 증가효과가 발생하고 LM곡선의 좌측 이동이 완전히 이루어지지 않아 불완전한 구축효과가 발생한다.

문제해설

고전학파는 완전한 구축효과로 인해 정부의 지출증대가 효과가 없다고 주장한다.

014

다음 ㉠, ㉡에 들어갈 적절한 용어를 고르면?

> 명목 통화공급의 증가가 부의 증가를 초래하고 그에 따라 소비가 증가하는 것을 (㉠)라 하고, 불황에 따른 물가하락이 부의 증가를 가져오고 결국 소비가 증가하게 되는 것을 (㉡)라 한다.

	㉠	㉡
①	유동성 함정	실질잔고효과
②	피구효과	실질잔고효과
③	실질잔고효과	피구효과
④	실질잔고효과	유동성 함정

문제해설

부의 효과는 실질잔고효과와 피구효과로 나누어 볼 수 있다.

015

이자율이 낮은 구간에서 화폐수요가 이자율에 완전탄력적인 LM곡선의 수평구간에서 발생하는 것으로 이자율이 조금만 감소해도 화폐수요는 무한에 가깝게 증가하는 구간을 무엇이라 하는가?

① 유동성 함정
② 한계이자율
③ 가속도 이론
④ 한계효율

문제해설

유동성 함정은 이자율이 조금만 증가해도 화폐수요는 무한에 가깝게 감소하며, 이자율이 조금만 감소하여도 화폐수요는 무한에 가깝게 증가한다. 왜냐하면 이자율이 낮은 경우, 화폐수요의 기회비용이 매우 작으므로 화폐수요가 무한히 증가하게 된다. 이는 통화공급이 증가할 때 화폐수요의 기회비용이 매우 낮기 때문에 화폐수요(유동성)가 공급된 통화를 모두 흡수할 수 있기 때문이다.

016

다음 설명 중 옳지 <u>않은</u> 것을 모두 고르면?

> ㉠ 고전학파는 명목임금이 경직적이어서 즉각적으로 임금이 조정되지 않는다고 주장한다.
> ㉡ IS곡선에서 최초의 균형이 깨졌을 때 새로운 균형을 회복하는 과정에서 국민소득과 이자율은 반대 방향으로 움직이고, 국민소득과 정부지출은 같은 방향으로 움직이며, 국민소득과 조세는 같은 방향으로 움직인다.
> ㉢ 재화시장의 균형을 나타내는 국민소득과 이자율의 조합을 IS곡선이라 한다.
> ㉣ 화폐시장을 균형으로 만드는 국민소득과 이자율의 조합을 LM곡선이라 한다

① ㉠, ㉡
② ㉡, ㉢
③ ㉠, ㉢, ㉣
④ ㉡, ㉢, ㉣

문제해설

㉠ 고전학파는 매 기간 노동의 수요와 공급이 일치하도록 임금이 신축적으로 조정된다고 주장한다.
㉡ IS곡선에서 최초의 균형이 깨졌을 때 새로운 균형을 회복하는 과정에서 국민소득과 이자율은 반대 방향으로 움직이고, 국민소득과 정부지출은 같은 방향으로 움직이며, 국민소득과 조세는 반대 방향으로 움직인다.

017

다음 중 LM곡선에 대한 설명으로 옳은 것은?

① 재화시장의 균형을 이루게 하는 국민소득과 이자율의 조합
② 화폐시장의 균형을 이루게 하는 국민소득과 이자율의 조합
③ 노동시장의 균형을 이루게 하는 국민소득과 이자율의 조합
④ 외화시장의 균형을 이루게 하는 국민소득과 이자율의 조합

문제해설

LM곡선은 화폐시장의 균형을 이루게 하는 국민소득과 이자율의 조합으로, 우상향하는 형태를 나타내는 곡선이다.

018

다음 빈칸에 들어갈 적절한 용어가 순서대로 바르게 나열된 것은?

> 재래시장에서 상품과 서비스의 흐름은 화폐시장에서 반대 방향으로 같은 양의 화폐의 흐름을 수반하며, 재화시장과 화폐시장이 결합함으로써 경제의 (   )의 크기가 결정된다. 한편, 노동시장과 생산함수를 통하여 경제의 (   )의 크기가 결정된다.

① 총공급, 총노동
② 총수요, 총공급
③ 총수요, 총노동
④ 총공급, 총수요

문제해설

재화시장에서 상품과 서비스의 흐름은 화폐시장에서 반대 방향으로 같은 양의 화폐의 흐름을 수반하며, 재화시장과 화폐시장이 결합함으로써 경제의 총수요 크기가 결정된다. 노동시장과 생산함수를 통하여 경제의 총공급의 크기가 결정된다.

019

소비에 영향을 미치는 소득의 유형에 따라 분류한 소비이론에 해당하지 않는 것은?

① 절대소득가설
② 생애주기가설
③ 항상소득가설
④ 신용창조가설

문제해설

소비이론은 절대소득가설, 상대소득가설, 생애주기가설, 항상소득가설로 구분된다.

020

절대소득가설에 대한 설명으로 옳지 않은 것은?

① 케인즈가 주장한 이론이다.
② 소비수준이 현재 소득에 의해서만 영향을 받는다는 가설이다.
③ 가계의 소비를 현재 소득에 따라 결정되는 수동적인 행위로 파악하였다.
④ Y는 가처분 소득, C는 소비라 할 때 $Y = \alpha + \beta C$로 표시된다.

문제해설

케인즈의 소비함수는 $C = \alpha + \beta Y$ 로 표시된다.

021

케인즈가 설명한 단기소비함수와 횡단면 소비함수의 특징으로 옳지 않은 것은?

① 단기적으로 소득이 증가하면 소비도 증가하는데 소득증가분의 일부분만이 소비에 반영되기 때문에 0 < 한계소비성향 < 1의 관계가 성립한다.

② 소비함수가 원점에 대하여 오목한 형태로 나타나 소득이 증가하면 MPC(한계소비성향)는 증가한다.

③ 단기소비함수의 특징은 단기적으로 소득이 증가할 때 평균소비성향은 감소하고, 소비함수가 y축 절편값을 갖기 때문에 평균소비성향 > 한계소비성향의 관계가 성립한다.

④ 미래의 예상소득도 현재의 소비를 결정하는 요인이 되는데, 절대소득가설은 이를 간과하였다는 비판을 받는다.

문제해설

소비함수가 원점에 대하여 오목한 형태로 나타나 소득이 증가하면 한계소비성향은 감소한다.

022

다음 중 상대소득가설에 대한 설명으로 적절하지 못한 것은?

① 단기적으로 개인의 소비는 본인의 소득수준뿐만 아니라 다른 개인의 소비수준에도 영향을 받는다.

② 듀젠베리는 시계열적 상대성으로 현재의 소비가 자기의 과거 소득수준에 의하여 영향을 받게 된다고 주장하였다.

③ 저소득층의 평균소비성향(APC)은 고소득층의 APC보다 작다.

④ 일부 계층은 소비행위에 있어서 다른 소비자들과 차별화된 소비행태를 보이는 전시효과가 나타난다.

문제해설

상대소득가설에 의하면 저소득층의 APC는 고소득층의 APC보다 크다. 소득이 낮은 저소득층은 사회적 평균에 상응하는 소비수준을 충족시키려는 경향이 있기 때문이다.

023

다음 중 생애주기가설에 대한 설명으로 옳은 것은?

① 프리드만은 소비자의 소비수준이 일생에 걸쳐서 발생하는 소득과 자산의 총량을 고려하여 결정한다고 주장하였다.
② 생애주기가설에서 정의하는 소득의 개념은 인적 및 비인적 자산을 포함시킨다는 점에서 항상소득가설에서 말하는 항상소득 개념과 유사하다.
③ 일시소비와 일시소득, 항상소비와 일시소비, 항상소득과 일시소득 간에는 상관관계가 없다고 가정하였다.
④ 항상소득을 현재 및 과거소득의 가중평균치로 측정할 수 있다고 설명하였다.

① 생애주기가설은 안도-모딜리아니의 주장이다.
③, ④ 항상소득가설에 대한 설명이다.

024

생애주기가설은 실제로는 개인이 원하는 만큼 빌릴 수 없다는 유동성 제약의 한계를 갖게 된다. 이러한 유동성 제약이 생기는 원인으로 볼 수 <u>없</u>는 것은?

① 채무불이행 위험이 있다.
② 자본시장의 불완전성이다.
③ 미래에 발생할 소득에 대한 불확실성이다.
④ 미래에 발생할 소비에 대한 불확실성이다.

①, ②, ③ 유동성 제약의 원인이 된다.

025

상대소득가설에 따르면, 소비자는 소득이 상승할 때에는 상승된 소득에 상응하여 소비수준을 높이지만 하락할 때에는 하락된 소득에 상응하여 소비를 낮추지 않고 과거의 최고 소득수준을 고려하여 소비의 감소가 불충분하게 일어나게 된다. 이러한 효과를 무엇이라 하는가?

① 톱니효과　　　　　　　② 피구효과
③ 완전 구축효과　　　　　④ 불완전 구축효과

문제해설

톱니효과는 소득이 떨어질 때 과거의 생활수준을 유지하려 하기 때문에 소비의 감소가 불충분하게 일어나 그 모습이 톱니와 같은 형태를 보이는 것을 말한다.

026

홀과 플라빈은 민간소비행위의 미래지향성과 합리성을 다기간 최적화모형에 입각하여 분석하였다. 이에 따르면 현재 소비는 전기소비와 확률적 오차항의 합으로 나타난다. 최근의 소비이론인 이 모형은 무엇인가?

① 항상소득가설　　　　　② 상대소득가설
③ 랜덤워크가설　　　　　④ 유동성제약모형

문제해설

홀과 플라빈은 항상소득가설을 합리적 기대가설과 결합시키는 방법으로 재해석하여 랜덤워크가설을 만들었다.

027

다음에서 설명하는 사람은?

> 그는 미국의 자료를 분석한 결과 단기에서는 케인즈의 소비함수가 타당하지만 장기에서는 평균소비성향이 일정하다는 사실을 발견하였다. 즉, 장기에는 APC = MPC의 관계가 성립하기 때문에 장기소비함수는 원점을 통과하게 된다고 주장하였다.

① 쿠즈네츠　　　　　　　② 프리드만
③ 모딜리아니　　　　　　④ 케인즈

문제해설

쿠즈네츠가 미국의 1869~1938년 간의 자료를 분석하여 주장하였다.

028

케인즈의 한계효율이론에 대한 설명으로 옳지 않은 것은?

① 케인즈는 투자의 한계효율에 의해 투자가 결정된다고 하였다.

② 투자의 한계효율은 자본재로부터 기대되는 미래수익의 현재가치를 동 자본재의 공급가격과 일치하도록 하는 할인율로 정의된다.

③ 케인즈는 민간투자가의 동물적 충동이야말로 투자결정의 주요 요인이 될 수 있다고 주장하였다.

④ 케인즈는 민간투자는 투자에 따른 기대수익에 대한 평가가 확실하므 로 본질적으로 변동이 거의 없다고 하였다.

문제해설

케인즈는 독립적인 투자함수가 존 재함을 환기시켰으며, 민간투자는 투자에 따른 기대수익에 대한 평가 가 불확실할 수밖에 없으므로 본질 적으로 변동이 심하다고 하였다.

029

투자이론 중 산출량의 변화를 투자결정의 주요 요인으로 보는 이론을 무 엇이라 하는가?

① 토빈의 q이론

② 가속도이론

③ 비가역 적 투자이론

④ 투자의 한계효율

문제해설

가속도이론은 고전학파나 케인즈의 투자이론이 이자율을 중시하는 데 비하여 산출량의 변화를 투자결정 의 주요 요인으로 보는 이론이다.

030

투자이론을 전통적 이론과 최근 이론으로 구분할 때 최근 이론으로 분류 할 수 없는 것은?

① 토빈의 q이론

② 가속도이론

③ 비가역적 투자이론

④ 자본량 조정비용모형

문제해설

고전학파의 현재가치이론, 케인즈 의 한계효율이론, 가속도이론, 투자 자금의 한계비용이론, 신고전학파 이론 등은 전통이론에 속한다.

3과목

III 거시경제 및 분산투자

정답 025 ① | 026 ③ | 027 ① | 028 ④ | 029 ② | 030 ②

031

다음 설명 중 옳지 <u>않은</u> 것은?

① 쿠와 마이어는 기업의 유동성이 투자의 주요 결정요인이라고 설명하였다.
② 듀젠베리에 의하면 투자는 자금조달 한계비용과 투자의 한계효율이 만나는 점에서 결정된다.
③ 새케인즈학파는 이윤극대화 원리에 따라 자본의 한계생산성과 자본의 사용자 비용이 일치하는 수준에서 적정자본스톡을 결정한다고 주장한다.
④ 가속도이론에는 단순가속도이론과 신축적 가속도이론이 있다.

③은 조르겐슨과 홀이 주장한 내용으로 신고전학파의 이론이다.

032

다음 중 투자에 대한 최근 이론에 대한 설명으로 옳지 <u>못한</u> 것은?

① 토빈의 q이론에 의하면 q < 1 이면 순투자가 이루어진다.
② q이론의 투자결정에서 중요한 것은 자본 1단위 추가 시 기업의 가치증가와 자본대체비용 간의 관계이다.
③ 불확실성의 경제에서는 투자의 비가역성이 투자결정에 중요한 요인이 된다는 것이 비가역적 투자이론이다.
④ 루카스와 프레스컷은 정태적인 투자이론들을 자본량 조정비용을 고려한 불확실성의 동태적 투자이론으로 발전시켰다.

토빈의 q이론에 의하면 q > 1이면 순투자가 이루어지며, q = 1이면 대체투자만 이루어진다.

더 알아보기 토빈의 q이론

• 자본 1단위 추가 시 기업의 가치증가와 자본재의 대체비용 사이의 관계를 설명한 이론이다.
• 내용
  – 기업은 자본을 1단위 추가할 때 높아지는 기업의 시장가치가 자본대체비용을 웃돌 경우(한계적 q비율 > 1) 자본스톡을 증가시키며 q비율이 1이면 대체투자만 발생한다.
  – q > 1이면 순투자가 이루어지고, q = 1이면 대체투자만 이루어진다.
• 문제점
  – 주가변동이 심할 경우 투자결정과 시행 사이의 시차문제가 발생한다.
  – 한계적 q를 측정하기 어렵기 때문에 일반적으로 평균적 q를 대용변수로 사용한다.
  – 기업이 기술적으로 규모의 경제를 누리거나 시장 지배력을 가지고 있는 경우 일반적으로 한계적 q와 평균적 q가 일치하지 않는다.

033

기업이 자본 1단위를 추가할 때 기업의 시장가치가 자본대체비용을 상회할 경우 자본스톡을 증가시킨다고 주장하는 투자이론은?

① 가속도이론   ② 비가역적 투자이론
③ 토빈의 q이론   ④ 한계효율이론

토빈의 q이론에 대한 설명으로 평균적 q는 다음과 같은 식으로 구해진다.

$$\text{평균적 } q = \frac{\text{주식시장에서 평가된 기업의 시장가치}}{\text{기업의 실물자본의 대체비용}}$$

034

자본재는 기업 고유의 목적에 따라 설치되는 경우가 많으므로 동 자본재를 시장에서 재판매할 경우의 가격은 대폭 하락할 수밖에 없기 때문에 투자감축의 비용이 투자 증가시보다 훨씬 비싸게 되는 비대칭성을 보이게 된다. 투자의 이와 같은 성질을 강조한 투자이론을 무엇이라 하는가?

① 비가역적 투자이론   ② 가속도이론
③ 자본량 조정비용모형   ④ 한계효율이론

불확실성의 경제에서는 투자의 비가역성이 투자결정에 중요한 요인이 된다.

035

화폐수요에 대한 이론과 주장한 학자가 바르게 연결된 것은?

① 케인즈 – 화폐수량설   ② 케임브리지 학파 – 현금잔액설
③ 보몰 – 투기적 화폐수요   ④ 토빈 – 거래적 화폐수요

- 화폐수량설 : 피셔
- 현금잔액설 : 케임브리지 학파
- 거래적 동기, 예비적 동기, 투기적동기 : 케인즈
- 거래적 화폐수요 : 보몰
- 투기적 화폐수요 : 토빈
- 현대적 화폐수량설 : 프리드만

036

고전학파의 이론 중 교환방정식을 통해 화폐수요가 국민소득과 양의 관계를 가지게 됨을 보이는 이론은?

① 화폐수량설 ② 수요견인설
③ 거래적 화폐수요 ④ 투기적 화폐수요

문제해설

고전학파는 화폐의 거래적 기능을 중시하며, 피셔의 화폐수량설과 케임브리지 학파의 현금잔액설로 구분된다.

037

다음 중 랜덤워크 소비이론과 관련이 가장 적은 것은?

① 전기소득 ② 확률적 오차항
③ 합리적 기대가설 ④ 항상소득가설

문제해설

랜덤워크 이론은 합리적 기대가설과 항상소득가설을 결합시킨 것으로, 현재소비는 전기소비와 확률적 오차항의 합으로 나타낸다.

038

화폐공급이 증가할 때 이자율의 변화를 야기하는 효과로 옳지 <u>않은</u> 것은?

① 소득효과 ② 대체효과
③ 피셔효과 ④ 유동성 효과

문제해설

화폐공급이 증가하면 유동성 효과가 나타나고 이후소득효과, 피셔효과가 나타나지만 대체효과는 나타나지 않는다.

039

경제성장이론 중 헤로드 모형과 솔로우 모형의 차이점으로 볼 수 없는 것은?

① 균형의 안정성　　　　② 자본계수의 가정
③ 생산함수의 가정　　　④ 저축함수의 가정

문제해설

저축함수는 두 모형의 동일한 가정으로 공통점이 된다.

040

로머와 루카스 등에 의해 제시되었으며, 인적 자본을 외부 효과로 간주하여 기술이나 지식의 축적과정에서 발생하는 규모에 대한 이것이 지속적으로 경제성장을 가능게 한다는 내생적 성장모형은?

① 내재적 성장이론　　　② 헤로드
③ 수확체증모형　　　　④ 한계생산성 접근모형

문제해설

수확체증모형은 인적 자본의 외부성 개념을 포함한 동태적 성장모형이다.

041

새로운 기술을 개발한 기업은 어느 정도의 시장지배력을 가지며, 개발된 기술에 대해 일정기간 동안 독점이윤을 얻을 수 있게 된다. 이렇게 획득된 독점이윤으로 지속적 성장이 가능하다는 이론을 무엇이라 하는가?

① 수확체증모형　　　　② 신 슘페터 성장모형
③ 한계생산성 접근모형　④ 슬로우–스완모형

문제해설

신 슘페터 성장모형은 신고전학파의 완전경쟁의 가정을 포기하고 기술혁신에 대한 독점이윤을 보장해주는 모형이다.

042

다음 중 IS곡선상의 이동이 <u>아닌</u> IS곡선 자체의 이동과 관련이 <u>없는</u> 것은?

① 통화량   ② 독립투자

③ 조세   ④ 정부지출

더 알아보기   IS곡선의 이동

좌로 이동	우로 이동
긴축재정정책	확대재정정책
정부지출의 감소	정부지출의 증가
조세의 증가	조세의 감소

문제해설

통화량의 변화는 IS곡선이 아니라 LM곡선의 이동과 관련이 있다.

043

다음 중 장기 필립스곡선과 가장 관련이 적은 것은?

① 자연실업률 가설

② 비용 인상 인플레이션

③ 노동자들의 예상물가의 변화

④ 수직선

문제해설

비용 인상 인플레이션은 케인즈학파의 스테그플레이션을 설명하기 위한 개념이다.

044

고전학파의 성장이론은 2가지 이론을 결합하여 전개된 것이다. 이에 해당하는 2가지 이론은?

① 토지수확체감의 법칙, 멜더스의 인구론

② J–커브효과, 멜더스의 인구론

③ 토지수확체감의 법칙, 황금률 이론

④ 수확체증의 법칙, J–커브효과

문제해설

고전학파의 성장이론은 리카르도의 토지수확체감의 법칙과 멜더스의 인구론을 결합하여 경제성장과 정체상태를 설명하였다.

045

장기적으로 1인당 소비가 극대화되는 조건을 자본축적의 무엇이라 하는가?

① 수확체증 ② 균형
③ 황금률 ④ 진보율

문제해설

자본축적의 황금률에 대한 설명이다.

046

다음 중 금리와 경기와의 관계에 대한 설명으로 옳지 <u>않은</u> 것은?

① 일반적으로 경기와 금리는 같은 방향으로 움직인다.
② 경상수지가 흑자일 때 금리는 하락할 가능성이 높다.
③ 일반적으로 금리는 경기에 선행하는 경향이 있다.
④ 대체로 금리는 주가와 음(−)의 상관관계를 갖는다.

문제해설

일반적으로 금리는 경기에 후행한다. 경기상승을 예상하고 금리가 상승하는 경우보다는 경기가 상승하여 통화수요가 증가하면 금리가 상승하게 되는 것이 일반적이다.

047

다음의 ㉠, ㉡에 들어갈 알맞은 용어는?

> 프리드만 모형에 의하면 단기 필립스곡선은 (㉠)하고, 장기 필립스곡선은 (㉡)의 형태를 갖는다.

	㉠	㉡
①	우하향	수평
②	우하향	수직
③	수평	우하향
④	수직	우하향

문제해설

프리드만 모형에서 단기 필립스곡선은 우하향하지만 장기 필립스곡선은 수직으로 나타난다.

048

지속적 물가상승인 인플레이션에 대한 설명으로 옳지 <u>않은</u> 것은?

① 인플레이션은 물가상승으로 인해 화폐가치를 하락시킨다.
② 채무자에게 유리하므로 채권자로부터 채무자에게로 부가 재분배되는 효과도 있다.
③ 인플레이션에 대한 정부의 대책은 긴축정책을 들 수 있다.
④ 대외적으로는 수출이 증가하는 장점이 있다.

인플레이션은 국내 물가뿐만 아니라 수출품 가격도 인상시키기 때문에 수출이 감소한다.

049

다음 설명 중 옳지 <u>않은</u> 것은?

① 우리나라는 경기확장국면이 경기수축국면의 기간보다 긴 경향을 보인다.
② 기업경기실사지수가 100 이하에서 100 이상으로 나타났다면 향후 경기상승이 예상된다.
③ 기술변화를 경기변동의 원인으로 설명하는 것은 실물적 균형경기변동이론이다.
④ 종합주가지수는 동행종합지수의 구성지표이다.

종합주가지수는 선행지표이다. 일반적으로 종합지수는경기보다 약 6개월 선행하는 것으로 파악된다.

050

다음 중 피셔방정식을 가장 잘 설명하고 있는 것은?

① 장기채권의 이자율은 단기채권의 이자율보다 높다.
② 명목이자율은 실질이자율과 기대인플레이션율의 합과 같다.
③ 이자율은 자본의 한계생산성에 의하여 결정된다.
④ 수익률곡선의 기울기는 우하향하는 형태를 띠게 된다.

피셔방정식은 이자율과 인플레이션의 관계를 나타낸다. 우리가 은행에 돈을 맡기고 받은 이자는 자본(기계 등)의 운영을 통해 얻은 물질적 수익에 인플레이션을 합친 금액이라는 것이다. 예를 들어 은행에서 받은 이자가 6%인데 인플레이션이 2%였다면 실질이자율은 4%가 된다.

2장 분산투자기법

001

최적의 투자결정이 이루어지기 위해서는 먼저 수많은 투자대상들의 투자가치가 평가되어야 한다. 현대 포트폴리오 이론에서는 일반적으로 두 가지 요인만을 고려하여 평가하고 있는데, 이때 두 가지 요인에 해당하는 것은?

① 경제상황, 시장상황
② 기대수익, 무위험이자율
③ 기대수익, 위험
④ 수익가치, 내재가치

문제해설

투자가치 = f(기대수익, 위험)
현대 포트폴리오 이론에서는 투자 대상들의 투자가치를 기대수익과 위험의 두 가지 요인만을 고려하여 평가하고 있다. 투자가치는 그 투자로 인한 미래의 기대수익에 달려 있는데, 그 기대수익은 실현되지 않을 가능성인 위험을 지니고 있다.

002

투자위험의 정도를 측정할 수 있는 방법에 해당하지 <u>않는</u> 것은?

① 분산
② 범위
③ 변동계수
④ 신뢰구간

문제해설

투자위험의 정도는 그 투자로부터 예상되는 미래수익률의 분산도로 측정할 수 있는데 흔히 범위, 분산, 표준편차, 변동계수 등이 분산도의 측정에 이용되고 있다.

003

주식 A, B의 증권분석 결과 다음과 같은 예상투자수익률이 추정되었다고 가정할 때 주식 A, B의 기대수익률을 각각 계산하면?

상황	발생 확률	주식 A	주식 B
호경기	40%	60%	10%
정상	20%	20%	15%
불경기	40%	−40%	20%

	주식 A	주식 B
①	12%	15%
②	11%	13%
③	10%	8%
④	14%	18%

문제해설

$E(R_A)$
= (0.4 × 60%) + (0.2 × 20%) + (0.4 × −40%) = 12%
$E(R_B)$
= (0.4 × 10%) + (0.2 × 15%) + (0.4 × 20%) = 15%

004

포트폴리오이론의 최적 투자결정방법으로 적절하지 못한 것은?

① 투자가치는 기대수익과 위험 두 요인에 의해서 결정된다고 보고, 이를 평균 기대수익률과 분산을 측정하여 우열을 가린다.
② 지배원리를 충족시켜 선택된 증권을 효율적 증권, 효율적 포트폴리오라 부른다.
③ 투자자의 위험회피도를 고려하여 투자자산의 범위를 정하고 최종적으로 지배원리를 충족시키는 증권을 선택한다.
④ 기대수익이 동일한 투자대상들 중에서는 위험이 가장 낮은 투자대상을 선택하고, 위험이 동일한 투자대상들 중에서는 기대수익이 가장 높은 것을 선택하는데, 이를 지배원리라 한다.

문제해설

지배원리를 충족시키는 효율적 증권에 대해서는 결국 투자자의 위험에 대한 태도, 위험회피도에 따라 최종 선택한다. 이렇게 선택된 투자대상을 최적 증권, 최적 포트폴리오라고 한다.

005

다음 효용함수의 그래프 중 위험회피형과 위험선호형에 해당하는 것은?

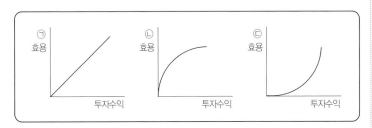

문제해설

㉠은 위험중립형, ㉡은 위험회피형, ㉢은 위험선호형이다.

위험회피형	위험선호형		위험회피형	위험선호형
① ㉠	㉡	②	㉡	㉢
③ ㉢	㉡	④	㉢	㉠

 알아보기 투자자의 위험에 대한 태도와 무차별효용곡선

- **정의** : 평균과 분산의 공간에 위험회피형의 효용함수를 나타낸 것으로, 특정 투자자에게 동일한 효용을 가져다주는 기대수익과 분산의 조합을 연결한 곡선
- 위험회피형의 무차별효용곡선의 기울기는 가파르며 일정한 위험증가가 있을 때보다 많은 기대수익의 증가를 요구한다.
- 위험선호형의 무차별효용곡선의 기울기는 완만하며 기대수익의 증가가 위험증가에 미치지 못하더라도 만족한다.

006

수익률의 평균이 10%, 표준편차가 15%인 주식 수익률이 95.54%일 때 신뢰구간은 약 얼마인가?

① −5% ~ 25%

② −20% ~ 40%

③ −35% ~ 55%

④ 5% ~ 35%

문제해설

표준정규분포에 의하여 다음과 같은 신뢰구간을 갖는다.
평균 ± 1 × 표준편차 : 68.27%
평균 ± 2 × 표준편차 : 95.54%
평균 ± 3 × 표준편차 : 99.97%
문제에서 95.54%로 주어졌으므로 10% ± 2 × 15%로 계산하면 된다.

| 007~008 | 다음과 같은 수익성과 위험의 조건을 가진 증권 A, B, C, D, E가 있다. 물음에 답하시오.

	A	B	C	D	E
기대수익률	20	7	20	8	15
표준편차	12.25	3.60	17	3.60	10

007

위 5가지 증권 중 가장 효율적 증권은?

① A, D

② B, D

③ B, C, E

④ A, D, E

문제해설

- 기대수익이 가장 높은 것은 A와 C이다. 기대수익이 높은 것 중 위험이 적은 것이 효율적이므로 A가 효율적 증권이다.
- 위험이 가장 적은 것은 B와 D이다. 위험이 같다면 기대수익이 높은 것이 효율적이므로 D가 효율적 증권이다.
- 증권 E는 기대수익률과 표준편차가 증권 A와 B에 비교하여 지배당하는 경우에 해당하지 않으므로 효율적 증권이다.

008

공격적 투자자와 보수적 투자자가 선호할 최적 증권을 바르게 선정한 것은?

	공격적 투자자	보수적 투자자
①	A	E
②	C	B
③	A	D
④	E	D

문제해설

효율적 증권 A, D, E 중에서 최적 증건의 선택은 투자자의 위험회피도에 따라 이루어진다. 공격적 투자자는 기대수익률이 높은 증권 A를 선호하고, 보수적 투자자는 위험이 적은 D를 선호할 것이다.

009

다음 빈칸에 들어갈 용어가 바르게 나열된 것은?

> • 위험회피형의 효용함수는 원점에 대하여 (㉠)한 형태를 보이면서 투자수익의 증가가 있을 때 (㉡)하는 모양을 보인다.
> • 위험선호형의 효용함수는 원점에 대하여 (㉢)한 형태를 보이면서 투자수익의 증가가 있을 때 (㉣)하는 모양을 보인다.

	㉠	㉡	㉢	㉣
①	볼록	체증	오목	체감
②	오목	체감	볼록	체증
③	볼록	체감	오목	체감
④	오목	체증	볼록	체감

문제해설

5번 문제의 그래프를 참조하면, 위험회피형의 효용함수는 원점에 대하여 오목한 형태를 보이면서 투자수익의 증가가 있을 때 체감하는 모양을 보인다. 반면에 위험선호형의 효용함수는 원점에 대하여 볼록한 형태를 보이면서 투자수익의 증가가 있을 때 체증하는 모양을 보인다. 위험중립형의 효용함수는 직선형으로 표시된다.

010

수익률의 평균이 20%, 표준편차가 8%인 주식 수익률의 99.97% 신뢰구간은 약 얼마인가?

① 12% ~ 28%

② 4% ~ 36%

③ −4% ~ 44%

④ 28% ~ 52%

문제해설

평균 ± 3 × 표준편차 : 99.97%
20% ± 3 × 8% = −4% ~ 44%

011

다음 무차별효용곡선에 대한 설명으로 적절하지 <u>못한</u> 것은?

① 평균과 분산의 공간에 위험회피형의 효용함수를 나타낸 것을 무차별 효용곡선이라 한다.

② 무차별효용곡선의 기울기가 상대적으로 가파른 경우가 보수적 투자자 이다.

③ 무차별 효용곡선의 기울기가 상대적으로 완만한 경우가 공격적 투자 자이다.

④ 보수적 투자자의 경우 기대수익의 증가가 위험증가에 미치지 못하더 라도 만족한다.

더 알아보기

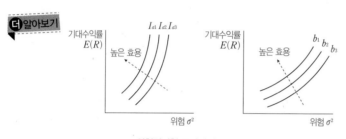

위험회피형 투자자의 무차별효용곡선

무차별 효용곡선의 기울기가 가파른 경우는 극히 위험을 회피하는 보수적 투자자의 예로서 일정한 위험 증가가 있을 때보다 많은 기대수익 증가를 요구하는 경우이다. 반면 기울기가 덜 가파른 경우는 공격적 투자자의 예로서 기대수익의 증가가 위험증가에 미치지 못하더라도 만족하는 경우를 나타낸다.

| 012~013 | 다음과 같은 수익률의 확률분포를 가지는 증권 A, B, C가 있다. 물음에 답하시오.

시장여건	발생 확률	증권 A	증권 B	증권 C
호경기	25%	15%	4%	20%
정상	50%	10%	6%	10%
불경기	25%	5%	8%	0%

012

개별적으로 한 종목씩 투자할 경우의 기대수익률이 바르게 연결된 것은?

	증권 A	증권 B	증권 C
①	9%	5%	10%
②	10%	6%	10%
③	11%	7%	13%
④	12%	8%	15%

$E(R_A)$
$= (0.25 \times 15\%) + (0.50 \times 10\%) + (0.25 \times 5\%) = 10\%$
$E(R_B)$
$= (0.25 \times 4\%) + (0.50 \times 6\%) + (0.25 \times 8\%) = 6\%$
$E(R_C)$
$= (0.25 \times 20\%) + (0.50 \times 10\%) + (0.25 \times 0\%) = 10\%$

013

위의 조건에서 개별적인 위험(표준편차)을 바르게 연결한 것은?

	증권 A	증권 B	증권 C
①	0.042	0.021	0.087
②	0.035	0.014	0.071
③	0.056	0.017	0.068
④	0.027	0.026	0.083

더 알아보기 표준편차$(\sigma) = \sqrt{\Sigma[r - B(R)]^2 \times p}$

(p : 상황이 일어날 확률, r : 상황에서 발생 가능한 수익률)

$\sigma(R_A) = \sqrt{0.25(0.15 - 0.10)^2 + 0.50(0.10 - 0.10)^2 + 0.25(0.05 - 0.10)^2} = 0.035$
$\sigma(R_B) = \sqrt{0.25(0.04 - 0.06)^2 + 0.50(0.06 - 0.06)^2 + 0.25(0.08 - 0.06)^2} = 0.014$
$\sigma(R_C) = \sqrt{0.25(0.20 - 0.10)^2 + 0.50(0.10 - 0.10)^2 + 0.25(0.00 - 0.10)^2} = 0.071$

 정답 011 ④ | 012 ② | 013 ②

014

다음과 같은 특성을 지닌 투자안들이 있다. 투자자의 효용함수가
$U = E(R) - 0.005 A\sigma^2$이고 A가 1이라고 할 때 위험회피형 투자자에게
최적 투자안은?

투자안	기대수익률	표준편차
갑	20%	18%
을	18%	15%
병	15%	50%
정	10%	20%

① 갑   ② 을
③ 병   ④ 정

문제해설

U갑
$= 0.20 - 0.005(0.18)^2 = 0.1998$
U을
$= 0.18 - 0.005(0.15)^2 = 0.18$
U병
$= 0.15 - 0.005(0.50)^2 = 0.1488$
U정
$= 0.10 - 0.005(0.20)^2 = 0.0998$

015

위 14번 질문 문항의 효용함수에서 A가 의미하는 것은?

① 위험회피계수   ② 상관계수
③ 볼록성   ④ 공분산

문제해설

효용함수 $U = E(R) - c \times \sigma^2$에서
U는 효용의 크기를 나타내고, c는
위험회피 계수이다.

| 016~021 | 주식 A, B, C의 예상수익률의 확률분포가 다음과 같다고 할 때 물음에 답하시오.

상황	확률	예상수익률		
		주식 A	주식 B	주식 C
호황	1/4	0.30	0.10	0.00
정상	1/2	0.10	0.05	0.05
불황	1/4	−0.10	0.00	0.10

016

주식 A와 주식 B에 대하여 50 : 50으로 투자한 포트폴리오가 있다고 할 때 이 포트폴리오의 기대수익률을 구하면?

① 5.5%
② 6.5%
③ 7.5%
④ 8.5%

문제해설

$E(Rp) = \Sigma$ (pi × rpi)

rpi = (A 투자비율 × A 예상수익률) + (B 투자비율 × B 예상수익률)

호황 : (0.5 × 0.30) + (0.5 × 0.10) = 0.20

정상 : (0.5 × 0.10) + (0.5 × 0.05) = 0.075

불황 : (0.5 × −0.10) + (0.5 × 0.00) = −0.05

$E(Rp) = (0.20 × 0.25) + (0.075 × 0.5) + (−0.05 × 0.25) = 7.5\%$

017

주식 A와 주식 C에 대하여 50 : 50으로 구성된 포트폴리오의 기대수익률을 구하면?

① 6.5%
② 7.5%
③ 8.5%
④ 9.5%

문제해설

호황 : (0.5 × 0.30) + (0.5 × 0.00) = 0.15

정상 : (0.5 × 0.10) + (0.5 × 0.05) = 0.075

불황 : (0.5 × −0.10) + (0.5 × 0.10) = 0.00

$E(Rp) = (0.15 × 0.25) + (0.075 × 0.5) + (0.00 × 0.25) = 7.5\%$

정답 014 ① | 015 ① | 016 ③ | 017 ②

018

주식 A와 주식 C에 대하여 20 : 80으로 투자한 포트폴리오의 기대수익률을 구하면?

① 6%

② 6.5%

③ 7%

④ 7.5%

문제해설

호황 : (0.2 × 0.30) + (0.8 × 0.00)
= 0.06

정상 : (0.2 × 0.10) + (0.8 × 0.05)
= 0.06

불황 : (0.2 × −0.10) + (0.8 × 0.10) = 0.06

E(Rp) = (0.06 × 0.25) + (0.06 × 0.5) + (0.06 × 0.25)
= 6.0%

019

주식 A와 주식 B에 대하여 50 : 50 투자한 포트폴리오의 분산과 표준편차를 구하면?

	분산	표준편차
①	0.0028125	5.30%
②	0.0078125	8.84%
③	0.0035627	6.15%
④	0.0	0.0%

문제해설

분산 σ^2
= $(−0.05 − 0.075)^2 × 0.25 + (0.075 − 0.075)^2 × 0.50 + (0.20 − 0.075)^2 × 0.25 = 0.0078125$

표준편차 $\sigma = \sqrt{0.0078125} = 0.0884 = 8.84\%$

020

주식 A와 주식 C에 대하여 50 : 50 투자한 포트폴리오의 분산과 표준편차를 구하면?

	분산	표준편차		분산	표준편차
①	0.0028125	5.30%	②	0.0078125	8.84%
③	0.0035627	6.15%	④	0.0	0.0%

문제해설

분산 σ^2
= $(0.00 − 0.075)^2 × 0.25 + (0.075 − 0.075)^2 × 0.50 + (0.150 − 0.075)^2 × 0.25$

= 0.0028125

표준편차 σ
= $\sqrt{0.0028125} = 0.0530 = 5.30\%$

021

주식 A와 주식 C에 대하여 20 : 80 투자한 포트폴리오의 분산과 표준편차를 구하면?

	분산	표준편차
①	0.0028125	5.30%
②	0.0078125	8.84%
③	0.0035627	6.15%
④	0.0	0.0%

문제해설

분산 σ^2
$= (0.06 - 0.06)^2 \times 0.25 + (0.06 - 0.06)^2 \times 0.50 + (0.06 - 0.06)^2 \times 0.25$
$= 0.0$
표준편차 $\sigma = \sqrt{0.0} = 0.0\%$

| 022~026 | 다음과 같은 조건의 포트폴리오가 있다고 가정할 때, 다음 물음에 답하시오.

상황	확률	예상수익률	
		주식 A	주식 B
호황	0.30	0.15	0.01
정상	0.50	0.10	0.20
불황	0.20	0.02	0.25

022

주식 A와 주식 B의 각각의 기대수익률을 구하면?

	주식 A	주식 B
①	9.9%	9.85%
②	17.7%	3.65%
③	9.9%	15.3%
④	17.7%	9.85%

문제해설

$E(R_A)$
$= (0.3 \times 0.15) + (0.5 \times 0.1) + (0.2 \times 0.02)$
$= 9.9\%$
$E(R_B)$
$= (0.3 \times 0.01) + (0.5 \times 0.2) + (0.2 \times 0.25)$
$= 15.3\%$

023

주식 A와 주식 B의 각각의 위험(표준편차)를 구하면?

	주식 A	주식 B
①	0.0342	0.0523
②	0.027	0.045
③	0.0627	0.034
④	0.045	0.0955

문제해설

$\sigma^2(R_A)$
$= 0.3(0.15 - 0.099)^2 + 0.5(0.1 - 0.099)^2 + 0.2(0.02 - 0.099)^2$
$= 0.002029$
$\sigma(R_A)$
$= \sqrt{0.002029} = 0.045$
$\sigma^2(R_B)$
$= 0.3(0.01 - 0.153)^2 + 0.5(0.2 - 0.513)^2 + 0.2(0.25 - 0.153)^2$
$= 0.009121$
$\sigma(R_B)$
$= \sqrt{0.009121}$
$= 0.0955$

024

두 주식 수익률 간의 공분산을 구하면?

① -0.003875　　　② -0.003697

③ -0.002592　　　④ -0.002998

문제해설

COV
$= 0.3(0.15 - 0.099)(0.01 - 0.153)$
$+ 0.5(0.1 - 0.099)(0.2 - 0.153)$
$+ 0.2(0.02 - 0.099)(0.25 - 0.153)$
$= -0.003697$

025

두 주식 수익률 간의 상관계수를 구하면?

① -0.86　　　② -1.259

③ 0.86　　　④ 1.259

문제해설

상관계수는 두 증권 사이의 공분산을 각각의 표준편차의 곱으로 나누어 구해진다.
$\rho = \dfrac{COV_{(AB)}}{\sigma_A \times \sigma_B}$
$= (-0.003697) / 0.045 \times 0.0955$
$= -0.86$

026

두 주식에 50 : 50 비율로 투자한 포트폴리오의 기대수익률을 구하면?

① 13.8%

② 13.2%

③ 12.6%

④ 12.91%

포트폴리오 기대수익률
= 9.9%(0.5) + 15.3%(0.5)
= 12.645%

027

다음 설명 중 옳지 <u>않은</u> 것을 모두 고르면?

> ㉠ 포트폴리오의 위험은 각 자산의 위험의 가중평균과 같다.
> ㉡ 두 개의 자산에 나누어 투자할 때 상관계수가 주어지면 투자비율의 조정에 따라 만들 수 있는 모든 포트폴리오의 집합을 포트폴리오 결합선이라 한다.
> ㉢ 상관관계가 낮을수록 분산투자효과는 작아진다.

① ㉠

② ㉡

③ ㉢

④ ㉠, ㉢

㉠ 포트폴리오의 위험은 각 자산의 위험의 가중평균보다 같거나 작다.
㉢ 상관계수가 −1에 가까울수록 분산투자효과가 크다.

028

모든 위험자산을 이용하여 만들 수 있는 포트폴리오 중 가장 효율적 포트폴리오의 집합을 무엇이라 하는가?

① 무위험 수익률

② 증권자본선

③ 효율적 투자선

④ 포트폴리오 결합선

효율적 투자선에 대한 설명이다.

029

무위험자산이 존재하는 경우에는 보다 효율적인 선형의 효율적 투자선이 도출된다. 이때 일정부분을 무위험자산에 투자하고 나머지를 위험자산 포트폴리오에 투자하는 포트폴리오를 무엇이라 하는가?

① 차입 포트폴리오
② 대출 포트폴리오
③ 포트폴리오 리밸런싱
④ 포트폴리오 업그레이딩

문제해설

대출 포트폴리오에 대한 설명이며, 무위험 자산을 차입하는 경우는 차입 포트폴리오이다.

030

다음 설명 중 옳지 <u>않은</u> 것은?

① 증권들 간의 공분산은 수익률의 움직임이 어느 정도 같은 방향인지 반대 방향인지를 측정한 것이다.
② 수익률의 움직임이 같은 방향이면 공분산은 부(−)의 값을 갖는다.
③ 두 증권 간의 수익률 움직임의 상관성은 상관계수로 측정할 수 있다.
④ 상관계수는 −1에서 1 사이의 값을 갖는다.

문제해설

수익률의 움직임이 같은 방향이면 정(+)의 값을 갖고, 반대 방향이면 부(−)의 값을 갖는다.

031

다음에서 설명하는 방법은 무엇인가?

> 포트폴리오를 구성한 후 상황이 변화하여 기존의 포트폴리오의 위험이 증가하게 되면 포트폴리오의 구성비율을 조정하여 원래의 위험수준을 그대로 유지할 수 있다.

① 포트폴리오 업그레이딩
② 차입 포트폴리오
③ 포트폴리오 리밸런싱
④ 대출 포트폴리오

문제해설

포트폴리오 수정이란 포트폴리오를 구성한 후 예측이 잘못되었거나, 새로운 상황 전개로 기존 포트폴리오를 변경하게 되는 것을 말하며, 수정하는 방법에는 리밸런싱과 업그레이딩의 두 가지 방법이 있다. 포트폴리오 리밸런싱의 목적은 상황변화가 있을 경우 포트폴리오가 갖는 원래의 특성을 그대로 유지하고자 하는 것이다.

| 032~033 | 甲 회사는 매년 400원의 배당금을 지급하고 있다. 이 회사의 주식을 2년 전에 주당 10,000원에 10주를 매입하였다. 매입 후 1년이 지난 후 배당금을 받고 주당 11,000원에 5주를 매도하고, 매입 후 2년이 지난 현재 시점에서 배당금을 받고 나머지 5주를 주당 9,500원에 매도하였다. 다음 물음에 답하시오.

032

2년에 걸친 투자에 대해 시간가중 평균수익률을 구하면?

① 0.5%   ② -0.5%

③ 0.1%   ④ -0.1%

문제해설

기간별 투자수익률

• **1년차** : 4,000원(배당금) + 5,000원(시세차익) / 10주 × 10,000원 = 9%

• **2년차** : 2,000원(배당금) + (-7,500원)(시세차익) / 5주 × 11,000원 = -10%

시간가중 평균수익률 = 1/2(9% - 10%) = -0.5%

033

위 투자에서 금액가중평균수익률을 구하면?

① 약 5.8%   ② 약 4.3%

③ 약 2.1%   ④ 약 1.9%

문제해설

• 시간가중 평균수익률 = 산술평균 수익률

• 금액가중 평균수익률 = 내부수익률

$$100,000 = \frac{4,000 + 55,000}{(1 + r)} + \frac{2,000 + 47,500}{(1 + r)^2}$$

| 034~035 | 다음은 1년간 자금운용자 A의 운용실적자료와 같은 기간의 시장지수 변화에 대한 자료이다. 무위험자산수익률이 6%라고 할 때 다음 물음에 답하시오.

구분	평균 투자수익률	베타	표준편차	비체계적 위험
A 포트폴리오	30%	1.20	40%	15%
시장지수	25%	1.00	30%	0%

034

A 포트폴리오와 시장지수에 대해 샤프지수를 구하면?

	A 포트폴리오	시장지수
①	0.69	0.73
②	0.72	0.83
③	0.6	0.633
④	0.7	0.733

샤프지수

$$= \frac{(투자수익률 - 무위험수익률)}{표준편차}$$

A = (30 − 6) / 40 = 0.6

시장지수 = (25 − 6) / 30 = 0.633

035

A 포트폴리오와 시장지수에 대해 트레이너지수를 구하면?

	A 포트폴리오	시장지수
①	20.0	19.0
②	21.2	20.5
③	20.5	19.0
④	22.0	21.0

트레이너지수

$$= \frac{(투자수익률 - 무위험수익률)}{베타}$$

A = (30 − 6) / 1.2 = 20

시장지수 = (25 − 6) / 1.0 = 19

036

주가의 등락에 관계없이 일정 금액을 정기적으로 계속 주식에 투자하는 방법은?

① 소극적 투자관리
② 적극적 투자관리
③ 평균투자법
④ 포트폴리오 업그레이딩

문제해설

평균투자법은 매달 또는 분기마다 정해 놓고 일정한 금액을 주식에 투자하는 방법이다.

037

다음 평가지수 중 비체계적 위험까지 감안한 지수끼리 바르게 묶여진 것은?

① 트레이너지수, 젠센지수
② 평가비율, 트레이너지수
③ 샤프지수, 젠센지수
④ 샤프지수, 평가비율

문제해설

샤프지수와 평가비율은 비체계적 위험까지 감안한 지수이다.

038

다음 빈칸에 들어갈 용어가 순서대로 바르게 나열된 것은?

> 샤프지수는 (㉠)을 기준으로 (㉡)을 이용하여 평가하는 것이며, 트레이너지수와 젠센지수는 (㉢)을 기준으로 (㉣)을 이용하여 평가하는 것이다.

문제해설

샤프지수는 총위험을 기준으로 자본시장선을 이용하여 평가하는 것이며, 트레이너지수와 젠센지수는 체계적 위험을 기준으로 증권시장선을 이용하여 평가하는 것이다.

	㉠	㉡	㉢	㉣
①	총위험	자본시장선	체계적 위험	증권시장선
②	체계적 위험	자본시장선	총위험	증권시장선
③	총위험	증권시장선	체계적 위험	자본시장선
④	체계적 위험	증권시장선	총위험	자본시장선

039

자본시장선과 증권시장선에 대한 설명으로 옳지 <u>않은</u> 것은?

① 증권시장선은 모든 투자대상의 균형수익률을 제시한다.
② 자본시장선은 효율적으로 분산투자된 포트폴리오의 균형수익률을 제시한다.
③ 자본시장선과 증권시장선의 절편이 의미하는 것은 동일하다.
④ 자본시장선은 체계적 위험, 증권시장선은 비체계적 위험을 고려한 것이다.

문제해설

자본시장선은 총위험, 증권시장선은 체계적 위험을 고려한 가격결정 모형이다.

| 040~041 | X 주식의 차기 배당금이 2,000원, 연간 성장률이 10%로 일정할 것이 예상된다. 무위험이자율이 8%, 시장포트폴리오의 기대수익률은 18%, 시장포트폴리오의 분산은 0.02이다. 또한 X 주식과 시장포트폴리오와의 공분산은 0.030이다. 다음 물음에 답하시오.

040

X 주식의 요구수익률은 얼마인가?

① 0.21
② 0.22
③ 0.23
④ 0.24

문제해설

요구수익률
$= 0.08 + (0.18 - 0.08) \times 0.03 / 0.02$
$= 0.23$

041

X 주식의 내재가치는 얼마인가?

① 15,385원
② 14,970원
③ 14,520원
④ 13,896원

문제해설

내재가치
$= \dfrac{\text{차기주당배당금}}{\text{요구수익률} - \text{성장률}}$
$= \dfrac{2,000}{0.23 - 0.10}$

042

A주식의 β가 1.20이고, 시장 포트폴리오의 기대수익률은 10%, 무위험이
자율은 6%라고 할 때 CAPM에 의한 A주식의 기대수익률을 구하면?

① 9.8%

② 10.2%

③ 10.8%

④ 11.2%

문제해설

기대수익률
= 무위험이자율 + (포트폴리오 기대
　수익률 − 무위험이자율) × 베타
= 0.06 + (0.1 − 0.06) × 1.2
= 0.108

043

A주식의 배당은 500원이었고, 매년 5%씩 성장할 것으로 예상된다. A주
식의 기대수익률이 10%일 때 배당정률성장모형에 의한 A 주식의 내재
가치는 얼마인가?

① 10,200원

② 10,300원

③ 10,400원

④ 10,500원

문제해설

차기배당금이 아닌 지난 배당금이
었으므로 차기배당금은 500(1 + r)
로 계산된다.
내재가치
$= \dfrac{500(1 + 0.05)}{0.10 - 0.05} = 10,500원$

044

다음 중 자본자산결정모형인 CAPM의 가정으로 옳지 않은 것은?

① 투자결정을 내릴 때 알아야 하는 것은 오직 평균과 분산뿐이다.
② 모든 투자자는 투자기간이 같고 미래증권 수익률의 확률분포에 대하
　여 동질적으로 예측한다.
③ 개인투자자는 자본시장에서 가격결정자이다.
④ 투자위험이 전혀 없는 무위험자산이 존재하며, 모든 투자자들은 무위
　험 이자율수준으로 얼마든지 자금을 차입하거나 빌려줄 수 있다.

문제해설

완전시장의 가정이다. 개인투자자
는 자본시장에서 가격순응자이고,
자본과 정보의 흐름에는 마찰이 없
어 거래비용과 세금이 존재하지 않
는다.

3과목

Ⅲ 거시경제 및 분산투자

045

다음 설명 중 옳지 <u>않은</u> 것을 모두 고르면?

> ⊙ CAPM은 무위험자산이 존재하며 모든 투자자들은 무위험 이자율
> 수준으로 얼마든지 자금을 차입할 수 있다고 가정한다.
> ⓒ 무위험자산과 시장포트폴리오로 구성된 효율적 포트폴리오의 기대
> 수익률과 위험 간의 관계식을 증권시장선이라 한다.
> ⓒ CAPM은 모든 투자자가 미래 증권수익률의 확률분포에 대하여
> 동질적으로 예측한다고 가정한다.
> ② 어느 주식의 β와 예상수익률을 측정한 결과 증권시장선의 윗부분
> 에 놓이게 되면 이 주식은 과대평가된 것이다.

① ⊙, ⓒ   ② ⊙, ②

③ ⓒ, ⓒ   ④ ⓒ, ②

문제해설

ⓒ 무위험자산과 시장포트폴리오로 구성된 효율적 포트폴리오의 기대수익률과 위험 간의 관계식을 자본시장선이라 한다.
② 어느 주식의 β와 예상수익률을 측정한 결과 증권시장선의 윗부분에 놓이게 되면 이 주식은 과소평가된 것이다.

046

시장균형모형으로서 차익거래 가격결정모형(APT)의 특징으로 적절하지 <u>않은</u> 것은?

① 증권수익률이 단일의 공통요인인 시장포트폴리오 수익률과의 선형함
수로서 표시된다.
② 균형상태의 시장에서는 추가적인 위험부담 없이 차익거래에 의한 초
과이익의 실현이 불가능하다는 논리에서 기대수익과 위험의 관계를
설명한다.
③ CAPM에서처럼 관찰할 수 없는 이론적 시장포트폴리오에 의존하지
않고 현실적으로 관찰가능한 잘 분산투자된 포트폴리오의 구성하에서
균형가격 결정원리를 설명한다는 점이다.
④ 증권수익률의 움직임을 단일 공통요인보다는 다수 공통요인과의 선형
관계에서 표시한다.

문제해설

증권수익률이 단일의 공통요인인 시장포트폴리오 수익률과의 선형함수로서 표시되는 것은 CAPM이다.

| 047~048 | 현재 무위험 자산 이자율이 5%이고, 시장기대수익률은 15%이다. A주식을 20,000원에 매입하였고, 연말 배당금이 2,000원으로 예상되며, 연말에는 22,000원 상승할 것으로 예측된다.

047

A주식의 베타가 0.60이라고 할 때 이 주식의 요구수익률은 얼마인가?

① 9%   ② 10%

③ 11%   ④ 12%

문제해설

요구수익률 = 0.05 + (0.15 − 0.05) × 0.6 = 0.11

048

위의 조건으로 기대수익률을 계산하고, 요구수익률과 비교하여 과대평가여부를 판단하면?

① 2% 과소평가   ② 2% 과대평가

③ 9% 과소평가   ④ 9% 과대평가

문제해설

기대수익률

$$= \frac{기대배당금 + 기말기대시장가격}{기초시장가격} - 1$$

$$= \frac{2,000 + 22,000}{20,000} - 1$$

$$= 1.2 - 1 = 0.20$$

기대수익률 20% > 요구수익률 11%
요구수익률보다 기대수익률이 높으므로 과소평가되고 있다.

049
효율적 시장가설에 대한 설명으로 틀린 것은?

① 증권시장의 효율성은 좁은 의미에서 정보효율성을 가리킨다.
② 증권시장이 정보효율적일 경우 새로운 정보가 발생하면 가격에 신속하게 반영될 것이다.
③ 효율적 시장에서는 이용가능한 정보로 초과수익을 얻을 수 없다.
④ 효율적 시장가설의 형태는 체계적 시장가설과 비체계적 시장가설로 나눌 수 있다.

문제해설

효율적 시장가설의 형태는 약형 효율적 시장가설, 준강형 효율적 시장가설, 강형 효율적 시장가설의 세 가지로 나눌 수 있다.

050
다음에서 설명하는 가설은?

현재의 주가는 과거 주가변동의 양상, 거래량의 추세에 관한 정보 등 과거의 역사적 정보를 완전히 반영하고 있으므로 어떤 투자자도 과거 주가변동의 형태와 이를 바탕으로 한 투자전략으로는 초과수익을 얻을 수 없다는 주장이다.

① 약형 효율적 시장가설
② 준강형 효율적 시장가설
③ 강형 효율적 시장가설
④ 비효율적 시장가설

문제해설

약형 효율적 시장가설에 대한 설명으로, 현실의 증권시장이 약형 효율적 시장인지를 보기 위해서는 과거 시계열상의 주가변동에 상관관계가 있는지 여부를 살펴보아야 한다.

051

다음에서 설명하는 가설은 무엇인가?

> 현재의 주가는 공개적으로 이용가능한 모든 정보를 완전히 반영하고
> 있으므로 투자자들은 공표된 어떠한 정보나 이에 바탕을 둔 투자전략
> 으로는 초과수익을 달성할 수 없다는 주장이다.

① 약형 효율적 시장가설
② 강형 효율적 시장가설
③ 준강형 효율적 시장가설
④ 비효율적 시장가설

준강형 효율적 시장가설에 대한 설명으로, 이 가설에서 공개적으로 이용가능한 정보란 과거의 주가나 거래량 같은 역사적 정보뿐만 아니라 기업의 회계정보, 정부의 정책, 경쟁업체의 공시사항 등의 정보가 포함된다. 준강형 효율적 시장가설에 의하면 투자자는 어떠한 정보가 공표된 다음에는 그 정보를 활용해도 평균 이상의 수익을 올릴 수 없게 된다는 것이다.

052

다음에서 설명하는 가설은 무엇인가?

> 일반에게 공개된 정보뿐만 아니라 공개되지 않은 정보까지도 주가에
> 반영되어 있으므로 투자자는 어떠한 정보에 의해서도 초과수익을 얻
> 을 수 없다는 주장이다.

① 약형 효율적 시장가설
② 강형 효율적 시장가설
③ 준강형 효율적 시장가설
④ 비효율적 시장가설

강형 효율적 시장가설에 대한 설명이다.
· **약형 효율적 시장가설** : 주가에는 과거의 정보가 반영되어 있다.
· **준강형 효율적 시장가설** : 주가에는 공개적 정보가 반영되어 있다.
· **강형 효율적 시장가설** : 주가에는 미공개 정보도 반영되어 있다.

 정답 049 ④ ┃ 050 ① ┃ 051 ③ ┃ 052 ②

053
효율적 시장의 특성으로 적절하지 <u>못한</u> 것은?

① 주가의 무작위적 변화
② 새로운 정보에 대한 신속·정확한 주가반응
③ 성공적 투자전략의 부재
④ 전문투자자의 탁월한 투자성과

문제해설

효율적 시장에서는 특정 정보를 알고 있는 전문투자자들과 그러한 정보를 모르는 일반투자자 간 평균적인 투자성과 사이에 차이가 없다. 효율적 시장에서는 주가에 영향을 미칠 특정 정보라도 초과수익을 얻을 수 없기 때문이다.

054
다음 투자전략 중 가장 공격적인 것은?

① 평균분할투자전략   ② 불변금액법
③ 변동비율법   ④ 시장펀드 투자전략

 알아보기 투자전략
- **평균분할투자전략** : 주가 등락에 관계없이 정기적으로 일상금액을 주식에 계속 투자하는 방법이다.
- **불변금액법** : 투자금을 주식과 채권으로 나누고 주식가격 변동에 관계없이 주식에 투자한 금액을 일정하게 유지하는 방법이다. 주가가 상승하면 상승폭의 주식을 매각하여 채권을 사들이며, 주가가 하락하면 일정부분 채권을 매각하여 주식을 매입하는 방법으로 주식투자 금액을 일정하게 유지한다.

문제해설

변동비율법은 주식과 채권에 대한 투자비율을 일정하게 두지 않고 주가변화의 예측에 따라서 적절히 비율을 변동시켜 가면서 투자하는 방법이다.

| 055~057 | 2024년 초 A주식 1주를 10,000원에 매입하여 연말에 400원의 배당금을 받았다. 2025년 초 같은 주식을 10,600원에 1주 추가 매입하고 연말에 2주의 배당금으로 800원을 받고 2주 모두 21,600원에 매각하였다. 다음 물음에 답하시오.

055

내부수익률을 계산하면?

① 7.12%
② 6.45%
③ 5.23%
④ 4.68%

문제해설

내부수익률은 현금유출액의 현재가치와 현금유입액의 현재가치를 일치시켜 주는 할인율로 계산한다.

$$10,000 + \frac{10,600}{(1+r)}$$
$$= \frac{400}{(1+r)} + \frac{800 + 21,600}{(1+r)^2}$$

056

같은 조건으로 산술평균수익률을 계산하면?

① 7.12%
② 7.83%
③ 8.12%
④ 8.24%

문제해설

매입 후 1년간 수익률 : 배당금 400원과 주가 상승분 600원이 수익금이 된다.

$$= \frac{400 + 600}{10,000} = 10\%$$

1년 후 1년간 수익률 : 주당 배당금 400원과 주가 상승분 200원이 수익금이 된다.

$$= \frac{800 + 400}{21,200} = 5.66\%$$

산술평균수익률은 단일기간수익률을 합한 후 이를 단위기간으로 나눈다.

$$ARR = \frac{10\% + 5.66\%}{2} = 7.83\%$$

057

위의 조건에서 기하평균수익률을 구하면?

① 7.12%

② 7.83%

③ 7.81%

④ 5.66%

문제해설

기하평균수익률 GRR
$$= \sqrt[n]{(1 + {}_0r_1)(1 + {}_1Y_2)} - 1$$
$$= \sqrt[2]{(1 + 0.1)(1 + 0.056)} - 1$$
$$= 7.81\%$$

058

자본증권선과 증권시장선에 대한 설명으로 <u>틀린</u> 것을 모두 고르면?

> ㉠ 자본시장선과 증권시장선의 절편은 동일한 것을 의미한다.
> ㉡ 자본시장선은 모든 투자대상의 균형수익률을 제시한다.
> ㉢ 증권시장선은 효율적으로 분산투자된 포트폴리오의 균형수익률을 제시한다.
> ㉣ 증권시장선은 총위험, 자본시장선은 체계적 위험을 고려한다.

① ㉠, ㉣

② ㉡, ㉢

③ ㉠, ㉡, ㉢

④ ㉡, ㉢, ㉣

문제해설

㉡ 증권시장선은 모든 투자대상의 균형수익률을 제시한다.

㉢ 자본시장선은 효율적으로 분산투자된 포트폴리오의 균형수익률을 제시한다.

㉣ 자본시장선은 총위험, 증권시장선은 체계적 위험을 고려한다.

059

위험회피형 투자자의 효용함수와 무차별 효용곡선에 대해 바르게 나열한 것은?

	효용함수	무차별 효용곡선
①	원점에 대해 볼록	우상향
②	원점에 대해 오목	우상향
③	원점에 대해 볼록	우하향
④	원점에 대해 오목	우하향

더알아보기

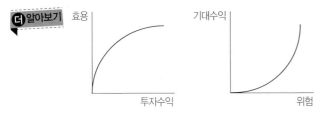

효용함수의 그래프는 원점에 대하여 오목하고 무차별효용함수의 그래프는 우상향이다.

060

다음 설명 중 옳지 <u>않은</u> 것을 모두 고르면?

> ㉠ CML(자본시장선)은 효율적 포트폴리오만 설명하는 한계가 있다.
> ㉡ 균형상태에서 모든 자산은 SML(증권시장선)상에 위치한다.
> ㉢ CML의 위험은 베타, SML의 위험은 표준편차로 나타낸다.
> ㉣ SML 아래쪽에 위치한 자산은 과소평가된 상태이다.

① ㉠, ㉡	② ㉢, ㉣
③ ㉠, ㉢	④ ㉡, ㉣

㉢ CML의 위험은 표준편차, SML의 위험은 베타로 나타낸다.
㉣ SML 아래쪽에 위치한 자산은 과대평가된 상태이다.

TRANSPORT
Eurotun

By Astrid Wendlandt

Eurotunnel warned yesterday it would not make enough cash this year to pa all the interest due on £6.3bn ($10.6bn) debt mo tain.

The operator of the Channel link betweer d northern Fran d many holida tay at home and fo t gish Rich

TRANSPO
P &
in

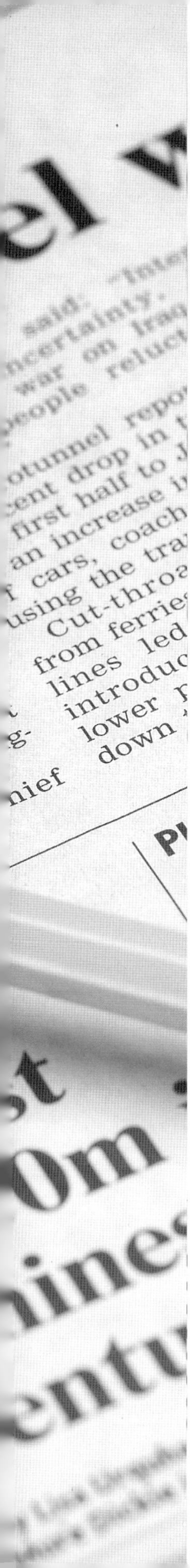

CERTIFIED INVESTMENT MANAGER

투자자산운용사 빈출 1000제

실전모의고사

실전모의고사

001 다음 중 국세가 <u>아닌</u> 것은?

① 종합부동산세
② 부가가치세
③ 관세
④ 재산세

002 다음에서 설명하는 배당소득은?

> 배당소득이 종합소득 과세표준에 포함된 경우 그 배당소득이 부담한 법인세 상당액으로 배당소득금액에 가산하는 금액이다.

① 간주배당소득
② 의제배당소득
③ 인정배당소득
④ 기타 배당소득

003 양도소득세에 대한 다음 설명 중 <u>틀린</u> 것은?

① 장기보유 특별공제의 적용대상은 3년 이상 보유하고 등기된 토지, 건물에 한한다.
② 부동산의 양도시기와 취득 시기는 원칙적으로 잔금 청산일이다.
③ 양도소득 기본공제 시 주식의 공제금액은 연 1,000만 원이다.
④ 양도소득 기본공제는 1일만 보유해도 공제가 가능하다.

004 납세의무에 관한 다음의 설명 중 **틀린** 것은?

① 납세의무자는 거주자와 비거주자로 구분한다.
② 납세의무의 승계는 합병법인과 상속인의 경우만 존재한다.
③ 국세징수권의 소멸시효 완성의 기간은 10년이다.
④ 부가가치세는 과세기간이 종료한 때 납세의무가 성립한다.

005 상속세에 대한 절세전략으로 적당하지 **않은** 것은?

① 상속개시(피상속인의 사망)가 임박한 경우 비실명채권을 매입한다.
② 사전에 상속인들에게 장기적인 계획하에 증여하는 방법을 강구한다.
③ 사망 후에는 차후 상속을 감안하여 합리적으로 배분한다.
④ 피상속인은 재산이 별로 없고 배우자가 재산이 많은 경우 피상속인이 배우자에게 증여하는 방식을 택한다.

006 증여세에 대한 절세전략으로 적당하지 **않은** 것은?

① 비실명 채권을 이용한다.
② 자녀의 성장을 기다려 성인이 된 후 증여하는 것이 유리하다.
③ 증여재산 공제범위 내에서 장기간 계획을 세워 증여를 한다.
④ 증여세는 증여자별, 수증자별로 과세가 됨을 이용한다.

007 금융소득에 대한 종합소득세 절세방향으로 적당하지 **않은** 것은?

① 여러 금융기관에 금융자산을 분산하여 가입한다.
② 금융자산을 분리과세 대상 금융저축에 가입한다.
③ 이자소득이 2천만 원의 경계선에 있을 시 이자의 수입시기를 조정한다.
④ 증여공제액 한도 범위 내에서 가족명의로 금융자산에 가입한다.

008 다음 중 생명보험료 계산의 3대 요소가 <u>아닌</u> 것은?

① 예정사망률 ② 예정출산율
③ 예정이율 ④ 예정사업비용

009 다음 중 ETF(상장지수펀드)에 대한 설명으로 적절하지 <u>않은</u> 것은?

① 특정 주식과 연동하는 인덱스 펀드이다.
② HTS(홈트레이딩 시스템)와 전화주문을 할 수 있다.
③ 원금보장추구형 실적배당상품이다.
④ 투자자와의 의견과 실시간 주문이 가능하다.

010 예금자 보호제도에 대한 설명으로 거리가 <u>먼</u> 것은?

① 수익증권은 예금 보호되지 않는다.
② 개인연금, 노후생활연금신탁은 예금자 보호상품이다.
③ 예금자 1인당 5천만 원까지 원금과 발생이자를 보호한다.
④ 종금사 발행어음은 예금자 보호상품이다.

011 다음 중 은행예금에 대한 설명으로 <u>틀린</u> 것은?

① 주택청약예금의 가입대상은 20세 이상의 국민이다.
② MMDA는 예치기간, 가입대상, 가입금액에 제한이 없다.
③ 주택청약부금은 20세 이상인 국민이면 가입할 수 있다.
④ 장기주택마련저축의 계약기간은 5년 이상 10년 이내이다.

012 다음 중 ELW 상품에 대한 설명으로 바르지 <u>않은</u> 것은?

① 주식워런트증권(ELW) 시장은 2005년 12월에 개설되었다.
② 배당이 클수록 콜워런트 매수자는 불리하다.
③ 금리가 높을수록 콜워런트 매수자는 불리하다.
④ 기초자산의 가격 변동성도 ELW의 가격결정요인이다.

013 다음 중 보험계약의 특징이 <u>아닌</u> 것은?

① 쌍무계약성　　　　　　　　② 부합계약성
③ 청약계약성　　　　　　　　④ 유상계약성

014 다음 중 역모기지와 관련한 금융기관의 위험이 <u>아닌</u> 것은?

① 이자율 위험　　　　　　　　② 조기사망 위험
③ 가격평가 위험　　　　　　　④ 비용 위험

015 실세금리 반영 금융상품에 대한 설명으로 <u>틀린</u> 것은?

① CD는 비보호대상 상품으로 무기명할인식으로 발행된다.
② RP는 비보호대상 상품으로 금리변동부 상품이다.
③ 표지어음은 중도해지가 불가능한 상품으로 금융기관이 발행인인 동시에 지급인이다.
④ 후순위채는 중도해지는 불가능한 상품이나 양수자가 지정된 경우에는 절차를 통해 양도 가능하다.

016 부동산에 대한 설명으로 <u>틀린</u> 것은?

① 자연적 특성으로 부동성, 영속성, 부증성이 있다.
② 부동산에 대한물권으로 점유권, 지역권, 지상권 등이 있다.
③ 부동산 경기는 일반 경기에 비해 저점이 낮고 정점이 높다.
④ 부동산은 등기를 하여야 그 효력이 발생한다.

017 부동산 투자에 대한 설명으로 <u>틀린</u> 것은?

① 부채보상율은 (순운용소득/부채상환액)으로 계산되며 부채의 안전도를 분석한다.
② 순소득승수는 (대출액/순운용소득)으로 계산되며 자본회수 기간으로 이용된다.
③ 투자이율은 (순운용소득/총투자액)으로 계산된다.
④ 현금흐름 할인법에는 순현재가치, 내부수익률, 수익성 지수가 있다.

018 개발방식 사업의 유형 중 지주공동사업이 <u>아닌</u> 것은?

① 합동개발방식   ② 개발분양방식
③ 토지신탁방식   ④ 등가교환방식

019 다음 설명 중 <u>틀린</u> 것은?

① 대출비율(LTV)은 (대출잔고/부동산 가격)으로 산출된다.

② 요구수익률이 내부수익률보다 크면 투자안이 채택된다.

③ 기준시가란 양도소득세 등 국세를 부과하기 위한 평가가액이다.

④ 부동산의 정상가격을 구할 때 판단되는 것은 시장성, 비용성, 수익성이다.

020 부동산 개발과정의 순서를 바르게 나열한 것은?

㉠ 부지 모색, 확보단계	㉡ 예비적 타당성 분석단계
㉢ 금융단계	㉣ 건설단계
㉤ 마케팅 단계	㉥ 타당성 분석단계

① ㉡ → ㉠ → ㉥ → ㉢ → ㉣ → ㉤

② ㉠ → ㉡ → ㉢ → ㉣ → ㉤ → ㉥

③ ㉠ → ㉡ → ㉣ → ㉢ → ㉥ → ㉤

④ ㉡ → ㉠ → ㉣ → ㉥ → ㉢ → ㉤

021 다음 중 대안투자상품으로 분류하기에 가장 적절하지 <u>않은</u> 것은?

① 뮤추얼펀드

② 헤지펀드

③ Commodity

④ 부동산

022 국내 부동산에 투자하는 부동산펀드는 원칙적으로 몇 년 이내에 해당 부동산을 처분할 수 없는가?

① 1년

② 2년

③ 3년

④ 5년

023 부동산 펀드는 총자산의 얼마 이상을 부동산에 투자해야 하는가?

① 30%
② 50%
③ 70%
④ 80%

024 전환증권차익거래에서 전환사채 가격 $1,000, 기초자산의 주식가격 $50, 전환가격 $75, conversion premium 50%, 전환사채의 델타 0.65라고 가정할 때 매도해야 하는 주식수는 얼마인가?

① 8.6667
② 8.3245
③ 7.6667
④ 7.3245

025 이것은 신용 스프레드 변화분에 대한 CDO 가격의 변화분으로 표현되며, CDO 가치가 개별적인 reference entity의 신용위험 변화에 얼마만큼 노출되어 있는지를 계산하여 준다. 이것은 무엇인가?

① 로우
② 감마
③ 세타
④ 델타

026 국제투자의 헤지펀드에 대한 설명으로 가장 적절하지 **않은** 것은?

① 헤지펀드의 투자는 비효율적 금융시장에 보다 적합하다.
② 헤지펀드의 투자자들은 공격적 투자를 선호한다.
③ 국제투자에서 헤지펀드의 투자들은 위험분산이 가장 중요한 투자의 목적이다.
④ 헤지펀드의 투자는 환투기 요소가 강하다.

027 국제포트폴리오 투자에 대한 다음 설명 중 적절하지 <u>않은</u> 것은?

① 공격적 전략에서는 목표수익률을 벤치마크 수익률 위에 둔다.

② 공격적 전략에서는 보다 많은 예측의 노력이 필요하다.

③ 공격적 전략에서는 포트폴리오의 구성이 벤치마크와 보다 큰 차이를 갖게 된다.

④ 공격적 전략은 시장이 보다 효율적인 경우에 적합하다.

028 환율이 국제투자의 수익률과 위험에 미치는 영향을 설명한 것으로 <u>틀린</u> 것은?

① 투자대상국 통화가치 상승에 대한 기대는 외국인 투자유인을 높인다.

② 국제투자로 인하여 투자대상국의 통화가치와 주가 간에 음의 상관관계를 갖게 된다.

③ 투자대상국의 통화가치가 상승하면 투자수익률이 상승한다.

④ 투자대상국의 통화가치와 주가 간에 양의 상관관계가 크면 투자위험이 증가한다

029 다음 설명 중 가장 적절하지 <u>못한</u> 것은?

① 각국 주식시장 간 상관계수를 측정하려면 30년 이상 장기간의 데이터를 사용해야 한다.

② 각국 주식시장 간의 상관계수가 낮으면 국제분산투자효과가 커진다.

③ 국제자본이동 규모가 커지면서 각국 주식시장 간의 상관계수는 높아진다.

④ 국제금융시장이 불안해지면 일시적으로 각국 주식시장 간 상관계수가 높아진다.

030 다음 중 한국기업의 해외상장의 방법이 될 수 <u>없는</u> 것은?

① 한국거래소 비상장기업의 나스닥 직상장

② 한국거래소 상장기업의 달러 DR 발행과 런던증시 상장

③ 한국거래소 상장기업의 주식을 런던증시에 직수입 상장

④ 한국거래소 상장기업의 ADR 발행을 통한 나스닥 상장

031 A기업의 주가가 26,250원이며, 항구적인 성장률은 연 5%로 추정된다. A기업의 현재 배당금이 1주당 1,000원이라고 가정할 때, 이러한 주가를 정당화시켜주는 자본화비율(자본비용)은 얼마인가? (단, 자본화비율은 반드시 성장률보다 커야 한다.)

① 7.45%

② 8.37%

③ 9.16%

④ 10.28%

032 B기업의 유동자산이 30억 원인데, 이 중 재고자산이 10억 원, 현금 5억 원, 외상매출금이 10억 원이고 나머지가 시장성 유가증권이다. B 기업의 유동부채는 모두 15억 원이다. B기업의 당좌비율을 구하시오.

① 1.33

② 1.69

③ 2.32

④ 2.47

033 다음 중 EVA에 대한 설명으로 가장 적절하지 <u>못한</u> 것은?

① 주주자본비용의 기회비용적 성격을 명확히 설정할 수 있게 한다.

② 회계관습과 발생주의 회계원칙의 결과로 산출된 회계이익이 경제적 이익을 반영하도록 수정하는 대체적 회계처리 방법을 사용한다.

③ EVA가 (＋)이면, 현 시점에서 자본제공자의 기회비용을 초과해 경제적으로 새로운 가치를 창조하였다는 것을 의미한다.

④ 자본의 기회비용을 무시한다는 단점이 있다.

034 확대형과 대칭삼각형이 합쳐진 모양의 패턴으로 초기에는 거래량이 크게 증가한 후 주가가 수렴하면서 거래량도 감소하는 패턴은?

① 직사각형   ② 다이아몬드형
③ 상승쐐기형   ④ 선형

035 일목균형표를 구성하는 지표 중 중간값으로 계산되지 않는 것은?

① 전환선   ② 후행스팬
③ 기준선   ④ 선행스팬

036 다음 중 추세반전형 지표로 볼 수 없는 것은?

① 스토캐스틱   ② RSI
③ CCI   ④ MAO

037 산업성과에 대한 다음 설명 중 가장 적절하지 못한 것은?

① 특정수출시장에서 각국의 경쟁력을 비교하기 위해 가장 널리 쓰이는 것은 시장점유율이다.
② 현재의 산업성과는 주로 성장률, 생산성향상 정도, 수출신장률 등을 통해 파악할 수 있다.
③ 무역특화지수가 1에 가까울수록 수입에 특화되어 있음을 보여준다.
④ RCA지수가 1보다 클수록 비교우위에 있음을 나타낸다.

038 산업경쟁력 분석 이론 중 혁신과 개선 등을 통해 경쟁우위를 확충함으로써 산업경쟁력을 얻을 수 있다는 경쟁우위론을 주장한 사람은?

① 케인즈   ② M. Porter

③ 리카르도   ④ 루카스

039 제품의 라이프사이클에 대한 설명으로 틀린 것은?

① 도입기에는 뛰어난 판매능력이 필요하다.

② 성장기에는 매출액과 이익이 급증한다.

③ 성숙기에는 이익률이 정점에 도달하게 된다.

④ 쇠퇴기에 있는 산업은 사양산업으로 분류된다.

040 현재 (주)시스컴의 주가가 10,000원이며 현금배당이 200원 예상된다. 연말에 12,000원에 팔 경우 (주)시스컴의 기대수익률은?

① 12.5%   ② 15%

③ 20%   ④ 22%

041 다음 중 보조지표에 대한 설명으로 **틀린** 것은?

① 역시계곡선에서 거래량이 계속 증가하고 주가도 상승세를 보이는 것은 매입신호이다.

② 역시계곡선에서 X축에는 거래량을, Y축에는 주가를 표시한다.

③ P&F는 한계점을 보완하기 위해 10% 플랜병용법을 이용한다.

④ P&F는 주가가 하락할 때는 O표, 주가가 상승할 때에는 X표로 표시한다.

042 예상인플레이션율이 3%이고 예상실질이자율이 5%라면 명목이자율은 이론적으로 얼마이어야 하는가?

① 2%   ② 3%

③ 5%   ④ 8%

043 통상적으로 리스크관리 전담부서를 네 조직으로 나눌 때 이에 해당하지 **않는** 것은?

① 위험관리위원회   ② 위험관리담당자

③ 이사회   ④ 감사위원회

044 다음 설명 중 옳은 것을 모두 고르시오.

> ㉠ 옵션의 비선형적 특성은 델타를 사용하여 조정한다.
>
> ㉡ 역사적 시뮬레이션 방법에 의한 VaR 측정방법은 특정 분포를 가정하지 않는다.
>
> ㉢ 델타–노말 분석법은 완전가치평가방법을 사용한다.
>
> ㉣ 위험조정수익률은 투자이익을 부담한 위험으로 조정하여 구한 수익률이다.

① ㉠, ㉢ ② ㉡, ㉣

③ ㉠, ㉡ ④ ㉢, ㉣

045 투자자가 A주식에 100억 원을 투자하였다. 1일 수익률의 표준편차가 2%라면 99% 신뢰도 1일 VaR은 얼마인가?

① 2.64억 원 ② 3.30억 원

③ 4.66억 원 ④ 5.25억 원

046 95% 신뢰도 1일 VaR가 100억 원이다. 이를 99% 신뢰도 10일 VaR로 전환했을 때, 가장 가까운 값은 얼마인가?

① 226억 원 ② 316억 원

③ 387억 원 ④ 446억 원

047 B기업의 1년 후 기대 기업가치가 20억 원이고, 표준편차는 4억 원이다. 이 기업의 1년 후 기업가치는 정규분포를 이룬다. 이 기업의 부채가치가 8억 원이라면 부도거리(DD)는?

① 1표준편차 ② 2표준편차

③ 3표준편차 ④ 4표준편차

048 다음 중 신용위험에 속하는 것은 무엇인가?

① 결제위험   ② 운용위험
③ 이자율위험   ④ 규제위험

049 일반적으로 부도율은 어떤 분포의 형태를 띠게 되는가?

① 정규분포   ② 베르누이분포
③ 로그정규분포   ④ 표준정규분포

050 C은행이 100억 원의 대출을 하고 있다. 예상손실이 1.05억 원이고 회수율이 65%라면 대출의 부도율은 얼마인가?

① 1%   ② 2%
③ 3%   ④ 4%

051 신임관계(Fiduciary Relation)에 대한 설명으로 **틀린** 것은?

① 전문가로서의 능력을 신뢰하여 서비스의 제공을 받는 자와 위임을 받는 전문가의 관계를 신임관계라고 한다.
② 실제적으로는 직원과 소속회사와의 관계를 의미한다.
③ 신임(Fiduciary)은 신탁(Trust)에서 유래되었다.
④ 신임의무는 크게 충실의무와 주의의무로 나누어진다.

052 신중한 투자자의 원칙(Prudent Investor Rule)에 대한 설명으로 틀린 것은?

① 투자의 적합성을 고려하면서 투자의 수익률과 위험의 조합이 고객에게 가장 최선의 것이 될 수 있도록 노력한다.

② 투자의 적절한 여부에 대한 판단은 개별투자가 아니라 포트폴리오 전체로 판단한다.

③ 집중투자를 할 이유가 없으면 분산투자(Diversification)를 원칙으로 한다.

④ 투자 시 비용은 펀드회사의 부담이 되기 때문에 가능한 업무 집행에 적절하게 사용해야 한다.

053 다음 중 정보의 누설 및 이용 금지에 대한 설명으로 틀린 것은?

① 법원의 제출 명령 또는 법관이 발부한 영장에 의한 거래정보의 제공은 가능하다.

② 금융기관 종사자는 명의인의 서면요구 또는 동의에 의하지 아니하고는 그 금융거래의 내용을 타인에게 제공하거나 누설하지 못한다.

③ 비밀정보인지의 여부가 불명확한 경우에는 일단 비밀로 요구되는 정보로 취급한다.

④ 국정감사 및 조사에 관한 법률에 의한 국정조사에 필요한 자료는 최대한 제공하여야 한다.

054 준법감시인에 대한 설명으로 틀린 것은?

① 자산 운용회사는 준법감시인 1인 이상을 반드시 두어야 한다.

② 당해 직무수행과 관련한 사유로 부당한 인사상 불이익을 주어서는 안 된다.

③ 준법감시인은 감사 또는 감사위원회에 소속되어 독립적인 업무를 수행한다.

④ 자산 운용회사가 준법감시인을 임면하고자 하는 경우에는 이사회의 결의를 거쳐야 한다.

055 다음 중 임직원의 대외활동 시 주의의무의 내용으로 **틀린** 것은?

① 회사의 업무와 관련이 없는 업무에 종사하고자 하는 경우에는 회사의 사전 승인을 받아야 한다.

② 임직원이 공개되지 아니한 금융회사의 지분을 가지는 경우 준법감시인의 사전승인을 받아야 한다.

③ 대외활동으로 취득한 금전적인 보상은 준법감시인에게 신고하고 그 취득을 허락받은 후에 사용하여야 한다.

④ 임직원이 강연, 연설, 교육, 기고, 방송 그리고 인터뷰 등을 하고자 하는 경우에는 사전에 회사의 사전 승인을 받아야 한다.

056 금융투자업자의 사외이사에 관한 자본시장법의 내용으로 **틀린** 것은?

① 금융투자업자는 원칙적으로 사외이사를 3인 이상 두어야 한다.

② 금융투자업자의 사외이사는 이사 총수의 과반수가 되도록 하여야 한다.

③ 중소규모 금융투자업자는 사외이사의 선임이 강제되지 않는다.

④ 사외이사 중 1인 이상은 대통령령으로 정하는 회계전문가이어야 한다.

057 다음 설명 중 가장 적절하지 **못한** 것을 고르시오.

① 투자성 있는 보험계약에 대해서는 요청하지 않은 투자권유의 규제가 적용되지 않는다.

② 장외파생상품 거래 시 주권상장법인은 일반투자자에 포함된다.

③ 설명의무의 불이행으로 인한 투자자의 손해에 대해 금융투자회사는 손해배상책임이 있다.

④ 설명의무는 그 위험성으로 인해 전문투자자에게도 적용된다.

058 자본시장법상 단기매매차익반환제도에 대한 설명으로 <u>틀린</u> 것은?

① 대상은 주식과 관련성이 있는 증권으로 한정한다.

② 직원의 경우 원칙적으로 규제대상에서 제외되지만, 직무상 미공개중요정보 접근 가능성이 있는 자는 포함한다.

③ 내부정보를 이용하였는지는 묻지 않는다.

④ 임원에는 집행임원과 사실상의 이사가 포함된다.

059 다음 중 자본시장법의 제정목적으로 볼 수 <u>없는</u> 것은?

① 투자자보호를 보다 강화한다.

② 금융투자업의 경쟁을 억제하여 자본시장의 안정을 도모한다.

③ 자본시장의 자금중개기능을 강화한다.

④ 금융투자업에서의 혁신을 촉진시킨다.

060 누구의 명의로 하든지 자기의 계산으로 금융투자상품을 매도 · 매수, 증권의 발행 · 인수 또는 그 청약의 권유를 하는 금융투자업은 무엇인가?

① 투자중개업

② 투자매매업

③ 투자일임업

④ 신탁업

061 금융투자상품의 투자성에 대한 설명으로 가장 적절하지 <u>못한</u> 것은?

① 투자결과에 대한 성과분석을 의미한다.

② 순수한 예금은 투자성이 결여되어 있다.

③ 비시장적 요소를 배제한다.

④ 금융투자상품의 유통가능성을 반드시 전제로 하지는 않는다.

062 자본시장법에서 새로 신설된 증권유형으로만 묶인 것은?

① 채무증권, 투자계약증권   ② 지분증권, 수익증권

③ 투자계약증권, 파생결합증권   ④ 파생결합증권, 지분증권

063 제3자 배정 증자의 발행가액 산정시 할인율은 얼마인가?

① 0%   ② 10% 이내

③ 20% 이내   ④ 30% 이내

064 금융위에 제출하는 주요사항보고서의 보고 내용에 해당하지 <u>않는</u> 것은?

① 수표의 부도

② 영업활동의 일부 정지

③ 채권금융기관협의회와 경영정상화 계획의 이행을 위한 약정을 체결

④ 자기주식의 취득

065 경미한 경영사항의 금융감독원장에 대한 보고로 사유 발생일로부터 7일 이내에 보고하지 않아도 되는 사항은?

① 상호의 변경   ② 자본금 증가

③ 지점의 신설   ④ 최대주주의 변경

066 외국환업무 취급 금융투자업자의 외국환포지션 한도는 얼마인가?

① 전월 말 자기자본의 5%　　　　② 전월 말 자기자본의 10%

③ 전월 말 자기자본의 20%　　　④ 전월 말 자기자본의 30%

067 금융투자협회규정에서 규정하고 있는 위험고지 대상상품이 <u>아닌</u> 것은?

① ELS　　　　　　　　　　② DLS

③ 파생결합증권　　　　　　④ ELW

068 일반투자자에서 전환된 전문투자자 중 법인의 금융투자상품 잔고 요건은?

① 50억 원 이상　　　　　② 100억 원 이상

③ 200억 원 이상　　　　④ 300억 원 이상

069 집합투자기구의 운용실적을 투자광고에 표시하고자 하는 경우 순자산총액은 얼마인가?

① 50억 원 이상　　　　　② 100억 원 이상

③ 200억 원 이상　　　　④ 300억 원 이상

070 다음 중 정보비효율 그룹에 속하지 <u>않는</u> 것은?

① 수익예상 추세효과　　　② 소형주 효과

③ 저 PER 효과　　　　　④ 무시된 기업효과

071 다음 중 보험 자산 배분전략(IAA)과 무관한 것은?

① 동적 자산 배분전략
② 투자성과의 요철의 오목성
③ 최저 보장수익률의 존재
④ 금융선물시장의 이용

072 고정비율 포트폴리오 인슈런스(CPPI) 전략 모형에서 포트폴리오 평가액과 최저 보장가치의 현재가치 간의 차이는?

① 승수
② 쿠션(Cushion)
③ 주식투자금액
④ 익스포져

073 최근의 자산배분 전략이 아닌 것은?

① 펀드운용의 전문화 달성
② 적극적 인덱스 투자전략
③ 정해진 스타일 내에서 투자(종목선택 능력만을 발휘)
④ 능동적인 자산배분이 가능

074 전술적 자산배분에 대한 설명으로 옳지 않은 것은?

① 전략적 자산배분에 의해 결정된 포트폴리오를 투자전망에 따라 중·단기적으로 변경하는 실행과정이다.
② 자산 가격이 중·장기적으로 빈번하게 균형가격을 벗어날 수 있다는 가정을 이용하는 전략이다.
③ 내재가치와 시장가격을 비교하여 고평가된 자산을 매도하고, 저평가된 자산을 매수하는 전략을 Negative Feedback Strategy라고도 한다.
④ 시장가격의 움직임과 반대로 활동하는 역투자 전략(Contrary Strategy)이다.

075 다음 중 수익률 역전 그룹(Return Reversal)이 <u>아닌</u> 것은?

① 저β효과   ② 잔차 수익률 역전현상

③ 저 PBR 효과   ④ 고유 수익률 역전현상

076 다음 중 채권시장에 대한 설명으로 <u>틀린</u> 것은?

① 일반적으로 주식시장과는 달리 가격제한폭 제도가 없다.

② 국채딜러사는 대부분 기관투자가이다.

③ 장외매매 시 상장채권은 거래대상이 아니다.

④ 장외거래 시 수도결제방식은 일반적으로 채권동시결제제도(DVP)를 택하고 있다.

077 수정듀레이션이 5.0이고 만기수익률이 9.00%에서 9.10%로 상승한다고 할 때 채권가격변동률은 어떻게 변화하는가?

① 0.5% 상승한다.   ② 0.5% 하락한다.

③ 1.0% 상승한다.   ④ 1.0% 하락한다.

078 채권가격정리에 대한 설명으로 <u>틀린</u> 것은?

① 채권의 잔존기간이 길수록 동일한 수익률 변동에 대한 가격변동률은 커진다.

② 동일한 수익률 변동이 일어나면 채권가격은 수익률이 하락할 때와 상승할 때가 동일하다.

③ 채권의 잔존기간이 길어짐으로써 발생하는 가격변동률은 체감한다.

④ 이표채는 표면이율이 낮을수록 동일한 크기의 수익률 변동에 대한 채권가격 변동률이 커진다.

079 잔존기간이 2년 20일 남은 할인채를 시장 수익률 5%로 매매할 경우 세전단가 계산식은?

① $10,000 / (1 + 0.05)^2$

② $10,000 / (1 + 0.05)^2 \times (1 + 0.05 \times 20/365)$

③ $11,027 / (1 + 0.05)^2$

④ $11,027 / (1 + 0.05)^2 \times (1 + 0.05 \times 20/365)$

080 수익률 곡선이론에 대한 설명으로 틀린 것은?

① 일반적인 만기 수익률 곡선은 우상향하는 모양을 보인다.

② 단기 수익률과 장기 수익률과의 관계에서 내재선도 이자율이 도출된다.

③ 특정 만기의 채권을 선호하더라도 다른 만기 채권의 수익률이 높다면 다른 만기의 채권에 투자하는 이론을 시장분할가설이라고 한다.

④ 힉스는 수익률 곡선에서 유동성 상실에 대한 보상률을 반영해야 한다는 유동성 선호이론을 제시하였다.

081 듀레이션이 4인 채권의 보유가치가 50억 원, 듀레이션이 5인 채권의 보유가치가 100억 원, 현금이 50억 원인 포트폴리오를 헤지하려면 듀레이션이 5인 국채선물 몇 계약을 매도해야 하는가? (국채선물 1계약은 1억 원이다.)

① 120개 ② 130개

③ 140개 ④ 150개

082 현재 KOSPI200지수는 200이다. 배당 수익률은 6%이고 무위험 이자율이 10%일 때 만기 6개월 남은 KOSPI200지수 선물의 이론가격은 얼마인가?

① 200 ② 202

③ 204 ④ 208

083 다음 중 옵션가격에 대한 설명으로 **틀린** 것은?

① ITM 옵션은 행사가치가 양(＋)이다.
② OTM 옵션은 행사가치가 제로이다.
③ ATM 옵션에서 시간가치가 최대가 된다.
④ OTM 옵션에서 시간가치는 (－)이다.

084 선물 근월물의 가격이 200, 원월물 가격이 210인 상태에서 근월물 가격이 갑자기 오르면서 가격 차이가 급격히 좁혀졌다. 이때 투자자가 이 스프레드는 다시 넓어질 것이라고 예상한다면 어떤 전략을 취하겠는가?

① 근월물 매수 – 원월물 매도
② 근월물 매도 – 원월물 매수
③ 근월물 매수 – 원월물 매수
④ 근월물 매도 – 원월물 매도

085 현재 행사가격이 10,000원인 3개월 만기 콜옵션의 가격이 1,000원으로 주어져 있다고 하자. 현재 주가는 10,500원일 때 이 콜옵션의 시간가치는 얼마인가?

① 500원
② 1,000원
③ 1,500원
④ 2,000원

086 델타가 0.5인 콜옵션과 (－)0.5인 풋옵션을 이용하여 보유중인 기초자산 40단위를 헤지하고자 한다면?

① 콜옵션 80단위 매수
② 풋옵션 80단위 매수
③ 콜옵션 100단위 매수
④ 풋옵션 100단위 매도

087 선물 3계약 매수, 콜옵션(델타 0.5) 5계약 매도, 풋옵션(델타 −0.5) 6계약 매수 포지션을 취하였다면 포지션의 전체 델타는?

① 2.5

② −2.5

③ 4

④ −4

088 샤프지수와 트레이너지수의 비교에 대한 설명으로 틀린 것은?

① 샤프지수는 분산투자가 되지 않는 펀드들을 대상으로 하는 것이 적합하다.

② 트레이너지수는 분산투자가 잘 되어 있는 펀드를 대상으로 하는 것이 적합하다.

③ 샤프지수는 위험의 측정치로 표준편차를 사용한다.

④ 트레이너지수는 위험의 측정치로 분산을 사용한다.

089 다음에서 A 펀드의 샤프지수를 구하면?

> • A펀드의 연평균 수익률 : 0.13   • 표준편차 : 0.18
> • 무위험 이자율 : 0.08   • 시장평균 수익률 : 0.14

① 0.3

② 0.28

③ 0.35

④ 0.40

090 다음 표에서 A펀드의 시간가중 수익률을 구하면?

구분	0기간	1기간말	2기간말
A펀드	1,000,000	1,200,000	1,680,000

• 1기간말 현금유입 100,000

① 40%

② 48%

③ 54%

④ 60%

091   다음 표에서 트레이너지수를 구하면?

평균 수익률	β	표준편차
0.12%	0.90	15%

• 무위험 이자율 0.08%, 시장평균 수익률 0.14%

① 0.028   ② 0.044

③ 0.054   ④ 0.060

092   소비이론에 대한 설명으로 틀린 것은?

① 케인즈의 절대소득가설은 소비 수준이 현재 소득에 의해서만 영향을 받는다는 가설이다.

② 상대소득가설에 의하면 저소득층의 APC는 고소득층의 APC보다 크다.

③ 항상소득가설에 있어서 항상소득과 일시소득 간에는 상관관계가 없다고 가정하였다.

④ 랜덤워크가설에 의하면 민간소비계획은 과거소득과 현재소득의 예상하에 기대효용을 극대화시키는 수준에서 결정된다고 보았다.

093   다음 중 투자이론에 대한 설명으로 틀린 것은?

① 케인즈의 투자이론은 투자의 한계효율이 투자소요 자금의 기회비용을 나타내는 시장 이자율보다 클 경우 실행된다고 보았다.

② 신고전학파는 투자의 단위비용이 투자의 단위이익과 같을 때 적정투자가 결정된다고 보았다.

③ 토빈의 q이론에 의하면 한계적 q비율과 평균적 q비율이 일반적으로 일치한다는 점을 강조하였다.

④ 루카스는 정태적 투자이론을 동태적 투자이론으로 발전시켰다.

094 다음에서 통화량을 산출하면?

> • 민간현금보유 : 50%
> • 지급준비율 : 10%
> • 본원통화 : 100억

① 182억

② 200억

③ 500억

④ 1,000억

095 다음의 내용을 주장한 학자는?

> 기대인플레이션이 상승할 경우 실질잔고가 감소함으로써 경제주체는 실질잔고효과에 의해 소비를 감소시키고, 저축이 증가하며, 명목금리는 기대인플레이션보다 작게 상승한다.

① 다비

② 먼델-토빈

③ 섬머

④ 피구

096 다음 중 분산투자 이론에 대한 설명으로 틀린 것은?

① 공분산은 포트폴리오를 구성하는 각 증권수익률의 기대수익률로부터의 편차와 편차의 곱의 기대치로 측정된다.

② 상관계수는 공분산을 각각의 표준편차의 곱으로 나누어서 표준화시킨 것이다.

③ 상관계수가 0인 경우에는 위험이 감소하지 않는다.

④ 포트폴리오 결합선에서 위험이 최소화되는 포트폴리오를 최소분산 포트폴리오라고 한다.

097 자산운용시 위험에 대한 설명으로 틀린 것은?

① 증권시장 전반의 공통적 요인에 의한 위험을 체계적 위험, 분산불능 위험이라고 한다.

② 무위험 자산은 수익률의 표준편차가 1인 투자자산을 말한다.

③ 무위험 자산과 위험자산인 주식으로 구성되는 포트폴리오의 기대수익률은 표준편차에 선형적으로 비례한다.

④ 포트폴리오의 표준편차는 각 자산의 위험의 가중평균과 같거나 작다.

098 마코위츠의 모형에 의한 n종목의 포트폴리오의 계산 시 필요한 공분산의 정보량은?

① n

② 2n

③ n(n−1)

④ n(n−1)/2

099 분산투자의 이론모형에 대한 설명으로 틀린 것은?

① 증권특성선상의 잔차는 실제수익률과 기대수익률과의 차이를 측정한 것이다.

② 샤프의 단일지표모형에 의한 증권 i와 j간의 공분산은 $\beta i \beta j \sigma^2 m$로 나타난다.

③ 인덱스 펀드는 β가 1이 되도록 만든 펀드이다.

④ 증권특성선의 α는 이론적으로 무위험 이자율과 같다.

100   다음 중 CAPM 이론의 가정이 <u>아닌</u> 것은?

① 평균, 분산의 가정　　　　　　　② 이질적 미래예측의 가정

③ 완전시장의 가정　　　　　　　　④ 무위험 자산의 존재 가정

실전모의고사
정답 및 해설

01	④	02	①	03	③	04	③	05	④
06	②	07	①	08	②	09	③	10	③
11	④	12	③	13	③	14	②	15	②
16	③	17	②	18	②	19	②	20	①
21	①	22	③	23	②	24	①	25	④
26	③	27	④	28	②	29	①	30	③
31	③	32	①	33	④	34	②	35	②
36	④	37	③	38	②	39	③	40	④
41	③	42	④	43	④	44	②	45	③
46	④	47	④	48	①	49	②	50	②
51	②	52	④	53	④	54	③	55	②
56	④	57	③	58	①	59	②	60	②
61	①	62	③	63	②	64	④	65	③
66	③	67	④	68	②	69	③	70	③
71	②	72	②	73	④	74	②	75	③
76	③	77	②	78	②	79	②	80	③
81	③	82	③	83	④	84	②	85	①
86	②	87	②	88	②	89	②	90	③
91	②	92	④	93	③	94	①	95	②
96	③	97	②	98	④	99	④	100	②

001   정답 ④

재산세, 주민세, 자동차세 등은 지방세이다. ①, ②, ③ 외에도 소득세, 법인세, 증권거래세, 농어촌특별세는 국세이다.

002   정답 ①

간주배당소득으로 배당소득의 15%를 가산한다.

003   정답 ③

양도소득 기본공제 시 주식의 공제금액은 연 250만 원이다.

004   정답 ③

국세징수권의 소멸시효 완성의 기간은 5년이다.

005   정답 ④

배우자가 피상속인에게 증여하는 방식을 택하면 절세효과가 있다.

006   정답 ②

자녀가 어릴 때 분할하여(10년 단위) 증여하는 것이 유리하다.

007   정답 ①

여러 금융기관에 분산하는 것은 절세방안이 아니라 예금자 보호법상의 활용방안이다. 절세하기 위해서는 금융자산에 대해 전반적으로 관리해줄 수 있는 곳으로 거래하는 금융기관의 수를 줄이는 것이 좋다.

008   정답 ②

예정출산율은 3대 요소에 포함되지 않는다.

009   정답 ③

ETF는 원금보장이 되지 않고, 시장수익률을 추적하는 펀드이다.

📋참고 **상장지수펀드(ETF)**
- 인덱스 펀드이면서 주식처럼 거래된다.
- ETF 시장은 주식처럼 거래되는 유통시장과 설정·해지되는 발행시장으로 구분된다.
- 발행시장에서는 지정판매사(AP) 통해서 설정·환매가 이루어진다.

010   정답 ③

이자는 발생된 이자(금융기관과 약정한 이자)가 아닌 예금보험공사가 정하는 소정의 이자이다.

011   정답 ④

장기주택마련저축의 계약기간은 7년 이상 10년 이내이다.

012   정답 ③

금리가 높을수록 콜워런트 매수자는 유리해진다.

013   정답 ③

보험계약의 특징에는 쌍무계약성, 부합계약성, 유상계약성, 낙성계약성, 선의계약성 등이 있다.

014   정답 ②

역모기지는 조기사망 위험이 아닌 장수 위험에 노출되어 있다.

015   정답 ②

RP는 금리확정형 상품이다.

016   정답 ③

부동산 경기는 일반 경기에 비해 저점이 깊고 정점이 높다.

017   정답 ②

순소득 승수는 '총투자액/순운용소득'으로 계산되며 투자이율과 역수이다.

018   정답 ②

개발분양방식, 주주모집방식은 투자형이며 ①, ③, ④와 사업수탁방식, 차지개발방식은 지주공동사업이다.

019   정답 ②

내부수익률(IRR)이 요구수익률보다 크면 투자안이 채택되고, 작으면 기각된다.

020   정답 ①

부동산 개발과정 순서는 예비적 타당성 분석 → 부지의 모색 → 타당성 분석 → 금융단계 → 건설단계 → 마케팅 단계이다.

021   정답 ①

주식, 채권, 뮤추얼펀드 등은 전통적인 투자로 분류된다.

022   정답 ③

취득 후 3년 내 처분이 금지된다.

023   정답 ②

집합투자재산의 50% 이상을 부동산에 투자해야 한다.

024   정답 ①

$(\$1,000 \div \$75) \times 0.65 = 8.6667$

025   정답 ④

$Delta = \dfrac{\varDelta \text{in value of CDO}}{\varDelta \text{in credit spread}}$

026   정답 ③

위험분산보다 수익률 제고가 투자의 중요한 목적이 된다.

027   정답 ④

시장이 효율적일수록 예측을 위한 노력이 무의미해 진다.

028   정답 ②

국제투자로 인하여 투자대상국의 통화가치와 주가 간에는 양의 상관관계를 갖게 된다.

029   정답 ①

상관계수를 측정하기 위해서 자료기간이 길수록 좋은 것은 아니다. 통계값의 안정성과 구조적 일관성을 고려하여 적절한 자료기간을 결정해야 한다.

030   정답 ③

한국거래소에 상장하지 않은 한국기업이 외국기업에 직상장할 수 있으나, 한국거래소에 상장된 기업이 DR 발행 없이 해외 거래소에 직수입 상장하는 것은 현재로서는 가능하지 않다.

031   정답 ③

$26{,}250 = 1{,}000 + \dfrac{1{,}050}{(k-0.05)}$

$k = 0.0916$

032   정답 ①

$\begin{aligned} 당좌비율 &= \dfrac{유동자산 - 재고자산 - 선급금}{유동부채} \\ &= \dfrac{30억\ 원 - 10억\ 원}{15억\ 원} \fallingdotseq 1.33 \end{aligned}$

033   정답 ④

자본의 기회비용을 무시하는 것은 투하자본수익률(ROIC)이다.

034   정답 ②

다이아몬드형 패턴에 대한 설명이다.

035   정답 ②

후행스팬은 과거 최고치와 최저치의 중간값이 아닌 당일의 종가를 의미한다.

036   정답 ④

MACD, MAO, 소나차트는 추세추종형 지표에 속한다.

037   정답 ③

무역특화지수가 1에 가까울수록 수출에 특화되어 있다는 의미이다.

038   정답 ②

포터의 경쟁우위론에 대한 설명이다.

039   정답 ③

이익률이 정점에 도달하는 것은 성장기이다.

040   정답 ④

기대수익률 = 배당수익률 + 자본이득 수익률

$\dfrac{200}{100,000} + \dfrac{12,000-10,000}{100,000} = 2\% + 20\% = 22\%$

041   정답 ③

삼선전환도의 한계점을 보완하기 위해 10% 플랜병용법을 이용한다.

042   정답 ④

$3\% + 5\% = 8\%$

043   정답 ④

이사회, 위험관리위원회, 위험관리부서, 위험관리 담당자로 나눈다.

044   정답 ②

㉠ 옵션의 비선형성은 감마를 이용하여 조정한다.
㉢ 부분가치평가법을 사용한다.

045   정답 ③

100억 원 × 2.33 × 2% = 4.66억 원

046   정답 ④

100억 원 × (2.33/1.65) × $\sqrt{10}$ = 446억 원

047   정답 ③

부도거리 = (기업가치 − 부채가치) / 표준편차
= (20억원 − 8억원) / 4
= 3

048   정답 ①

결제위험이 신용위험에 속한다.

049   정답 ②

통상 부도율은 베르누이분포의 형태를 갖는다.

050   정답 ③

기대손실 = EAD × 부도율 × LGD
= 100억 원 × 부도율 × 35% = 1.05억 원

051   정답 ②

신임관계(Fiduciary Relation)
- 전문가로서의 능력을 신뢰하여 서비스의 제공을 받는 자와 위임을 받는 전문가의 관계를 신임관계라고 한다.
- 실제적으로 고객과의 관계를 의미한다.
- 신임(Fiduciary)은 신탁(Trust)에서 유래되었다.

052   정답 ④

비용은 결국 고객 부담이 되기 때문에 가능한 업무 집행에 소요되는 비용을 줄여야 한다.

053   정답 ④

금융실명거래 및 비밀보장에 관한 법률에 의거하여 다음의 경우 최소한의 범위 안에서 정보의 제공이 가능하다.

- 법원의 제출 명령 또는 법관이 발부한 영장에 의한 거래정보의 제공
- 조세에 관한 법률에 의해 제출의무가 있는 과세자료 등의 제공
- 국정감사 및 조사에 관한 법률에 의한 국정조사에 필요한 자료
- 기획재정부장관, 금융위원회 및 예금보호공사 사장이 금융기관에 대한 감독, 검사를 위하여 필요한 거래정보

054 정답 ③

준법감시인은 감사 또는 감사위원회와는 상호 독립적인 지위에 있다.

055 정답 ②

임직원이 공개되지 아니한 금융회사의 지분을 취득하는 경우 회사의 사전승인을 받아야 한다.

056 정답 ④

회계 또는 재무전문가를 1인 이상으로 하는 것은 감사위원회이다.

057 정답 ④

설명의무는 전문지식과 분석능력이 부족한 일반투자자에게만 적용된다.

058 정답 ①

모든 증권이 대상이며 주식과 관련성을 불문한다.

059 정답 ②

경쟁을 촉발하도록 함으로써 경쟁력을 높이는 것을 목적으로 하고 있다.

060 정답 ②

투자매매업에 대한 설명이다.

061 정답 ①

투자성이란 시장위험에 의한 원본손실위험을 의미한다.

062 정답 ③

자본시장법에서는 증권의 유형으로 투자계약증권과 파생결합증권이 추가되었다.

063 정답 ②

주주가치의 희석화를 방지하기 위해 10% 이내로 하고 있다.

064 정답 ④

자기주식의 취득 또는 처분은 주요사항 보고서의 내용에 포함되지 않는다.

065 정답 ③

지점의 신설 또는 폐지는 사유발생일이 해당하는 분기 종료 후 45일 이내의 보고사항이다.

066 정답 ③

전월 말 자기자본의 20%에 상당하는 금액이 한도이다.

067 정답 ④

주식워런트증권(ELW)은 시장에서 매매되는 상품이므로 고지 대상 고객을 파악하기 어려워 위험고지 대상에서 제외된다.

068 정답 ②

법인은 100억 원 이상, 개인은 50억 원 이상의 잔고가 있어야 한다.

069 정답 ③

해당 집합투자기구는 설정일로부터 1년 이상의 기간이 경과하여야 하고, 순자산총액이 200억 원 이상이어야 한다.

070 정답 ③

①, ②, ④는 수익예상 수정효과로, 1월 효과와 함께 정보 비효율 그룹에 속하고, ③의 저 PER 효과는 상대적 저주가 효과그룹이다.

071 정답 ②

보험자산전략은 투자성과의 요철의 볼록성이다. 오목성은 전술적 자산배분 전략의 투자성과의 요철이다.

072 정답 ②

주식투자금액 = 승수 × 쿠션(Cushion)

073 정답 ④

능동적인 자산배분은 과거의 목표 수익률하에서의 투자전략이다.

074 정답 ②

전술적 자산배분은 자산의 가치가 단기적으로 균형가격에서 이탈하여 괴리가 생기지만 중·장기적으로는 다시 균형가격으로 회귀한다는 이론에 근거하는 전략이다.

075 정답 ③

저 PBR 효과는 저 PER 효과와 함께 상대적 저주가 효과그룹이다.

076 정답 ③

상장 및 비상장 채권 모두 매매대상이 된다.

077 정답 ②

채권가격변동률 = −수정듀레이션 × 만기수익률의 변동률 × 100

$$= -5.0 \times 0.001 \times 100 = -0.5\%$$

수익률이 0.1% 상승할 경우 채권가격이 0.5% 하락한다.

078 정답 ②

수익률 하락 시 채권가격 상승폭이 더 크다.

079 정답 ②

세전단가(채권가격) P $= 10,000 / (1 + 0.05)^2 \times (1 + 0.05 \times 20 / 365)$

할인채의 만기금액은 10,000원이다.

080 정답 ③

시장분할가설은 선호하는 만기 이외의 채권에는 투자하지 않는다는 이론이다.

081 정답 ③

$$D_p = \left(4 \times \frac{50억}{200억}\right) + \left(5 \times \frac{100억}{200억}\right) + \left(0 \times \frac{50억}{200억}\right) + \left(\frac{5 \times A}{200억}\right) = 0$$

A = 140억 원 → 1계약이 1억 원이므로 140계약 매도

082 　　　　　　　　정답 ③

$F = 200 + 200 \times (0.1 - 0.06) \times 1/2 = 204$

083 　　　　　　　　정답 ④

외가격(OTM) 옵션에서도 시간가치는 0에 수렴하나 음수(−)는 될 수 없다.

084 　　　　　　　　정답 ②

스프레드의 확대가 예상될 경우 근월물 매도, 원월물 매수 전략을 취한다.

085 　　　　　　　　정답 ①

주가가 행사가격보다 높으므로 행사가치는 500원(10,500 − 10,000)이다. 따라서 나머지 500원은 시간가치에 해당한다.

086 　　　　　　　　정답 ②

헤지 비율은 델타의 역수이다. 따라서 콜옵션 헤지 비율이 2, 풋옵션의 헤지 비율도 2이다. 헤지를 위한 옵션 포지션은 콜옵션 매도, 풋옵션 매수이므로 콜옵션 80단위매도 또는 풋옵션 80단위로 매수하면 헤지가 가능하다.

087 　　　　　　　　정답 ②

포지션 델타 $= (1 \times 3) + (0.5 \times -5) + (-0.5 \times 6)$
$\qquad\qquad\quad = (-)2.5$

088 　　　　　　　　정답 ④

트레이너지수는 위험의 측정치로 β를 사용한다.

089 　　　　　　　　정답 ②

샤프지수 : $\dfrac{(0.13 - 0.08)}{0.18} ≒ 0.28$

090 　　　　　　　　정답 ③

$\left(\dfrac{1,100,000}{1,000,000} \times \dfrac{1,680,000}{1,200,000} \right) - 1 = (1.54 - 1) = 54\%$

091 　　　　　　　　정답 ②

$\dfrac{0.12 - 0.08}{0.90} = 0.044$

트레이너지수는 베타를 사용하여 구한다.

092 　　　　　　　　정답 ④

과거소득과 현재소득에 의한 것이 아니고 현재소득과 미래소득의 예상하에 소비를 통하여 얻을 수 있는 평생의 총기대효용을 극대화시키는 수준에서 결정된다.

093 　　　　　　　　정답 ③

토빈의 q이론은 한계적 q비율과 평균적 q비율이 동일하지 않다는 약점을 지니고 있다.

094 　　　　　　　　정답 ①

$M = 100억 \div [0.5 + 0.1(1 - 0.5)] ≒ 182억$

095 　　　　　　　　정답 ②

기대인플레이션이 상승할 경우 실질잔고가 감소함으로써 소비가 감소하고 저축이 증가하는 것을 먼델−토빈의 실질잔고효과라고 한다.

096
정답 ③

상관계수가 1이 아닌 경우, 즉 1보다 작은 경우에는 위험이 감소한다.

097
정답 ②

무위험 자산은 수익률의 표준편차가 0이다.

098
정답 ④

개별주식의 기대수익률은 n개, 개별주식의 분산은 거래이며 공분산의 정보량은 n(n−1)/2이다.

099
정답 ④

증권특성선의 α는 평균적으로 0이 된다.

100
정답 ②

CAPM의 가정은 ①, ③, ④ 이외에도 동질적 미래예측의 가정, 균형시장의 가정이 있다.